南京师范大学教育社会学研究中心
教育与社会研究丛书

南京师范大学教育社会学研究中心

教育与社会研究丛书
丛书主编　程天君

童年观念的变迁
基于乡村民众的视角

王友缘 / 著

南京师范大学出版社

图书在版编目(CIP)数据

童年观念的变迁：基于乡村民众的视角 / 王友缘著.
—南京：南京师范大学出版社，2021.12
（教育与社会研究丛书 / 程天君主编）
ISBN 978-7-5651-5053-1

Ⅰ.①童… Ⅱ.①王… Ⅲ.①童年社会学—研究 Ⅳ.①C913.5

中国版本图书馆 CIP 数据核字(2021)第 258785 号

丛 书 名	教育与社会研究丛书
丛书主编	程天君
书　　名	童年观念的变迁：基于乡村民众的视角
作　　者	王友缘
责任编辑	徐文娟
出版发行	南京师范大学出版社
地　　址	江苏省南京市玄武区后宰门西村 9 号(邮编：210016)
电　　话	(025)83598919(总编办)　83598412(营销部)　83373872(邮购部)
网　　址	http://press.njnu.edu.cn
电子信箱	nspzbb@njnu.edu.cn
照　　排	南京开卷文化传媒有限公司
印　　刷	南京工大印务有限公司
开　　本	787 毫米×1000 毫米　1/16
印　　张	21.75
字　　数	313 千
版　　次	2021 年 12 月第 1 版　2021 年 12 月第 1 次印刷
书　　号	ISBN 978-7-5651-5053-1
定　　价	68.00 元
出 版 人	张志刚

南京师大版图书若有印装问题请与销售商调换
版权所有　侵犯必究

九九归一：教育与社会
——《教育与社会研究丛书》总序

光阴似箭，日月如梭，时间指向了 2019 年。

对于中国大陆教育社会学来说，"九"是个具有历史巧合意义的时间节点。无妨说，中国教育社会学，尤其是南京师大教育社会学，逢"九"值得记忆并纪念。

1949 年之后的一段时期，由于众所周知的原因，中国大陆教育社会学未能接续此前"草创时期"而得到发展，甚至连生存权利也被彻底剥夺，教学与研究完全中断——整整 30 年[①]。

1979 年起，一些学者开始译介国外教育社会学发展的著述，我们由此开启了教育社会学发展史上迄今闻所未闻的所谓"学科重建"。

1989 年，在我国教育社会学发展史上是个特别的年份。在这一年，中国第一个教育社会学学术团体——全国教育社会学专业委员会成立，其后每两年举办一次学术年会的惯例被沿用至今。也是在这一年，全国高等学校文科教学参考书《国外教育社会学基本文选》发行——巧合的是，2009 年，该书修订版出版[②]。尤为值得一提的，还是在这一年，南京师大、华东师大相继开始培养教育社会学方向的博士研究生，从而实现了我国教育社会学人才培养层次上的"三级跳"和教育社会学课程开设阶段上的本、硕、博"全覆盖"——从 1982 年南

---

① 鲁洁，吴康宁.教育社会学丛书.总序[M].南京：南京师范大学出版社，1999.
② 张人杰.国外教育社会学基本文选[M].上海：华东师范大学出版社，1989；张人杰.国外教育社会学基本文选(修订版)[M].上海：华东师范大学出版社，2009.1990 年，人民教育出版社出版"高校文科教材"《教育社会学》(鲁洁主编、吴康宁副主编，该书获江苏省哲学社会科学优秀成果一等奖、全国高校优秀教材一等奖)。

京师大在全国率先开设本科生的教育社会学课程,到1984年华东师大与南京师大以及北京师大、杭州大学等校陆续开始培养教育社会学方向的硕士研究生①,再到1989年南京师大开始招收教育社会学方向的博士生乃至1999年南京师大开始招收教育社会学方向的博士后研究人员。

1999年亦是一个值得记忆的年头。《南京师范大学教育社会学沙龙文集》所收文稿起始于1999年②。同样在1999年,我国首套《教育社会学丛书》③(简称"第一套丛书")出版。这套《教育社会学丛书》的出版,标志着④中国大陆教育社会学研究自恢复重建以来的第二次转型的完成,即从"以学科概论性研究为主、分支领域性研究为辅"阶段(20世

---

① 参见:吴康宁.教育社会学[M].北京:人民教育出版社,1998:49-50;张人杰.中国大陆教育社会学的二十年建设(1979—2000年)[J].华东师范大学学报(教育科学版),2001(2);吴康宁.我国教育社会学的三十年发展(1979—2008)[J].华东师范大学学报(教育科学版),2009(2)。关于教育社会学硕士研究生的培养,厉以贤提供了另一种说法:"稍后,北京师范大学(1983年,指导教师为厉以贤教授)和华东师范大学(1986年,指导教师为张人杰副教授)开始招收教育社会学的硕士研究生。"详见:厉以贤.中国大陆教育社会学的十年建设(1979—1988)[J].现代教育(台湾),1991(2)。

② 起初,南京师范大学的教育社会学学术活动是涵盖在鲁洁老师主持的"南京师范大学教育学原理沙龙"之中的。随着教育社会学研究的不断拓展与深化,以及教育学原理学科本身的不断充实与丰富,教育社会学学术活动便逐渐发展成一个相对独立、相对专门的学术事项。细算起来,南京师范大学教育社会学方向的教师与研究生以沙龙的形式开展学术研讨开始于1993年,当时主要是为了研讨"课堂教学的社会学研究"这一全国哲学社会科学"八五"规划青年基金课题而组织起来的,最初参加研讨的有吴康宁、程晓樵、吴永军、刘云杉等,只不过其时还不叫"沙龙"。正式称之为"沙龙",是在1997年;截至2007年4月11日,办了百期。2007年开始,为便于南京师大教育社会学沙龙成员翻查既往、检视当下、思索未来,在征求沙龙成员本人意愿的基础上,我们每年将每期沙龙的主题发言原稿汇编印刷成集——只可惜1999年之前的沙龙文稿已很难寻觅,故《南京师范大学教育社会学沙龙文集》所收文稿起始时间为1999年。自2008年始,"沙龙集萃"约每5年正式出版1—2本,详见:吴康宁主编《教育与社会:实践·反思·建构——博士沙龙百期集萃》,广西师范大学出版社2008年出版;贺晓星主编《教育与社会:学科·记忆·梦想——教育社会学学术沙龙集萃(2007—2012)》,南京师范大学出版社2016年出版;胡金平主编《教育社会学学术沙龙集萃:教育与社会:阅读·思考·对话——教育社会学学术沙龙集萃(2009—2012)》,南京师范大学出版社2016年出版;程天君主编《教育与社会:知识·文化·国家(2013—2018)》《教育与社会:视野·实践·主体(2013—2018)》,广西师范大学出版社2020年拟出(需说明的是,应出版社要求,也为简洁起见,这两本沙龙集萃书名有所简化)。自2014年开始,随着南京师范大学教育社会学方向博士生导师的增多(程天君、齐学红2014年开始招生)和沙龙成员的多元化(此前,沙龙成员主要是吴康宁老师的博士生、博士后、访问学者;此后,成员为教育社会学方向的博士生、博士后、访问学者),南京师范大学教育社会学沙龙被归列为南京师范大学教育社会学研究中心的一项学术事项继续开展,也开始增加了"来宾交流"活动,即每学期请两三位沙龙成员之外的来宾进行主讲。

③ 鲁洁、吴康宁主编《教育社会学丛书》,南京师范大学出版社1999年出版,包括吴康宁等著《课堂教学社会学》、吴永军著《课程社会学》、刘云杉著《学校生活社会学》、缪建东著《家庭教育社会学》等4部专著。其中,《课堂教学社会学》获全国教育科学优秀成果一等奖。

④ 张人杰.中国大陆教育社会学的二十年建设(1979—2000年)[J].华东师范大学学报(教育科学版),2001(2)。

纪70年代末至80年代中期),到"学科概论性研究与分支领域性研究齐头并进"阶段(20世纪80年代后期至90年代中期),再到"以分支领域性研究为主、学科概论性研究为辅"阶段(20世纪90年代后期至今)。继"第一套丛书"之后出版的第二套和第三套丛书,则在一定程度上使得中国大陆教育社会学研究之"以分支领域性研究为主、学科概论性研究为辅"阶段(20世纪90年代后期至今)"本身"又经历了第三次和第四次转型。第三次转型为在分支领域研究中实现从"以概论性研究为主、具体问题为辅"到"以具体问题研究为主、概论性研究为辅"的转换,2003年开始出版的《现代教育社会学研究丛书》[①](简称"第二套丛书")不失为显著标记。而随着这第三次转型——"从强分支领域到弱分支领域""从有分支领域到无分支领域"——的推进,实现了我国教育社会学研究的第四次转型,即出现了对我国具体教育问题的"跨分支领域的""融通的"社会学解释方面的研究成果,2005年开始出版的《社会学视野中的教育丛书》[②](简称"第三套丛书")或可视为其代表。

对于我国教育社会学学科来说,2009年亦有不少可圈可点之处。

---

① 吴康宁主编:《现代教育社会学研究丛书》(含10部专著),包括张行涛著《必要的乌托邦:考选世界的社会学研究》、郭华著《静悄悄的革命:日常教学生活的社会建构》、张义兵著《逃出束缚:"赛博教育"的社会学解读》、马维娜著《局外生存:相遇在学校场域》、王有升著《理想的限度:学校教育的现实建构》,北京师范大学出版社2003年版;楚江亭著《真理的终结:科学课程的社会学释义》、齐学红著《走在回家的路上:学校生活中的个人知识》、周润智著《力量就是知识:教师职业文化的生产与再生产》,北京师范大学出版社2005年版、刘云杉著《从启蒙者到专业人:中国现代化历程中教师角色演变》、马和民著《从"仁"到"人":社会化危机及其出路》,北京师范大学出版社2006年版。其中,《逃出束缚:"赛博教育"的社会学解读》《局外生存:相遇在学校场域》分别获江苏省哲学社会科学优秀成果二、三等奖,《理想的限度:学校教育的现实建构》获山东省社会科学优秀成果三等奖,《力量就是知识:教师职业文化的生产与再生产》获辽宁省哲学社会科学优秀成果二等奖,《从启蒙者到专业人:中国现代化历程中教师角色演变》获中国高校人文社会科学研究优秀成果三等奖。

② 吴康宁主编:《社会学视野中的教育丛书》(含11部专著),南京师范大学出版社2005年开始出版,包括胡金平著《学术与政治之间的角色困顿——大学教师的社会学研究》(2005)、杨跃著《匿名权威与文化焦虑——大众培训的社会学研究》(2006)、庄西真著《国家的限度——"制度化"学校的社会逻辑》(2006)、周宗伟著《高贵与卑贱的距离——学校文化的社会学研究》(2007)、闫旭蕾著《教育中的"肉"与"灵"——身体社会学研究》(2007)、高水红著《共用知识空间——新课程改革行动案例研究》(2008)、刘猛著《意识形态与中国教育学——走向一种教育学的社会学研究》(2008)、程天君著《"接班人"的诞生——学校中的政治仪式考察》(2008)、庄西真著《权力的滞聚与流散——地方政府教育治理模式变革的研究》(2008)、石艳著《我们的"异托邦"——学校空间社会学研究》(2009)、王晋著《一个称作单位的学校——基于对晋东M中学的实地调研》(2012)。其中,《高贵与卑贱的距离——学校文化的社会学研究》《"接班人"的诞生——学校中的政治仪式考察》获江苏省哲学社会科学优秀成果一等奖,《学术与政治之间的角色困顿——大学教师的社会学研究》获江苏省哲学社会科学优秀成果二等奖,《国家的限度——"制度化"学校的社会逻辑》《权力的滞聚与流散——地方政府教育治理模式变革的研究》获江苏省哲学社会科学优秀成果三等奖。

仅以南京师范大学教育社会学来说,在这一年就取得三项标志性进展:是年,南京师范大学为本科生开设的"教育社会学"课程被评为国家精品课程,这在全国当属首例。在这一年,以本科教学为主要任务的南京师范大学"教育社会学团队"被评为校级优秀教学团队,并于次年被评为江苏省优秀教学团队,这当是全国首家省级教育社会学教学团队。也是在2009年,成立于2006年的"南京师范大学教育社会学研究中心"被评审确定为首批"江苏省高校哲学社会科学重点研究基地",这也是国内首家成为省级重点研究基地的教育社会学研究机构。

眼下的2019年,仍是南京师范大学在我国教育社会学学科发展和学术研究史上留下痕迹的一年。择要来说有四:一是南京师范大学教育社会学团队主持的教育部哲学社会科学研究重大课题攻关项目的最终成果《教育改革的社会支持》[1]出版;二是本团队主持的江苏高校哲学社会科学优秀创新团队项目的最终成果《新教育公平研究丛书》[2]出版;三是本团队成员的学术成果《教育改革的"中国问题"》[3]继此前获得第五届全国教育科学优秀成果一等奖(2016)、第七届吴玉章人文社会科学奖一等奖(2017)之后,于2019年获得第八届中国高校人文社会科学研究优秀成果奖一等奖[4];四是南京师范大学开始出版我国第四套教育社会学丛书——《教育与社会研究丛书》(简称"第四套丛书")。

从上述1949—2019年这个时间轴里,可观察和聚焦以下三点:

第一,上述四套特别是前三套教育社会学丛书的出版,在一定程度上带动了中国大陆教育社会学研究自学科恢复重建以来的四次转型。这四套教育社会学丛书诞生于我国教育社会学学科重建以来的进程之

---

[1] 吴康宁,等.教育改革的社会支持[M].北京:人民出版社,2019.
[2] 程天君主编:《新教育公平研究丛书》(含6部专著),南京师范大学出版社出版,包括程天君等著《新教育公平引论》、高水红著《新教育公平视野下的学校再生产》、杨跃著《新教育公平视野下的教师教育改革》、张义兵著《知识建构——新教育公平视野下教与学的变革》、雷晓庆著《课堂教学公平指标体系的建构与应用》、贺晓星等著《家长、社区与新教育公平》。
[3] 吴康宁.教育改革的"中国问题"[M].南京:南京师范大学出版社,2015.
[4] 2003年,南京师范大学教育社会学团队成员的成果《教育社会学》(吴康宁著,南京师范大学出版社1998年版)获第三届中国高校人文社会科学研究优秀成果一等奖。

中，也见证了这一进程的发展。客观地说，这四套丛书既受益于教育社会学的学科发展，又促进了教育社会学的学科发展。而其中的一支主要生力军，当属教育社会学方向的博士生，这四套丛书中的大部分专著是基于作者的博士论文（不仅限于南京师大的博士）和少数博士后出站报告（不仅限于南京师大的博士后）修订出版的①。这也是我们继续主编出版"第四套丛书"《教育与社会研究丛书》并仍以博士论文为主的根由和动力所在。

第二，改革开放40多年来，我国教育社会学特别是南京师大的教育社会学研究经历了从注重"学校教育（内部）自身社会子系统"的研究②，到注重"社会转型与教育变革"的关系研究③，再到注重"教育改革和发展的（外部）社会支持"的研究④这样一种跃迁之轨迹。在这一跃迁的过程之中，我们既承担了相关科研项目，也产生了具有类型意义的代表性成果。

第三，无论是聚焦于学校教育内部，还是聚焦于社会转型与教育变

---

① 这些由博士学位论文或博士后出站报告修订而出版的专著产生了广泛的影响，其中不少专著获得了国家和省部级优秀成果奖（详见总序第2页注③、第3页注①②）；亦有博士学位论文获奖，如程天君的博士学位论文《"接班人"的诞生——学校中的政治仪式考察》获"全国优秀博士学位论文"，高水红的博士学位论文《改革精英——基础教育课程改革案例研究》获"江苏省优秀博士学位论文"。

② 在这方面，南京师大教育社会学团队1987年开始承担全国教育科学规划重点课题，并于当年开始进行教育社会学的实证研究"课堂教学与班集体建设"；其后，继续承担了"课堂教学的社会学研究""德育社会学研究"及"课程的社会学研究"等全国哲学社会科学规划研究项目及全国教育科学规划研究项目；在此过程之中和基础之上，出版了"第一套丛书"中的《课堂教学社会学》（吴康宁等著）、《课程社会学》（吴永军著）、《学校生活社会学》（刘云杉著）以及吴康宁主编的《课程社会学研究》（江苏教育出版社2004年版）等代表性成果。

③ 在这方面，南京师大教育社会学团队承担了"信息社会的到来与中国教育的转型""中国教育改革的社会学研究"及"当代中国教育转型研究"等全国教育科学规划研究项目及国家"211工程"建设项目；在此过程之中和基础之上，出版了《教育改革的"中国问题"》（吴康宁著）、《中国教育改革的社会学研究丛书》[吴康宁主编，广西师大出版社2011年版，包括马维娜著《集体性知识：中国教育改革的社会学解释》（获江苏省哲学社会科学优秀成果一等奖）、王海英著《常识的颠覆：学前教育市场化改革的社会学研究》（获江苏省哲学社会科学优秀成果三等奖）、彭拥军著《精英的合法性危机：高等教育改革的社会学研究》、杨跃著《"教师教育"的诞生：教师培养权变迁的社会学研究》（获江苏省哲学社会科学优秀成果三等奖）、齐学红著《在生活化的旗帜下：学校道德教育改革的社会学研究》（获江苏省哲学社会科学优秀成果二等奖）、周元宽著《情理逻辑：底层视阈中的大学改革》]及《社会学视野下的中国教育改革》（高水红主编，教育科学出版社2016年版）等代表性成果。

④ 在这方面，南京师大教育社会学团队承担了教育部哲学社会科学研究重大课题攻关项目"我国教育改革和发展的社会支持系统研究"及江苏高校哲学社会科学优秀团队项目"新教育公平的理论建构与实践探索"等科研项目；在此过程之中和基础之上，出版了《教育改革的社会支持》（吴康宁等著）和《新教育公平研究丛书》（程天君主编，详见总序第4页注②）等代表性成果。

革之间,抑或是聚焦于教育的外部,教育社会学研究终不脱"教育与社会"这一光谱,可谓万变不离其宗。

事实上,迄今为止的教育社会学,不管西方的还是中国的,无论传统的抑或新兴的,其主流的研究对象乃至学科性质界定便是"教育社会学就是研究教育与社会关系的学科"(简称"关系说"),"关系说"普遍存在于教育社会学相关的辞书、教材、专著以及冠以"教育社会学"之名的著述当中[1]。唯因不同学者关注"教育"的层面不同,便存在着"教育制度与社会相互关系说""教育活动(过程)与社会相互关系说"及"教育与社会相互关系说"等几种有所区别的"关系说"[2]。就传统的教育社会学(educational sociology)和新兴的教育社会学(sociology of education)来看,"关系说"在新兴的教育社会学尤甚;就中和外来看,"关系说"在中国更浓。援引两例为证。譬如,一项统计显示,在20世纪80年代的英国《教育社会学期刊》和美国《教育社会学》这两份学术刊物中,主题为"教育与社会关系"(包括"社会化与教育""社会结构与教育""社会阶层化与教育""社会问题与教育""社会变迁与教育"等)的论文,占据前一刊物的近三分之一(29%)容量,占据后一刊物的大半江山(52.9%)[3]。又譬如,被认为标志着中国教育社会学起点的第一本中文教育社会学著作便是《社会与教育》[4]。以至我国当代教育社会学者谢维和直言:"与其他学科相比,教育社会学独特之处在于它是通过教育与社会的关系来研究教育活动和教育现象的。"[5]

说到底,教育社会学研究的要领,从反向来说就是,既不能"就教育谈教育",也不能"撇开教育谈其他(社会)"。从正向来说就是,教育社会学的特点在于其既姓"教",又姓"社",即教育社会学研究的是特殊的教育现象或教育问题,也就是具有社会学意味的教育现象或

---

[1] 程天君.教育社会学就是研究"教育与社会关系"的学科吗——从"教学要点"到"教学难点"[J].教育研究与实验,2010(4):21-26.
[2] 吴康宁.教育社会学[M].北京:人民教育出版社,1998:2-5.
[3] 李锦旭.20世纪80年代英美教育社会学的发展趋势:两份教育社会学期刊的分析比较[J].现代教育,1991(2).
[4] 陶孟和.社会与教育[M].上海:商务印书馆,1922.
[5] 全国教育科学规划领导小组办公室.教育科研大家谈[M]北京:教育科学出版社,2007:162.

教育问题,或者说是教育现象或教育问题的"社会层面"①。即便是对于"关系说"的反思和超越这一尝试本身②终究也难以彻底脱离"关系说"来进行言说。

这就是我们将第四套教育社会学丛书命名为"教育与社会研究丛书"的理据,因为"教育与社会"可谓教育社会学研究的肇端;这也是我们将《教育与社会研究丛书》总序命名为"九九归一:教育与社会"的原因,毕竟,"教育与社会"实乃教育社会学研究万变不离之宗;这还是我们在出版南京师范大学教育社会学沙龙集萃时将其主标题恒定为"教育与社会"③的原委,因为这是一份坚守。

程天君

2019 年岁末

---

① 吴康宁.教育社会学[M].北京:人民教育出版社,1998:1-20.需要说明的是,该著当时的界定是"社会学层面";在第 253 期南京师范大学教育社会学沙龙(2016 年 9 月 14 日)上,吴康宁老师提出,其实应该是"社会层面",而不是"社会学层面"。据此,这里正式修订为"社会层面"。
② 程天君.从"教育/社会"学到"教育社会"学——教育社会学研究范式的转换[J].北京大学教育评论,2017(2):77-101.
③ 详见总序第 2 页注②。

目　录

九九归一：教育与社会——《教育与社会研究丛书》总序……… 程天君

第一章　绪　论………………………………………………… 1
　　第一节　社会变迁中的童年图景…………………………… 7
　　第二节　理论基础…………………………………………… 13
　　第三节　研究方法与研究过程……………………………… 27
　　第四节　相关概念与相关问题说明………………………… 48

第二章　家族主义取向的童年观念（20世纪30—40年代
　　　　　出生人群）…………………………………………… 59
　　第一节　传统时期的社会生活与童年生活………………… 65
　　第二节　乡村民众观念中的生育、抚育与教育…………… 74
　　第三节　儿童观念…………………………………………… 88
　　第四节　以家为本位的童年观念…………………………… 108

第三章　集体主义取向与家族主义取向并存的童年观念
　　　　　（20世纪50—70年代出生人群）…………………… 129
　　第一节　集体化时代的社会生活与童年生活……………… 133

第二节　乡村民众观念中的生育、抚育与教育 …………… 147

第三节　儿童观念 …………………………………………… 172

第四节　双重取向的童年观念 ……………………………… 189

第四章　个体主义取向的童年观念(20 世纪 80—90 年代出生人群) ………………………………………………… 217

第一节　家庭联产承包责任制确立以来的社会生活与

童年生活 ……………………………………………… 220

第二节　乡村民众观念中的生育、抚育与教育 …………… 243

第三节　儿童观念 …………………………………………… 260

第四节　以个体为本位的童年观念 ………………………… 271

第五章　童年观念的互动机制与变迁张力 …………………… 287

第一节　互动性再生产:现代童年观念的底层遭遇 ……… 289

第二节　在张力中前行——童年观念的变迁 ……………… 304

结　语

——有守方有为:另一种童年观念 ……………………… 315

参考文献 …………………………………………………………… 318

附　录 ……………………………………………………………… 326

后　记 ……………………………………………………………… 333

第一章 绪论

第一章 绪 论

  一直对童年研究情有独钟,也许是源自童年时代神秘王国轰然倒塌的瞬间。那些童年时光的奇异幻想、未知的无尽秘密交织成五彩斑斓却又烟雾氤氲的画面,直到进入学校,理性的阳光驱散了那片氤氲,月亮上没有嫦娥,迷人的闪闪星辰失去了魅力。也许是源自辗转四个学校的小学时光,从可以无拘无束在田野中奔跑、和伙伴们冲锋陷阵的乡村到充斥着车水马龙与妈妈无尽唠叨的城市,从多雨夏日积水过膝可偷偷玩漂流游戏的低矮平房教室,到漂亮光鲜却只有小小一隅操场的气派教学楼,从天不怕地不怕的疯丫头到谨慎持重的乖乖女。唯一聊以可慰的是终于可以待在父母身边,不用忍受远离父母的日子了。幼年的我已经感受到童年生活的巨大改变,也恍惚觉得与父母走出农村奔向城市的身影有关。20世纪80年代末90年代初市场经济的大潮,对于我的家庭,我的父母、我的童年生活产生了恒久的影响。这一切都让我踟蹰而又困惑。如此渺小的我竟与外部世界息息相关。而童年生活的底色也不仅仅是单纯无忧的明快,竟是夹杂着些许矛盾难辨的晦暗。

  那该是一个有阳光的午后,细细碎碎的阳光洒在宁静的小院里,洒在爸爸妈妈还是乌黑的头发上。门口处,一个小女孩兴奋地在妈妈的膝盖上上下来回晃着、跳着,不停地摸着头顶上两个小小的稀疏的羊角辫。这是小女孩第一次扎头发。妈妈不住地逗着孩子:"咦,小辫子让苍蝇叼走啦!"小女孩便天真地一次又一次地去摸自己的头顶,看看小辫子还在不在。爸爸妈妈"哈哈"的大笑声在院子里回荡。这个情景从来不曾在我的脑海中消逝,每次回忆就如昨天发生的一般鲜明。我仔细推想了一下,当时的我最多三岁。我是家中的长女,我成为爸爸妈妈唯一焦点的时光也只是在妹妹出生之前,而我只比妹妹大了不到两岁。大约是这种专宠对我而言太稀少了,所以它是我童年记忆的起点。这也大概是我的童年记忆里唯

——一个属于我自己的专场。

  是一个隆冬的夜晚,像往常一样,我家门前已经燃起了篝火,因为那是一片开阔的场地,天然地适合作为村里人活动的公共空间。一群人围着篝火团团而坐,老人们扯着闲话,讲着久远的故事。小孩子们就围着篝火捉迷藏,互相追逐嬉戏,调皮的孩子拿起某个老头子的棉帽,你传给我,我传给你,引得老人一阵笑骂。燃起的火焰映红了小孩子的笑脸,还有老头子的胡须。我最喜欢挨在最会讲故事的老头子身边,听他说那些年岁久远嚼烂了的稀奇故事,歪脖子树旁边有个人参娃娃,久没有人居住的屋子里藏着宝贝,晚上化作玉兔出来活动,有个好人家的老鼠拉出来的是金子。夜深了,打闹的孩子们倦了,陆续回家了。讲故事的老人低沉的声音在安静的黑夜里具有了某种魔力。我们村原来叫凤凰村,传说有一只凤凰曾经来过,就栖在我们家宅基地的位置上,一根豌豆架子上。火焰不住地跳跃着,我恍惚看见一只火凤凰在我家上空盘旋升起。

  那一定是下午,放了学,推开姥姥家的大门,赫然看见爸爸妈妈坐在屋子里,那种狂喜的心情用语言是无法描述的。10岁那年,为了生计,爸爸妈妈带着弟弟和小妹妹去了市里做生意,我和另一个妹妹寄居在姥姥家,总是盼着爸爸妈妈能来看我们。我们算最早一批留守儿童吧,那时候可能还没有这个概念。一旦他们来了,新衣服、新鞋子、各种好吃的,喜不自胜。欢愉总是短暂的,剩下的便是泪水涟涟地看着他们远去的背影。

  是一个明媚的早晨吧,因为校门口站岗的少先队员胸前的红领巾红得耀眼。我和妹妹因为没有佩戴红领巾被堵在了门口,旁边的爸爸和他们交涉,我们局促地打量这个新的学校。白色的气派教学楼矗立面前,假山喷泉的后面是一队队做操的学生们。我多想回去,回到我的田野,我的低矮平房教室,我的蹦蹦跳跳的小伙伴身边。已经转过三次学校的我,站在又一个陌生的教室里,还是无法清晰地用普通话自我介绍,只是紧紧盯着脚下。那是一双有些磨损的发黄的白色球鞋,它让我感觉很不应该站在这里。这是我进入城市小学的第一天,下午回家的路上,我和妹妹不住地呕吐,晚上双双打了点滴。现在想来,那是极度的心理焦虑引发的生理反应。

是华灯初上的夜晚,我和妹妹蹬着小三轮车,车上是所剩无几的水果和摆摊的物什。爸爸开着机动三轮车,一家人满载而归,浩浩荡荡地在灯火辉煌的马路上开往回家的方向。一种充实感和满足感在心中鼓荡。爸爸因生意失败,做起小本买卖。我们的假期模式也变成了摆摊卖东西。小孩子卖东西,总是能得到顾客天然的青睐,所以生意也格外好。计算着自己赚了多少钱,真正感受到了自己的力量以及对家庭的贡献。

如今每次回家,遇见陌生的人,爸爸总是对我说,叫叔叔,叫大哥,叫大姐,寒暄下来才发现我比对方还大,有时甚至大很多。爸爸说:"哎呀,你怎么这么大了,在我眼里,你还是个小孩子呀!"

记忆是不是事实本身?叙述是否能抵达真实?作为一段逝去的时光,其间发生的大小事情深深浅浅地印在脑海里,随着时间的流逝,总有一些画面会在一片混沌中凸显出来,基于自己的经历与观念的变化,不断重新获得意义。上述的童年画面,一定是经过了我的选择,也经过了我的重新讲述。这个重新讲述的故事,也许不是完完全全真实的生活,但是它真实地存在我的记忆中,并将对我以后的成长、生活发生着真实的影响。真实经历的过去,与被讲述的过去,中间有一个距离,这个距离,关乎情感,关乎意义,关乎观念,当你把握了这个距离,也许你才能真正进入讲述者的真实意义世界。

那么,为什么是这些画面,而不是另外一些画面流出我的笔端?我以什么理由来进行记忆,又以什么理由来拣选我的记忆?自己作为唯一专宠的记忆,乡村童年与城市童年的记忆,留守生活的记忆,进入新学校的记忆,为在城市里打拼的父母分担劳动的记忆,这些诸多关于童年生活的碎片,散落在过去的岁月中。拼接起这些碎片的,是自己日积月累的生活体验、秉持的价值追求、习得的理论范式,更多的是当这些碎片放到更为宏观的社会变迁的进程中,它获得了崭新的超越个人的意义。踏着改革开放的节奏,20世纪80年代市场经济的启动以及社会体制的改革,改变了众多80年代出生的人的童年生活。由此,个人的童年记忆与生命历程也就获得了某种共性,成为"公共生命历程",这种共性显现出一种社会意义。我们可以由此去探究社会变迁对于个人究竟留下了什么,个人又是如何得以自处。而个人对于自己童年经历的讲述,对于童年的感悟与看法,当进入到社会变迁的脉络与时代的语境下,在研究者的视野下,具有了类的意义,当个人童年记忆汇入集体童年记忆之中,那么,共同与共享的童年观念也就得以敞现。

当我开始从宏观的角度关注自己的童年记忆,关注身边每个普通人的童年观念时,才发现,以往的童年观念研究大多囿于西方童年观念的现代主义框架下,关于中国传统童年观念与形态的研究相对较少,在传统—现代的线性关系中,中国传统的童年观念更多地被阐述为"成人中心""工具主义取向",不具有研究与发扬的价值。即便有研究者把目光投向传统的童年观念,也仍然聚焦于精英群体,普通民众的童年观念在现代民族国家建构的进程中,被贴上落后与封建的标签,几乎不见其身影。

然而正是千千万万的普通人在教养着千千万万个普通孩子,我们却不了解普通人对于孩子与童年的认识。这一发现让我震惊,也使得一个全新的研究课题得以诞生:去探寻普通人,特别是乡村民众[①],他们如何认识孩子与童年。这一对孩子与童年的认识在现代童年观念的

[①] 在本书中,研究者将研究对象锁定在乡村民众,在后续的研究中,研究者将以城市民众作为研究对象。

引入下发生了怎样的变迁？这一对孩子与童年的传统认识又对我们今天反思西方框架下的现代童年观念有何启发？

第一节　社会变迁中的童年图景

1962年，法国学者菲力浦·阿利埃斯的代表作《儿童的世纪》，它有一个广为人知的基本主题：在中世纪的欧洲，特别是法国，人们并不承认儿童具有不同于大人的独特性，童年不过是现代社会的发明。虽然很多学者对于阿利埃斯的论断提出了异议，认为他的研究方法、研究史料存在一定的问题，然而阿利埃斯的贡献在于他把童年看成是社会建构的现象，而不是生物学事实。儿童的未成熟性是一个生物学事实，但是对于这个未成熟性的理解及对其赋义却是一个文化事实。这个文化事实则是社会建构的产物，由不同的社会力量相互作用，是成人—儿童权力关系的展现，反映着整个社会结构。有人走得更远，把童年看作社会的特定结构与文化要素。[①] 当我们理解童年时，必须把它放置在特定的社会文化脉络里。童年被年龄、性别、地域等分割，被文化、价值观、阶层等浸染，能够折射出广阔的社会文化背景，也体现着不同背景下成人—儿童权力关系的状态。"儿童属于这个社会世界，是整个社会变迁的一环。"[②]人们对于儿童、对于童年观念的变化，更是集中体现了社会文化的变迁，体现了主导意识形态对于童年的塑造。借由对童年观念的考察，我们可以把握社会变迁的脉搏。而在社会变迁的背景下，我们亦可以勾勒出童年观念的变迁图景。在这个意义上，研究者把童年理解为一种社会现象。研究者拟在社会变迁的脉络下，探讨童年观念变迁的图景，或可窥得童年与社会的内在关系。

在这里需要注意的是，童年观念的变迁，并不全然等于童年的变迁。通常话语意义上的童年其实有两个层面，即现实存在的童年与观

---

① 在新童年社会学社会结构论范式里，童年被看作社会结构形式，在后面的论述中将会进行讨论。
② ［英］Michael Wyness.童年与社会　儿童社会学导论［M］.王瑞贤，张盈堃，等译.台北：心理出版社股份有限公司，2009.

念形态的童年。现实存在的童年是个体经历的一段时光,以及在这段时光中个体所展开的生活。观念形态的童年是成人对童年形象的建构,是成人论述的产物,①即对于童年是什么以及童年应该是什么的观点与态度。观念形态的童年是基于现实存在的童年的再建构,与特定社会流行的文化观念、意识形态有关。在现代社会,童年被成人建构成饱具抒情色彩的情感对象,童年更多的与游戏、欢乐、柔弱、天真有关,是一种浪漫的童年观。现代文明中,在理念上,人们尊重童年,珍视童年的价值,"儿童中心"的论调铺天盖地。而现实存在的童年虽然同样脱离不了成人建构的影子,但作为一种现实存在,则时时拷问着人们想象中的童年。被赋予了种种权利、作为"新世纪主人"的儿童被禁闭在家庭、学校之中,还要遭受考试的"折磨";幼小的儿童承担起家庭的重担;天真纯洁的儿童做出成人无法想象的残暴之事,所有这些都追问着浪漫的童年观。现实存在的童年不同于成人建构的童年,有其自身的逻辑与样态。

  童年的现实存在与观念形态虽然具有不同的逻辑,但又宿命般不可分割地纠缠在一起。这给童年研究带来了困难。我们不可能剥离童年的现实存在来谈论童年的观念形态,也不可能剥离童年的观念形态来谈论童年的现实存在。当我们尝试探讨童年的现实存在时,又进入了另一重困难。研究现实存在的童年,有文化上的悖论,同时也有伦理上的困难。悖论在于虽则人人都曾经是儿童,都拥有过童年,但作为研究者的成人事实上已经离开了童年。作为成人的研究者是儿童世界的他者,因此,对于童年的研究,很大程度上是成人一厢情愿的建构。成人研究儿童,往往研究的是自己。诸如对于童心的推崇,又如把童年建构成个体的主体修为,实际上是成人建构的童年。而这往往忽视了儿童自身的声音。困难在于,儿童通常不会书写记录,而且历史存留下来的儿童用品有限,使得在研究中儿童的声音很容易被遮盖。

---

① Michael Wyness 在《童年与社会 儿童社会学导论》(第15—16页)中讨论了一种激进的社会建构论,将童年视为论述的产物,童年没有实体,也没有本质,纯然只是迷思、解释与视觉的再现,只有基于一定的立场与意图,才能谈论童年是什么。对童年的解释才是童年真正的构成,除此之外别无他物。

这涉及研究者的立足点问题,究竟是探讨现实存在的童年还是探讨观念形态的童年? 由于二者的不可分割性与不可通约性,又该如何探讨? 基于对上述问题的思考,研究者把焦点放到了不同年代出生的人的童年观念上。以访谈的方式,与不同年代的出生人群进行对话,从他们的童年回忆以及他们看待、对待儿童与童年的态度和方式来探究社会变迁背景下不同年代出生人群的童年观念。这样,研究者面对的即已经脱离童年状态的成人。借由他们对自己童年时代的回忆,我们可以看到过去存在的童年,也许不是本质真实的童年,但却是被访者眼中的真实童年。通过不同时代出生的人的叙述,我们一方面可以获得不同时代童年的某一现实存在的面向,另一方面也可以获得不同年代出生人群的童年观念。由此去探究社会变迁与童年,尤其是童年观念的内在关系。如同布罗代尔所讲,在通往历史多元化的门槛时,任何门径都是好的[①],那么在我们抵达童年的秘密花园时,任何门径也都是好的。我们不可能找到所有的门。现在,研究者试图打开一扇通向普通民众童年观念的门,希冀能窥得社会变迁与童年的动态关系。

一、反思现代性:现代童年观念的底层游弋

自现代意义上的儿童被卢梭发现之后,儿童与成人不分的状况发生了彻底改变,儿童期作为独特的具有独立价值的时期被发现。儿童从成人世界被隔开来,成为与成人有着本质区别的存在。儿童有着与成人完全不同的身心发展规律,儿童是天真纯洁非理性的,成人则是成熟且富有理性的,成人负责向儿童提供适宜儿童特点的环境、教育与保护。显而易见,在现代社会中,最适宜儿童发展的特殊场域是学校,学校在建构现代童年的过程中发挥着重要作用。它力图使现代儿童远离劳作、侵害、经济负担与一切可能存在于成人社会的压力,专注于儿童的成长与发展。在比较的文化视野中,沼田裕之认为现代童年是西方现代性的结果,尤其是在现代理性二分思维方式的影响下,17、18世

[①] [法]费尔南·布罗代尔.论历史[M].刘北成,周立红,译.北京:北京大学出版社,2008.

纪对儿童的世界感兴趣的人将儿童与成人截然分开,在这个意义上,童年是理性思维所创造的概念,因此,不是儿童按照自己的生活方式建构了他们的世界,而是成人"发现了"儿童和童年。成人由此混淆了人为建构的童年概念和实际的童年。①

中国的情况不同于西方国家,现代性的启动不是植根于中国社会的土壤中,而是来自外来的压迫。如金耀基所称,中国的"现代化"不是起因于一种"内发的力量",而是源于一种"外发的压力"。② 鉴于中国社会落后于西方社会的不争事实,西方现代思想与建制在由知识分子阶层传入中国的过程中从一开始即被赋予文明示范与合理性的意味,即便有着游移与排斥。自五四伊始,传统的"成人本位"的中国儿童观与童年观念开始遭到知识分子的全面批判,③生动的丰富的中国童年观贴着"小大人"的标签在现代性的法庭上接受审判。植根于民间的中国传统童年观念在精英文化中被彻底抛弃。现代学校对于同属一宗的西方现代儿童观可以说是列队欢迎。现代学校把源自西方的现代童年观假设当作自然的、天经地义的真理,赋予其合法性。现代童年观假设经由学校的再生产,成为毋庸置疑的科学童年观。童年观念的多元假设隐匿。而我们对于现代童年观念的反思才刚刚开始。多样性的童年观念在我们竭力进入现代社会的旅程中被忘却了,传统的中国童年观被我们追赶现代童年观的脚步甩在了身后,当现实只剩下了一种选择、一个声音的时候,那是不是最悲哀也是最需要警醒的时刻?

对现代性的反思弥漫整个 20 世纪,高举理性大旗的现代性踌躇满志地向人们许诺,借助理性的力量,作为主体的个人可以获得自我的解放,而社会则沿着从低级到高级的轨迹向前发展,传统社会注定要弃绝自身的传统属性,西方现代社会即现代化的归途。从非理性到理性,从

---

① [日]沼田裕之.教育的现代化使儿童失去了什么:西欧与东亚经验的比较[M]//[英]马克·贝磊.比较教育学:传统、挑战和新范式.上海:华东师范大学出版社,2007.
② 金耀基.从传统到现代[M].北京:法律出版社,2010.
③ 西方现代童年观念是在 20 世纪启蒙与救国的时代背景下输入中国的,儿童作为国家民族的希望,其重要性与地位得到空前的彰显。在新文化运动中,五四先贤对封建传统文化发起前所未有的攻击,彻底否定了传统童年观念,对于儿童与童年的关注虽是基于民族命运、国家发展的立场,但其强调儿童个体的独立价值与儿童期的独特意义,在当时的时代背景下无疑是进步的。

传统到现代,这个美好的线性发展故事在 20 世纪幻灭,历经现代性洗礼的西方国家纷纷质疑现代性,人们开始怀疑理性的力量,开始反思现代性背后的整个价值预设。理性已死,主体已死,当理性由手段变成目的时,韦伯意义上的"铁笼"出现了。福柯深刻地揭示了在现代性进程中理性对作为他者的非理性的宰制过程,理性对于非理性的控制、排斥、转化与改造,集中体现为一种权力关系,理性如毛细血管一般以各种微观权力技术和机制渗透到现代生活的各个角落,力图建立起自己对于他者的全面控制。

中国现代民族国家的建设进程始于 20 世纪初,在不经反思与质疑的情况下以现代性的理性、科学为指引。在理性与非理性二分的逻辑下,现代与传统、城市与乡村成为二元对立的存在。现代性观念获得无上的权威,而传统观念被贴上了愚昧、落后、封建的标签并等待着现代性观念的改造。民族国家的触角伸向乡村社会的过程,是现代理性通过各种权力机制在乡村社会渗透的过程。然而,作为底层的乡村民众拥有自身的日常实践与文化体系,在面对作为国家意识形态的现代性文化的强力渗透时,将如何应对?会出现怎样的碰撞与互动?这就意味着需要将对现代性的反思置于具体的情境脉络下,重新思考现代与传统的议题。研究者关注的问题即体现现代性文化的现代童年观念在乡村社会的遭遇:普通民众的童年观念与现代童年观念是如何互动的?普通民众对于现代童年观念进行了怎样的再造?借由对现代童年观念底层游弋的考察,我们可以了解底层民众在面对现代性观念的嵌入时,如何应对,如何自处,如何重新构建观念体系,进而塑造他们的社会。

二、普通民众的童年观念:改变只有一种童年观念的愿景

在对童年研究的文献梳理的过程中,研究者发现,已有的童年研究鲜少从底层民众的视角来探讨童年观念的变迁,更缺少底层民众的声音。大多童年研究借助史料(包括各类文献资料、艺术作品、人物传记、儿童书籍、蒙学教材、儿科医疗典籍、碑文)留存的儿童玩具、儿童衣物、儿童游戏、童谣等探讨童年的观念与实在,主要聚焦精英阶层与社会普

遍流行的童年观念,很少把目光投向底层的乡村民众。

事实上,在传统—现代的线性关系中,现代童年观念成为不证自明的科学童年观,普通民众的传统童年观念沦为要改造与弃绝的非理性的童年观念,更多地被阐述为"成人中心""工具主义取向",不具有研究与发扬的价值。普通民众的童年观念在不断推进现代民族国家的进程中,被贴上落后与封建的标签,传统童年观念的多元面向隐匿。中国背景下乡村民众的童年观念也几未涉及,而现代童年观念在乡村社会的遭遇更是尚未引起关注。对于中国传统童年观念的挖掘几乎尚未起步,而寻找与源自西方的现代童年观念不同的本土性童年内涵,改变现代童年观念的至尊地位,是发掘童年新的生命力的可能途径,也是反思现代性的题中之义。

当我们决意发掘中国传统童年观念时,面前将出现两条道路:其一为社会上层的童年观念,即精英的童年观念;其二为社会底层的童年观念,即民众童年观念。这是两条不同的路径,有着不同的逻辑体系。美国人类学家罗伯特·雷德菲尔德在研究墨西哥乡村时提出两种典型的文化形式和思维方式,即大传统与小传统。所谓"大传统"指的是以都市为中心,社会中少数上层士绅、知识分子所代表的文化;"小传统"则指散布在村落中多数农民所代表的生活文化,即乡民社会中一般民众尤其是农民的文化。借鉴雷德菲尔德富有创意的分析框架,精英的童年观念可以看作童年观念的大传统,民众童年观念则可以看作童年观念的小传统。大传统的童年观念作为精英文化固然在传统童年观念中占据重要位置,但是小传统的童年观念却是弥漫在普通民众的日常生活中,直接影响着普通民众的生育、抚育、教育等日常生活实践。

大传统的童年观念有待发掘,但由于其植根于少数上层士绅文化的特性,从来不乏有力的表达,也得以较为完好地留存,诸如老子的"复归于婴孩"、王阳明的"童子之情",李贽的"童心说",在传统典籍文本中熠熠生辉,成为散落的传统童年观念的粒粒明珠。而作为底层的普通民众,他们是沉默的大多数。在过往只有精英史、事件史、政治史的历史记载中,普通人的生活是卑微琐碎的,他们的日常观念被视为是肤浅、经验与无序的,他们从来不曾拥有表达自己的话语权力,也没有人为其代言。他们的童年观念处于被遮蔽的状态。

随着近年新社会史、新文化史、新政治史的兴起,西方史家开始关注民间层面的思想观念。以心态史研究为主题的法国第三代年鉴学派开始重视特定社会群体的民间心态和意识,其研究重点是普通人的知识、观念和情感,代表人物之一即菲力浦·阿利埃斯。阿利埃斯通过考察四个世纪的绘画、日记、游戏、服装、墓碑、礼仪、学校的演变来着力探讨关于家庭生活的现代观念和对儿童本性的现代认识的演变过程,引起学界对于童年社会史的关注,是西方人文社科界重视童年研究的发端。阿利埃斯着重探讨民间文化中的童年观念,涉及精英童年观,也涉及隐而不显的普通民众的童年观念。我国传统文化中的精英童年观念有待发掘,而对于普通民众童年观念的研究更是远未启程,在现代化的背景下,作为科学童年观念的对立面,普通民众的童年观念处于哑然无声的状态。研究者尝试探寻弥散在人们日常生活中的童年观念,让底层的声音和底层童年观得以呈现,改变只有一种童年观念的现状,丰富童年研究的现有理论。

需要注意的是,由于文化生发的土壤不同,逻辑路径不同,精英童年观念与民众童年观念是不可通约的,但这绝不意味着精英童年观念与民众童年观念是不可沟通的,在不同的情境脉络下,精英童年观念可能下移,在普通民众中普及,民众童年观念也可能上移,为精英阶层所接受,实现"大传统"与"小传统"的双向互动。

第二节 理论基础

任何一项研究都不是凭空而起的,如同任何一座高楼大厦都需要构筑在牢固的地基之上。一项研究或课题必须明了自己的研究处于何种学术脉络之下。基于何种学术脉络,依凭哪些理论资源,自己的研究理路将要通向何方,这是研究者需要理清的。从关注童年,到关注童年观念,到关注乡村民众的童年观念,再到关注社会变迁背景下乡村民众童年观念的变迁,以至关注乡村民众童年观念与现代童年观念的互动,研究兴趣的产生、变化以及最终聚焦,这不但与研究者的生活体验有关,更与研究者遭遇诸多富有生命力和想象力的理论有关。这些理论从不同的角度给研究者以启迪,最终产生了研究者关注的研究问题,影响着研究者分析问题的方式。

一、新童年社会学

20世纪80年代以来,社会学改变了在儿童社会化的框架下探讨儿童问题与童年问题,一种新的研究典范兴起,即新童年社会学。新童年社会学是在批判传统社会化理论与传统童年研究的基础上发展起来的,"它否认童年仅仅是一种生物学事实,否认儿童的消极地位,提倡把童年作为一种积极建构的社会现象加以研究"[①],被认为是童年认识论上的新突破与童年研究的新范式。[②] 接下来将简单介绍新童年社会学的核心观点,并分析其对于本研究的启示意义。

当新童年社会学的研究先驱者埃里森·詹姆士(Allison James)、艾伦·普劳特(Alan Prout)与克里斯·詹克斯(Chris Jenks)提出新童年社会学,并宣称新童年社会学是童年认识论上的新突破与童年研究的新范式之时,新童年社会学"新"在哪里,童年研究新范式是否可能,这些成为批评者聚焦的问题,也成为新童年社会学研究者必须回答的问题。

对于这个绕不过去的问题,很多新童年社会学的研究者给出了自己的答案。埃里森·詹姆士等人指出,对于童年的研究兴趣并不是新的,新的是把童年本身看作研究的中心,而不是把它归入诸如家庭与教育等主题之下。[③] 近年来,随着社会的进步以及人类观念的转变,社会

[①] 王友缘.新童年社会学研究兴起的背景及其进展[J].学前教育研究,2011(5).
[②] Allison James, Alan Prout. Constructing and Reconstructing Childhood [M]. London, New York: The Falmer Press, 1997.
[③] Allison James, Chris Jenks, Alan Prout. Theorizing Childhood [M]. Cambridge: Polity Press, 1998.

科学并不缺少对于儿童的兴趣,缺少的是儿童自己的声音。新范式所尝试的即给儿童以声音,正如哈德曼(Hardman)所说,应当从儿童自身的角度进行研究,不是把他看作成人教育的容器。①

事实上,新兴童年研究的兴趣产生于"对于'儿童'传统的学科论述和探究方法的沮丧,特别是对于心理学、社会学与人类学传统地把'儿童'割裂与客体化为发展、社会化或者文化适应的对象等做法的抵制"②。因此,新童年社会学是相对于已有的童年研究或儿童研究框架而言的。埃里森·詹姆士与艾伦·普劳特总结了传统童年研究的主导论述,认为其围绕以下四个核心概念进行展开,分别为"发展""理性""自然主义""普遍性"。

童年的"发展"论述源自传统的发展心理学理论,并建立在自然发展思想的基础上。以皮亚杰的线性发展理论为代表,理性是成人的普遍标志,而童年则代表着发展的学徒期。因此,童年被看作单纯的生物学事实,儿童的认知发展遵循着固定的普遍序列,儿童在通往完满成人状态的路上。儿童的自然性不仅控制着他们的普遍性,也被他们的普遍性所控制。这实质上是一个进化模式:一个儿童发展成为成人代表着思想从简单到复杂、行为从非理性到理性的过程。③ 心理学话语对于童年的非理性、自然性与普遍性的社会科学建构在 20 世纪 50 年代直接被移植到社会化理论形式的童年的社会学话语中。在这样的话语中,儿童被看作是"不成熟的、非理性的、不完整的、前社会和前文化的",而成人则是"成熟的、理性的、完整的、社会和自治的"④。

在批判已有的童年研究框架的基础上,新童年社会学兴起,埃里森·詹姆士等人在《理论化童年》(*Theorizing childhood*)一书中明确

---

① Allison James, Alan Prout. Constructing and Reconstructing Childhood [M]. London, New York: The Falmer Press, 1997.
② Mary Jane Kehily. An Instruction to Childhood Studies [M]. New York, Maidenhead: Open University Press, 2004.
③ Allison James, Alan Prout. Constructing and Reconstructing Childhood [M]. London, New York: The Falmer Press, 1997.
④ Mackey R. Conceptions of Children and Models of Socialization [M]// Dreitzel H P. Childhood and Socialization. London: Collier-Macmillam, 1973.

指出,新童年社会学之所以被称作童年研究认识论上的突破,即在于研究转向真正的儿童或儿童经验。他们批判传统的童年研究没有把儿童当作存有的人类(Human being)看待,儿童仅被视为未成熟的有待发展的人类(Human becoming)。在新童年社会学中,儿童被看作能动地建构自己的童年与社会生活的社会行动者。[1] 埃里森·詹姆士、艾伦·普劳特、克里斯·詹克斯与威廉·A. 科尔萨罗(William A. Corsaro)等人在不同的著作中曾经提出新童年社会学的关键特征,也即新童年社会学的"新"之所在。其中,以下五个方面最为核心。

其一,童年是一种社会建构。儿童的未成熟性是一个生物学事实,但对于这个未成熟性的理解以及对其的赋义却是一个文化事实。儿童不应以生理不成熟来理解,也不具有自然性和普遍性特征,在不同的社会文化环境中,不同的社会力量作用于童年,建构出形态各异的童年。

其二,童年是社会结构形式。科尔萨罗指出,"当我们说童年是一种结构形式时,我们是指童年作为社会的一部分或者是社会的范畴,如同社会阶级与年龄群体"[2]。对于儿童自身来说,童年是他们要经历的一段时期,但是对于社会来说,童年同其他社会结构的范畴(阶级、性别、族群等)一样,"是永不消失的社会结构或社会范畴,即便它的成员会不断变化,它的本质和概念也会随历史而变化"[3]。

其三,童年是社会分析的基本范畴。新童年社会学把儿童作为研究的基本单位和范畴,儿童与童年成为分析的中心,它们不再从属于诸如家庭与教育等其他的范畴,而是成为与阶级、性别和族群等传统社会范畴同样的分析单位。可以说,新童年社会学扭转了儿童研究、童年研究的附属地位,建立起对于童年自身的兴趣,有助于提高儿童的社会地位。

---

[1] Allison James, Chris Jenks, Alan Prout. Theorizing Childhood [M]. Cambridge: Polity Press, 1998.
[2] William A. Corsaro. The Sociology of Childhood [M]. California: Pine Forge Press, 2005.
[3] William A. Corsaro. The Sociology of Childhood [M]. California: Pine Forge Press, 2005.

其四，从儿童自身的角度来研究儿童。儿童有其独特的社会关系和文化，需要从儿童自身的角度进行研究。虽然说作为成人的研究者，不可能完全摆脱成人的立场，也不可能洞悉儿童世界的一切，然而认识到儿童的逻辑不同于成人的逻辑这一点非常具有理论与现实意义。

其五，儿童是能动的创造性的社会行动者。儿童主动建构和决定其社会生活，以及与他人生活的方式，儿童不是社会结构和社会历程的被动主体。

新童年社会学对于研究者来说充满吸引力，给予研究者诸多启发。首先，它把童年与社会内在地联系起来，童年浸淫着广阔的社会文化脉络，童年与社会结构及其变迁有着复杂的关联。这引导研究者关注社会变迁背景下的童年变迁。其次，童年作为一种社会建构的产物，实质上是一种话语方式，因社会、政治、历史和道德环境的不同而不同。这样，童年即一种本土现象，必须放置到特定的文化脉络里进行理解，我们必须有意识地回到童年现象本身，探寻在日常生活中它是如何被建构的。这启发研究者在中国乡土社会的脉络里通过乡村民众的叙述来探究传统童年观念，以及与作为官方意识形态的现代童年观念的互动过程。再次，童年成为社会结构的属类，是社会的结构性要素，那么透过对童年变迁的研究，可以获致社会变迁的样貌。童年的变迁与社会的变迁，在这个意义上是可以统和的。当童年成为社会结构的属类，成为与阶级、年龄、性别、种族等社会学传统研究属类同样的分析单位，那么，童年将会获得新的想象力，我们可以期待童年在社会学、教育学、教育实践中的核心地位，甚至成为社会理论的中坚力量，这将是研究者今后的努力方向。

二、底层研究

撕裂现代性话语下现代童年观念的完美表层，裸露出普通民众观念与现代童年观念混杂交织的斑驳纹理是研究者的初衷。对普通人尤其是乡村民众童年观念的探究兴趣受到底层研究的激励与鼓动。底层研究将研究的视角从上层精英转向底层民众，关注被历史洪流淹没的无声者、无名者①，捕捉微弱的杂音②，在宏大叙事中寻找底层力量的崛起，相信底层民众独特的逻辑体系与文化体系，从而在底层民众的日常生活中建构历史。当底层研究在20世纪90年代引入中国知识界，即迅速契合了对于转型期中国的研究，尤其在社会学领域，众多学者致力于将底层研究拓展为底层视角，以期"将底层研究的概念理论化为分析工具，并将底层史观拓展为经由微观底层个体切入宏观社会结构的'底层视角'"③。

(一) 何为底层视角

底层研究(subaltern studies)的声名鹊起来源于印度底层研究学派的努力。印度底层研究学派的旗手之一——查特吉，他在《关注底层》④一文中指出，1982年一组研究现代南亚的历史学家的系列著作首次以总题《底层研究》发表。现在人们所熟知的"底层史观"即来源于此。这群后来被冠以"底层研究小组"的历史学家力图"用一种与'精英'对立的、源自印度本土的'庶民'意识，去重新书写被西方及其同谋者共同篡改了的印度近现代历史"⑤。

底层，"subaltern"，又译作"底层""下层""底下""属下""从属""庶民""贱民"等。此概念最早由安东尼奥·葛兰西(Antonio Grams-ci)提出，在《狱中札记》中，葛兰西提出"底层阶级"(subaltern class)，他指出统治阶级必须在国家与市民社会的关系中实现统一，资本主义对底层的支配需要在文化上得到底层的认可，承认底层阶级具有自身的心态、意识形态和目标，并能够通过自身的斗争影响统治阶层。⑥ 葛兰西并未对底层阶级进行明确的界定，在借用葛兰西"底层阶级"概念的基

---

① 福柯在《无名者的生活》中用"无名者"来指代各种档案中通过不经意的只言片语所记载的卑微者、无名誉者。
② 印度底层研究学派学者古哈用"微弱的杂音"来形容"底层民众"在支配关系下的边缘状态及其置身这种状态下的抗争。
③ 王庆明.底层视角及其知识谱系：印度底层研究的基本进路检讨[J].社会学研究，2011(1).
④ [印]查特吉.关注底层[J].读书，2001(8).
⑤ 张旭鹏."庶民研究"：一种激进史学的兴衰[J].博览群书，2009(7).
⑥ [意]安东尼奥·葛兰西.狱中札记[M].曹雷雨，等译.北京：中国社会科学出版社，2000.

础上,印度底层学派的研究者给予底层新的修正。古哈在《底层研究》第一卷的序言中指出,底层这个词是"南亚社会中处于从属地位的下层的总称,不论是以阶级、种姓、年龄、性别和职位的意义表现的,还是以任何其他方式来表现的"。① 王庆明指出,单就"底层"概念的界定而言,印度底层研究以掌控权力与否为标准,采用"支配—被支配""治理—被治理"的权力分析模式来划定底层概念的范畴。②

查特吉指出,在 1987 年到 1989 年间,《底层研究》出版第五和第六卷的时候,底层研究发生了新的变化,一种共识建立起来:底层历史是碎片化的、不连续的、不完整的,底层意识的内部是分裂的,它是由来自支配和从属阶级双方经验的元素建构起来的。在底层起义时显示出来的自主的证据之外,从属阶级日常经验中的底层意识的形式目前成了研究的主题。③ 这样研究的中心问题就由"什么是底层真正的形式"转变成了"底层如何被表述",这使得"在殖民地印度传播的现代知识的整个领域就向底层历史敞开了"④。

20 世纪 90 年代底层研究引入中国知识界,除了以上介绍的印度底层学派,几乎同时引进的还有美国政治学、人类学家詹姆斯·斯科特(James Scott)的底层政治理论,⑤底层研究的引入即迅速契合了对于转型期中国的研究。改革开放以来,随着中国现代化进程的加速,中国社会结构发生剧烈变迁,社会分化日益明显,底层社会研究日渐成为一个不容忽视的问题。底层研究虽则最早源自历史学科,引入中国后,即扩展到政治学、社会学等研究领域,形成井喷式研究热潮,底层史观拓展为底层视角。

---

① 转引自:王庆明.底层视角及其知识谱系:印度底层研究的基本进路检讨[J].社会学研究,2011(1).
② 王庆明.底层视角及其知识谱系:印度底层研究的基本进路检讨[J].社会学研究,2011(1).
③ [印]查特吉.关注底层[J].读书,2001(8).
④ [印]查特吉.关注底层[J].读书,2001(8).
⑤ 斯科特的底层政治理论集中体现在他的论著《农民的道义经济:东南亚的反抗与生存》《弱者的武器:农民反抗的日常形式》《支配与反抗的艺术:隐藏的文本》之中。通过在马来西亚农村进行的田野工作,斯科特发现了被其称之为"弱者的武器"的农民日常反抗形式,并提出农民政治具有被称为"隐藏的文本"的统一的自主意识,这与印度底层学派认为底层民众碎片化的分裂的意识形态有很大区别。许小涵在《两种"反抗史"的书写——斯科特和底层研究学派的对比评述》中详细论述了斯科特的底层政治理论与印度底层学派的研究之间的关系。

政治学学者于建嵘关注底层社会的政治逻辑,在对工农维权抗争为代表的社会冲突问题进行实证调研的基础上,开始关注底层政治,提出抗争性政治。于建嵘认为,底层社会不仅是当代中国社会一个不可或缺的组成部分,而且底层社会有自己的政治逻辑,呼吁国家要在政治上重新认识底层社会。① 于建嵘把抗争性政治看作一种底层的社会行动,而抗争性政治的研究方法即为"底层研究""底层社会"或者"底层立场"。② 于建嵘明确指出,"底层社会是一种社会存在,也是一种价值观,还是一种研究方法"③。姑且不论底层社会作为一种研究方法表述的正当性及可行性,于建嵘相信底层民众是有理性的,底层社会是有自己独立的政治逻辑的,④从这一点来讲,他与斯科特底层政治的理路更为相近,而与印度底层研究学派对于碎片化、分裂的底层意识的认识相距较远。在于建嵘对底层社会的研究中,我们可以发现,他基本上是在现代民族国家进程的框架内探讨底层政治,其目的并非是批判现代性国家进程,而是为"重新思考民主的政治进程和国家的政治结构提供新的思路"⑤。

社会学者郭于华致力于合作化时期普通农民的口述史研究。她与孙立平共同主持了"二十世纪下半期中国农村社会生活口述资料收集与研究计划",旨在通过口述史的方式"对长期以来相对空白的民间历史资料进行搜集和研究,进而深入理解中国农村那些最普通的人们,在长达50年的时段中,在革命与宏观历史变迁背景下日常生活的状况、改变以及他们对于这些经历的感受、记忆、讲述和理解"⑥。郭于华试图以口述史的方式,倾听底层的声音,把焦点放在普通乡村民众对于

---

① 于建嵘.底层立场[M].上海:三联书店,2011.
② 底层社会、底层研究、底层立场,这三个概念于建嵘并没有进行明确区分,而是共同地具有方法论的意涵。
③ 于建嵘.抗争性政治:中国政治社会学基本问题[M].北京:人民出版社,2010.
④ 于建嵘在《抗争性政治:中国政治社会学基本问题》中明确指出,认识研究底层社会,其中要坚持的原则之一在于相信底层人群是理性的,他们能够判断自己的利益所在,他们的利益需求和行动也是能够影响到社会发展的。
⑤ 于建嵘.抗争性政治:中国政治社会学基本问题[M].北京:人民出版社,2010.
⑥ 郭于华.心灵的集体化:陕北骥村农业合作化的女性记忆[J].中国社会科学,2003(4).

"苦难"的讲述上,着重探讨普通农民关于自身经历的讲述,尤其是关于苦难的讲述,如何能够成为历史的问题。她认为"底层的表述蕴含着巨大的能量,而关键在于苦难若能进入历史(被讲述和被记录),苦难就有了力量,一种颠覆和重构的力量"①。通过对"苦难"的社会属性的确定,从而"确立了普通人的日常生活与宏观社会历史之间的有机联系,也表明必须从社会结构和权力关系视角揭示'苦难'的深刻根源。将文明落实为普通人的日常生活实践,农民的生活史就与宏观的社会历史过程联系起来,而他们日常琐碎的经历和讲述便具有了非凡的意义,可以成为宏大叙事的有机部分。这就是从普通人的日常生活中构建历史的过程"②。

在中国社会,对于底层的界定有诸多表达,我们取一例为证,中国社会分层研究普遍使用底层这一概念。陆学艺在《当代中国社会阶层研究报告》中明确指出,依据对组织资源、经济资源和文化资源这三种资源的占有程度,可以对当代中国社会阶层进行划分。底层即包括基本不占有上述三种资源的城乡无业、失业、半失业者阶层,以及拥有很少量资源的农业劳动者阶层、产业工人阶层和商业服务业员工阶层。③在该界定中,底层与中下层模糊甚至重合。

底层,是一个相对性的概念,它必须放置到特定的社会背景中去考量,同时,通过上述对底层的界定,我们可以看到,底层又是一个结构性的概念,"它一定是在特定的社会结构当中,按照这个社会结构当中的主流价值标准来判断的地位最低的那群人"④。当我们谈论底层的时候,首先注意要框定一个特定的社会结构,在何种社会结构中来谈底层,相对拥有各种资源的城市居民,资源占有相对较少的农村人口可以说是底层,而在城市居民中,相对有着稳定收入与社会地位的居民,城市中的无业者、贫困者可以说是底层。同样是底层,农村人口与城市贫

---

① 郭于华.倾听底层 我们如何讲述苦难[M].桂林:广西师大出版社,2011.
② 郭于华.作为历史见证的"受苦人"的讲述[J].社会学研究,2008(1).
③ 陆学艺.当代中国社会阶层研究报告[M].北京:社会科学文献出版社,2002.
④ 此概念由吴康宁在2011年10月10日南京师范大学教育社会学沙龙中提出。

困者向来很难站在同一个立场上。这就涉及底层内部的多样性问题。当底层的构成不统一,我们又何谈底层统一的意识形态?当然不能忽视的是,整体社会结构的底层的分布情况、判定情况规约着具体结构中的底层的判定。①

如果说"底层"是一个太过暧昧的概念,那么力图作为研究方法的底层视角则不能含混不清。底层作为视角,从方法的意义上来讲,至为关键的是它为我们提供了一种思考问题的新的方式,"当一种东西成为一种方法、一种视角的时候,实际上是一副眼镜,戴了这个眼镜,你会看到很多你以前看不出来的东西"②。通过底层视角,如于建嵘,看到了底层民众独特的政治逻辑,重新思考普通民众在社会政治变迁过程中新的定位;通过底层视角,如郭于华,借由底层人民的讲述,看到苦难的社会力量,在普通人的日常生活中重新构建历史。这也许是底层视角的魅力所在。底层作为视角,从实践意义上来讲,通过为底层代言,为底层创造表述空间,底层的利益诉求得以呼喊,进而可以期待底层状况的改变。在这里研究者尝试厘清研究者眼中底层视角的核心要素,以期对底层视角进行更准确的把握。③

第一,底层视角指向底层关怀。

当某一天福柯坐在国家图书馆,伏案阅读一份18世纪初撰写的拘留记录,福柯注意到在那些档案中,只寥寥几句就展现了一个完全微不足道的悲惨生活,在那一瞬间,福柯感到一种震动,这些微不足道的生活,在那些毁灭它们的简短文字中被化成了残骸灰烬。出于这种震动,出于这份关怀,福柯梦想在一种分析中恢复这些平淡生活的力量,恢复无数个"注定活在所有话语不及的底层,甚至从未被提及就销声匿迹的"④无名者的残迹。对于"那些平淡的事情、无足轻重的细节,含混之

---

① 此部分阐述受到吴康宁在2011年南京师范大学教育社会学沙龙中发言的启发。见《南京师范大学教育社会学沙龙文集2011年卷》,未刊行。
② 此论述由贺晓星在2011年10月10日南京师范大学教育社会学沙龙中提出。
③ 此部分的讨论,感谢2011年10月10日南京师范大学教育社会学沙龙中吴康宁、贺晓星、程天君、周元宽、高水红、胡金平、杨跃、汤美娟、桑志坚等人的发言。
④ 福柯.无名者的生活[J].李猛,译.社会理论论坛,1999(6).

事与微末之辈,毫无荣光的日子以及普普通通的生活"①,特别是那些在与权力的相遇过程中散发的喧哗与骚动的短促光芒。福柯认为自己应当担当起历史的重任,将这些残迹收集在一起,创造一部描述这些面目不清的人的传奇,从而使得微不足道的粒子焕发出巨大的能量。

与福柯对底层的关怀一致,受其影响的印度底层研究学派也把目光投注在底层民众的历史中,在那些由统治者筛选过与编辑过的历史中寻求底层民众的历史痕迹、独立意识,力图冲破殖民主义与民族主义意识形态下的精英主义框架,建构底层人民的历史。印度本土研究者对于底层研究的投入与关怀,来自印度作为殖民地的经历和体验。正是这种个人体验与民族命运,使得作为知识分子阶层的印度学者转向对于底层民众的关怀。

底层研究自从它诞生之日起就与价值关怀纠葛在一起,而当底层研究转变为底层视角时,也无法抹掉内在于它的价值关怀,也无须抹掉。即便从严格的社会科学研究意义上来讲,"视角"应当是不带价值判断的立场,然而,当视角前面被冠上"底层"二字,也就使得底层视角不得不处理价值关怀问题,正是对于底层社会、底层民众的关怀,使得底层研究焕发出生命力,使得底层视角独具魅力。

第二,底层视角指向底层民众。

无须罗列证据,已有的底层研究的研究对象即底层民众,无论是历史上面目不清的无名者,还是不能发出声音的无声者,抑或被甩在社会结构之外的底层群体②,他们均是我们日常概念中的底层民众。当底层研究拓展为底层视角,它能不能摆脱作为底层的研究对象而独立存在? 即底层视角是不是一定要指向底层民众? 底层视角是否可以指向上层精英社会?

研究者认为,底层视角与研究对象是很难分割的。当我们谈到底

---

① 福柯.无名者的生活[J].李猛,译.社会理论论坛,1999(6).
② 社会分层理论对于底层社会的研究是中国底层社会研究的另外一个路向,本研究无意做更多的具体区分。孙立平认为,中国的底层已经不再是社会结构中的底层,而是处于社会结构之外,与整个社会结构是断裂的。见孙立平.资源重新积聚背景下的底层社会形成[J].战略与管理,2002(1).

层视角时,很难脱离作为研究对象的底层民众来谈,底层视角内在地关涉底层关怀,底层立场,那么关怀谁?站在谁的立场上?这里有一个研究对象的问题。关怀上层精英吗?站在上层精英的立场上?如果是这样,必然导致精英主义的视角。再假设,研究对象是上层精英,但是研究目的是基于对底层的关怀,这构不构成底层视角?研究者认为,这并不构成底层视角,底层视角既不是从上面往下看,也不是从下面往上看,而是在底层社会的内部观底层社会之形态,察底层社会之逻辑,发底层民众之声音。

第三,底层视角意味着批判解构。

查特吉在《关注底层》一文中指出,早期的底层研究经常与由英国马克思主义历史学家普及的"自下而上的历史"(history from below)的方法有某种联系。以克里斯托夫·希尔(Christopher Hill)、汤普森(E. P. Thompson)、霍布斯鲍姆(Eric Hobsbawn)以及"历史工作坊"(History Workshop)的作者们为代表。他们试图撰写大众的历史,关注微观问题,从小处入手来考察宏大主题。查特吉在这里指出,底层研究绝不是"自下而上的历史",二者有着至关重要的区别。前者为精英史查漏补缺,使得西方现代性叙述更为详细完整;而后者则力图对资本主义现代性本身的存在、稳定或者说历史合法性提出挑战。这一"至关重要"的区别即底层视角的核心要素,即对现代性叙述的批判与解构。

印度底层研究是作为对殖民主义者的精英主义和资产阶级民族主义的精英主义的反抗而出现的。它不遗余力地批判两种精英主义对于印度近现代历史的篡改,力图解构精英主义的印度近现代历史。底层视角,不仅是基于底层关怀,更重要的是它本身所具有的批判与解构的力量。底层视角善于撕裂光滑的历史表层与平顺的现代性叙述,裸露被遮蔽的底层景象,进而解构凌驾于个人、底层之上的权力脉络。

(二)底层视角何以可能

底层视角何以可能,这实际上是前文讨论的底层如何被表述的问题。事实上,知识分子为底层代言的合法性问题确实是值得思考的。作为"超越阶级"的知识分子,即便具有"使命感"与"正义感",为底层民众代言的权力从何而来?这也就涉及话语权的问题。很多时候,这一话语权是特定社群或个体自赋的,知识分子的代言也很可能是"以一种知识立法取代另一种知识立法,用一种独家裁定评判另一种独家裁定"①。然而,当我们讨论底层视角时,首先要承认一点,即底层民众没有办法在特定的社会场域内进行表述。如果他们具有表达自身利益诉求的通道,具有表达自身利益诉求的能力,那么,就不会有底层视角的问题,也不会有知识分子所谓的底层立场。当然这并非否认底层民众具有自己独特的意识形态。正如查特吉所指,表述意味着重新表达,也意味着站在谁的立场上。② 这样,问题即在于知识分子能否站在底层民众的立场上替底层民众发声?能在多大程度上替底层民众发声?知识分子在代表底层民众的诉求时是否有一定的限度?

当你随时都可以离开监狱的时候,你就没法真正理解监狱生活对于罪犯的意义。知识分子为底层代言,需要解决对于底层的理解问题,即需要将代言建立在"全面的场域认知"与"彻底的换位思考"基础之上。这两个概念由吴康宁在《"教育批判"的困境》一文中提出,基于对教育批判合理性的思考,文章指出所谓全面的场域认知是指对整个教育实践场域的构成因素与作用机制有细致的了解与关联的理解。从这个意义上,套用吴康宁文章中的讨论,它要求知识分子为底层代言时必须看到整个底层场域的全景与纵深,看到导致底层不能发声的全部成因及其复杂关联。而所谓彻底的换位思考,则必须"以'在位角色体验'为前提,即只有那些具有所换之位的实际角色经历的人才有可能真正做到,因为只有这种实际的在位角色体验,才能……在相当程度上找到'局内人'乃至'当事人'的感觉,才能比较准确、比较深入地把握批判对象所面临的真实的生存压力、利益诱惑及选择的无奈"③。对于知识分

---

① 吴康宁."教育批判"的困境[J].教育研究与实验,2004(4).
② [印]查特吉.关注底层[J].读书,2001(8).
③ 吴康宁."教育批判"的困境[J].教育研究与实验,2004(4).

子来说,无论是"全面的场域认知"还是"彻底的换位思考",无疑都障碍重重。从这个意义上来说,知识分子没有办法站在底层民众的立场上替底层民众发声。我们应当承认,知识分子不能百分之百地理解底层民众,这里有结构性障碍也有个人主观因素。因此,为底层代言的知识分子应当对于自身与底层的固有距离保持清明的认识,对于自身代言的限度进行深入的反思。即在多大程度上知识分子能够理解底层民众?

在韦伯的理解社会学中,韦伯把人类的社会行动看作有意义的社会行动,而社会学作为一门科学其意图即在于对社会行动进行诠释性理解,以把握行动者的行动意义。那么应该如何理解?如何把握行动者的意义?韦伯在《社会学的基本概念》中指出,任何对意义的诠释,都是追求一种"确证",并可以有两种特质:理性的确证、拟情式的再体验。[①] 理性的确证可以借助个体知性的力量进行理解,而拟情式的再体验,即通俗意义上的移情。那么在多大程度上,移情能够发生?韦伯指出,"人们行动所倾向的一些终极'目标'和'价值',我们可能常常无法确证式地去理解。在一定条件下,我们虽然对这些目标价值可以知性的掌握,然而当它与我们自己所相信的价值偏离得越远,我们就越无法以拟情式的体验去理解。依个别的情况我们必须满足于:对这些价值只作知性的诠释;或当这种尝试也失败时,我们只能把它当作既成事实来接受,而在此基础上,尽可能地去知性地诠释或达到拟情体验最近似的程度,以便对受这些动机驱使的行动过程多少能有所理解"[②]。

理解在多大程度上能发生?知识分子在多大程度上能理解底层民众?如韦伯所言,只能是"尽可能"。一如探究历史的本质真实,我们也只能是尽量靠近历史的本质真实,在意义的理解与追寻上,我们往往只能秉持着真诚的态度,尽量理解、尽量共鸣。而知识分子只能尽量站在底层民众的立场上,尽量理解底层民众的诉求,尽量替底层民众发声,

---

① [德]马克斯·韦伯.社会学的基本概念[M].顾中华,译.桂林:广西师范大学出版社,2005.
② [德]马克斯·韦伯.社会学的基本概念[M].顾中华,译.桂林:广西师范大学出版社,2005.

同时保持对于理解限度与代言限度的清明认识。在这个意义上，我们承认底层视角是可能的，也是有限度的，同时期待充分发挥底层视角在中国社会科学研究中的作用。

底层视角把目光投向底层民众，相信底层民众具有自主的意识，基于对底层的关怀，来批判与解构占据主要地位的现代性叙述与民族国家意识形态。这激发了研究者对于乡村民众童年观念的探究兴趣。然而，这并不是说乡村民众是底层民众，如前所述，何为底层需要放置于特定的社会背景中讨论，而是意指乡村民众的童年观念在现代性叙述中被建构为"落后的"的童年观念，在与现代童年观念的对比下，这一童年观念被视为沉默无声的底层童年观念。因此，研究者力图挖掘乡村民众童年观念的独特逻辑，以反思现代童年观念的"科学性"。对于中国社会来说，乡村民众是一个庞大的群体，他们对于儿童、对于童年的日常观念则塑造着广大乡村儿童的日常生活。当作为"先进"的现代童年观念进入乡村社会时，最先遭遇的即乡村民众的日常观念体系，其互动过程也是研究者关注的焦点。

第三节　研究方法与研究过程

一、研究方法

研究方法包括资料收集技术和分析技术，而作为一个整体，背后也蕴含着某种方法论的支撑，如建构主义或实证主义，这决定了哪些具体技术如何使用。研究方法的选择与研究过程的展开必须基于研究的目的、研究问题的特征。根据研究问题的特征，研究者选择了质性研究方法，以质性研究访谈法和参与观察法作为资料收集方法，以建构主义的扎根理论作为资料分析方法。

（一）研究范式:质性研究方法

研究者着力探讨底层民众童年观念的样态及其变迁，这需要研究

童年观念的变迁:基于乡村民众的视角

者在乡村社会的情境下通过与乡村民众的对话,挖掘乡村民众童年观念的独特逻辑,与乡村民众共同建构童年观念的变迁脉络,对民众童年观念与现代童年观念的互动过程进行深入、细致的剖析,以反思现代国家意识形态与民众的关系。从研究目的来看,这是一项寻求细致描绘、揭示过程、进行理解与意义阐释的研究。而从研究问题的特点来看,由于本研究的主题少有学者投入研究,缺乏既有的理论框架,因此本研究不是为了证明某一既存理论,而是探索少有人关注的普通民众的童年观念形态及其在现代化进程中的变迁过程。从这个意义上来说,本研究具有探索性与生成性的特点,它不是一项以演绎逻辑为基础的研究,无法预先设定研究假设,然后进行验证;而是逐渐在研究过程中形成研究假设,在资料的分析、归纳、总结与持续地比较过程中提炼概念与理论,主要运用归纳的逻辑方法。因此,在研究方法的选择上,研究者放弃了以演绎为主要逻辑方法,"强调变量间因果关系的测量和分析"①的定量方法,选取以"理解"与"解释"见长的质性研究方法。②

陈向明在《质的研究方法与社会科学研究》中把质性研究界定为"以研究者本人作为研究工具,在自然情境下采用多种资料收集方法对社会现象进行整体性探究,使用归纳法分析资料和形成理论,通过与研究对象互动对其行为和意义建构获得解释性理解的一种活动"③。对我来说,质性研究是一次充满不确定性的旅程,需要研究者全身心地去投入、去倾听、去理解、去建构知识。而这旅程更是一个充满悖论、痛

---

① [美]诺曼·K.邓津,伊冯娜·S.林肯.定性研究(第1卷):方法论基础[M].风笑天,等译.重庆:重庆大学出版社,2007.

② 质性研究与量化研究的方法论之争由来已久,并正在成为历史,社会科学领域愈来愈认识到二者之间并没有不可逾越的鸿沟。质性研究与量化研究基于不同的哲学本体论、认识论,导致不同的方法论,前者强调对客观世界的经验把握,后者强调对意义世界的诠释理解,两种方法没有优劣之分。不同的研究问题有不同的适用方法。质性研究与定量研究都有自己的优势,也都有自己无法抵达的他乡。在我看来,如果说研究是一次旅程,那么质性研究可以算是自助深度游,没有导游、没有必须规划的线路,一切都要靠自己,自己设计路线,也可以随时进行适当的调整,自己订票订宾馆,自己决定何时拍照、何处用餐、逗留多长时间。会有惊喜与发现,也会有层出不穷的问题。而量化研究更像跟团游,有严格的计划,基本不能更改,去哪个景点,逗留多长时间,如何坐车,如何用餐,都基本上已经确定。当然比喻不尽恰当,但是无论是自助游,还是跟团游,没有绝对的优劣之分,而是根据旅行者的不同情况与不同需求来选择适合自己的旅游方式,在旅行的过程中拓展自己的知识。

③ 陈向明.质的研究方法与社会科学研究[M].北京:教育科学出版社,2000.

苦、惊喜与发现的过程,如同有学者所言,在悖论中前行①。

(二) 收集资料:质性研究访谈法与参与观察法

质性研究"试图根据人们对现象所赋予的意义来理解或来解释现象"②,对于意义的探究与理解,最为直接的方式是交谈与观察。人们在交谈中彼此理解,在观察中洞察意义。质性访谈与参与观察是质性研究最主要的两种收集资料的方法。

质性研究访谈法,又可称作深度访谈法、响应式访谈法。质性研究访谈法是以描述受访者的生活世界为目的,并对所描述现象的意义做出解释的一种访谈方法,③尽可能从被研究者的观点了解世界,展现其经验的意义,以揭示其所生活的世界,而不对其做出科学解释。④ 质性研究访谈法最根本的特征在于探究意义,"它是对被访者在访谈时赋予自己的话语的意义以及被访者赋予访谈场景(包括被访者当时的衣着、神情、行动和居家环境)的意义的探究"⑤,它要求研究者在自然情境中与访谈对象建立对话关系,在对话中理解访谈对象对生活世界的基本体验,与访谈对象共同建构知识与意义。

选择质性研究访谈作为收集资料的方法,主要是基于以下两个方面的考虑:其一,基于意义探究的需要。研究者尝试探讨童年在乡村民众日常生活中的意义,探讨乡村民众童年观念的变迁,对作为"地方性知识"的乡村民众童年观念的探讨,长于意义探究的质性研究访谈无疑是最适合最有价值的研究方法。它可以借由倾听乡村民众的叙述,在与乡村民众对话的过程中,获得乡村民众对于童年、儿

---

① 陈向明.在悖论中前行——质性研究者应有的担当[M]//[丹麦]斯丹娜·苛费尔,斯文·布林克曼.质性研究访谈.北京:世界图书出版公司,2013.
② [美]诺曼·K.邓津,伊冯娜·S.林肯.定性研究(第1卷):方法论基础[M].风笑天,等译.重庆:重庆大学出版社,2007.
③ [丹麦]斯丹娜·苛费尔,斯文·布林克曼.质性研究访谈[M].范丽恒,译.北京:世界图书出版公司,2013.
④ 陈向明.在悖论中前行——质性研究者应有的担当[M]//[丹麦]斯丹娜·苛费尔,斯文·布林克曼.质性研究访谈.北京:世界图书出版公司,2013.
⑤ 杨善华,孙飞宇.作为意义探究的深度访谈[M]//谢中立.日常生活的现象学社会学分析.北京:社会科学文献出版社,2010.

童的意义理解，洞察微妙的观念变迁。其二，基于底层视角的考量。乡村民众无疑是"沉默的大多数"①，他们的童年观念在现代性叙述的霸权下处于无声的状态。如何让底层的声音和底层童年观得以呈现？如何拓展乡村民众叙述的空间？讲述，给予乡村民众讲述的机会，讲述日常生活中自己的童年故事、孩子的故事，讲述自己对童年、对儿童的体认。在倾听乡村民众讲述的过程中，在与乡村民众对话的过程中，研究者得以把握乡村民众童年观念的内里，尝试表达出乡村民众对自己童年观念的解释。在这个意义上，研究者与被访谈者共同建构底层的童年观念，共同发声。质性研究访谈是达致这一目的的最佳方法。

本研究主要使用质性研究访谈作为收集资料的主要方法，以参与观察作为收集资料的辅助方法。参与观察法源于人类学研究，目前已经成为社会研究重要的研究方法。参与观察就是研究者深入研究对象的生活背景中，在实际参与研究对象日常社会生活的过程中进行的观察，②其重点在于了解局内人对于生活的理解。参与观察法要求以局内人的身份观察和体验人们交往的意义③，追求的是发现、接近和揭示人们对于日常生活的意义（现实）的了解④。

本研究之所以选择参与观察法，主要是由于研究过程中需要实地观察儿童诞生仪礼，在参与现场的活动中了解儿童诞生仪礼的详细过程，及其对于乡村民众日常生活的意义。在深入仪式现场的过程中，通过观察、访谈，了解民众对于儿童诞生的意义阐释，从中探究乡村民众的儿童观念与童年观念。

（三）分析资料：建构主义的扎根理论

通过质性研究访谈与参与观察收集的具有开放性的质性资料，特

---

① 王晓波.沉默的大多数[M].上海：上海三联书店，2008.
② 范明林，吴军.质性研究[M].上海：上海人民出版社，2009.
③ [美]丹妮·L.乔金森.参与观察法[M].龙筱红，张小山，译.重庆：重庆大学出版社，2009.
④ [美]丹妮·L.乔金森.参与观察法[M].龙筱红，张小山，译.重庆：重庆大学出版社，2009.

别适合扎根理论的分析方法。"扎根理论方法和深度访谈都是既开放又有方向性,既被形成又自然生成,既有步骤又很灵活的方法。"[1]在研究中,很多学者尝试综合运用两种研究策略,诸如在扎根理论中探索适合扎根理论研究的访谈[2],在深度访谈中探索扎根理论的应用[3]。质性研究访谈"可以生成大量的文本性资料、丰富的访谈资料,便于运用扎根理论对个体经验进行比较、辨析,从而抽象出概念、范畴,并在此基础上构建出反映现实生活的社会理论"[4]。当然,参与观察的田野笔记同样与扎根理论体现出高度的贴合性,民族志的扎根理论的发展即明证。

扎根理论被誉为"定性革命"的先声。扎根理论方法的基本逻辑是,在没有理论假设的基础上,通过深入情境的研究来搜集资料,使用不断比较的方法在原始资料中归纳出概念和命题,即进行不同层次的编码,进而上升为理论,旨在"填平理论研究与经验研究之间尴尬的鸿沟"[5]。扎根理论方法对于质性研究产生了长久而广泛的影响,尤其在质性资料的分析过程中常常会参考扎根理论的分析程序。

在长期的发展过程中,扎根理论逐渐分化出三种主要派别,并引起长期的争论。第一种被称作早期扎根理论,由格拉泽(Glaser)坚守,强调在对基本社会过程的分析中"浮现"[6]资料和理论,他"把扎根理论定义为一种发现的方法,把类属作为从数据中生成的,依赖于直接的、常常是狭隘的经验主义,分析基本的社会过程"[7]。第二种被称作程序化扎根理论,以斯特劳斯(Strauss)和考宾(Corbin)为代表,斯特劳斯和考宾于1990年共同发表《定性研究基础:扎根理论程序与技术》,试图

---

[1] [英]凯西·卡麦兹.建构扎根理论:质性研究实践指南[M].边国英,译.重庆:重庆大学出版社,2009.
[2] [英]凯西·卡麦兹.建构扎根理论:质性研究实践指南[M].边国英,译.重庆:重庆大学出版社,2009.
[3] 孙晓娥.扎根理论在深度访谈研究中的实例探析[J].西安交通大学学报(社会科学版),2011(11).
[4] 孙晓娥.扎根理论在深度访谈研究中的实例探析[J].西安交通大学学报(社会科学版),2011(11).
[5] 陈向明.质的研究方法与社会科学研究[M].北京:教育科学出版社,2000.
[6] "浮现"即让概念、理论在数据中自然浮现,而非套入预先的概念与理论框架。
[7] [英]凯西·卡麦兹.建构扎根理论:质性研究实践指南[M].边国英,译.重庆:重庆大学出版社,2009.

形成可供指导的确定的步骤与技术程序,在吸引了更多读者与支持者的同时,偏离了早期扎根理论的开放性与生成性,遭到格拉泽的强烈批判,格拉泽"一再发现斯特劳斯和考宾在其预设、分析问题、理论假设和方法技术等方面强制性地运用资料与分析"①。第三种扎根理论被称作建构主义的扎根理论,由曾在斯特劳斯指导下的获得美国加州大学心理学博士学位的卡麦兹(Charmaz)提出。卡麦兹认为,前两种扎根理论的立场接近实证主义立场,他们都假设有一个客观外在的现实,一个发展资料的中立的观察者,建议有一个客观技术程序并验证结果的有效性,以获得精确的客观的知识。② 对此,基于建构主义的立场,卡麦兹提出建构主义的扎根理论,强调研究者与被研究者共同创造知识,研究的目的在于对研究客体之意义的阐释性理解。因此,扎根理论不需要屈从实证主义或客观主义的假设,要在自然的背景中展开研究,卡麦兹提出捍卫建构主义扎根理论的三个论点③:扎根理论不必是生硬的或规定性的;在运用扎根理论的同时强调意义,加深(而不是限制)解释性理解;我们吸收扎根理论的同时,可以剔除实证主义对早期扎根理论立场的理解。

  本研究所选择的分析资料的方法即为建构主义扎根理论,主要在于研究者秉持建构主义方法论的立场,相信现实是由社会建构的,不存在独立于观察者的"本质"的现实,因此,研究的重点不是在于以一套客观准确的方法来发现固有的真实的事实及知识,而是在于在互动与交往的过程中共同建构某种"知识",并揭示此种知识的建构过程,在此基础上达致新的理解。本研究对于乡村民众童年观念的探究,并不是有一个固有的已经存在的可以辨识的童年观念等着研究者去发现,而是在与乡村民众的对话、交往过程中共同建构童年观

---

① 扎根理论:客观主义与建构主义方法,见:[美]诺曼·K.邓津,伊冯娜·S.林肯.定性研究(第二卷):策略与艺术[M].风笑天,等译.重庆:重庆大学出版社,2007.
② 扎根理论:客观主义与建构主义方法,见:[美]诺曼·K.邓津,伊冯娜·S.林肯.定性研究(第二卷):策略与艺术[M].风笑天,等译.重庆:重庆大学出版社,2007.
③ 扎根理论:客观主义与建构主义方法,见:[美]诺曼·K.邓津,伊冯娜·S.林肯.定性研究(第二卷):策略与艺术[M].风笑天,等译.重庆:重庆大学出版社,2007.

念,建构儿童、童年对于乡村民众自身的意义。研究事实上也表明,乡村民众对于自身的童年观念没有一个明确的有逻辑的可表达的认识,但这并不代表他们没有童年观念,没有对于儿童、对于童年的思考。而研究者的工作即在与乡村民众对话的过程中引导乡村民众阐述自己从未进行系统反思的观念、知识与意识。在对话的脉络中、在后期资料的分析中捕捉、完善乡村民众隐藏的童年观念,在这之中,有乡村民众自身观念的表达,有研究者问题的引导,也有研究者自身的解释性理解,在这个意义上,这是一项基于建构主义方法论的研究。

在这里需要注意的是,资料的收集方法与资料的分析方法并不是割裂的关系,研究者并不是在资料收集结束之后再思考资料分析的方法,而是在资料收集的过程中同时进行资料的分析,质性研究访谈既是搜集资料的过程,也是研究的过程[①];而扎根理论不仅仅是分析资料的方法,更是整个研究过程开展的方法策略。扎根理论的方法在以访谈法收集资料的过程中,因其建构理论的需要无疑会指导研究对象的抽样、访谈内容的变化、研究进程的控制等诸方面。因此,虽然基于论文写作的逻辑,研究方法的呈现以收集资料的方法与分析资料的方法分开而论,但是在具体的研究过程中则是交织在一起的。

二、 研究过程

对我来说,研究过程是一个充满挑战、困惑与不确定的探索过程。从确定研究范围,选定研究问题,到选择研究地点,确定研究对象,再到收集研究资料、分析研究资料的过程,在不同理论中穿梭,在理论与资料中穿梭,在资料与研究问题之间穿梭,在不同研究框架中穿梭,在不同概念中穿梭,这其中的循环往复、矛盾与挣扎,甚至推倒重来,使得我饱受煎熬的同时也领略到质性研究中建构与阐释的魅力。

[①] 杨善华,孙飞宇.作为意义探究的深度访谈[M]//谢中立.日常生活的现象学社会学分析.北京:社会科学文献出版社,2010.

（一）研究对象的选择

1. 地点选择：N村与S村

本研究旨在深入理解乡村民众的童年观念及其变迁，乡村民众的童年观念是无法剥离其所扎根的乡土社会的，也无法剥离乡村民众充满意义的日常生活世界。能否细致把握乡村民众的童年观念，关键在于能否理解乡村民众的意义世界，如梅洛·庞蒂所言，一个人实际上就是一个关系网络，能否理解、进入这个关系网络，并在这个关系网络中通过与乡村民众的互动与对话建立知识、意义，关键在于作为研究工具的研究者自身所具有的资源与素质。

如前所述，我是一个出生于乡村的"80后"，在10岁那年转入城市生活。由乡村到城市的转变，改变了我的生命轨迹，也促使我更多地反思乡村生活与城市生活的差异与疏离。对于乡村，我有深刻的眷恋，也产生了某种程度的疏离。当我重回村庄时，陌生的眼神与亲切的招呼总是围绕着我。这使得我同时具有了局内人与局外人的双重身份。在局内人与局外人之间游走让我获得了某种天然的特权。基于此，我把我的家乡——一个华北村庄（以下称为N村）作为我的主要研究个案。

选择N村作为研究个案，还基于以下两点的考虑：一是本研究关注社会变迁背景下20世纪30—90年代出生的人的童年观念的变迁，客观上需要该地点在这60年中社会发展比较迅速，人们的观念发生改变，如此方可凸显变迁的阶段性特征。二是探讨乡村民众传统童年观念的内涵则要求这一地点应当在很大程度上具有传统文化的特质。华北地区经济文化的腾飞我们有目共睹，N村所属的齐鲁文化在中国文化中占据重要位置，而齐鲁文化的内核——儒家文化，可以说是中国传统文化的核心。综合以上考虑，N村成为最合适的选择。

质性研究的抽样通常是理论引导取向的，扎根理论强调理论抽样，理论抽样只是为了概念和理论的发展，它并不代表一种人口类型或提高研究结果在统计方面的普遍性。① 除了选择 N 村作为主要的研究个案,我还选择了 S 村作为拓展个案。目的在于印证与拓展在 N 村所发现的童年观念的内涵与变迁脉络,从而完善对于乡村民众传统童年观念及其变迁过程的理解与阐释。

对于拓展个案的选择,不是特意寻找反例,实现对比,也不是寻找相似度一致的个案,提升研究结果的代表性,而是为了丰富与拓展已有的研究结论②。拓展个案的选择基于以下几点考虑:一是该地点的地域文化是异于齐鲁文化的,为南方农村;二是该地点的地域文化属于中华文化的主流文化;三是该地点的社会经济文化发展比较迅速;四是我有途径及机会进入该地点,住在当地,有适当的"引路人",语言交流没有太大的障碍。综合以上考虑,我选择了位于长江流域,属于荆楚文化的 S 村。

下面就 N 村与 S 村的基本情况做简要介绍。N 村位于山东省临沂市城南 13 公里,东临沂河,隶属于罗庄区西高都镇程庄乡,后改为高都街道办事处。占有耕地 609 亩,全村 220 户,共 760 人。据记载,N 村已经有三百余年历史,清康熙中期建村。在研究者的童年时期,村头立有村碑,模糊记得上面刻有"宋家墩"字样,后寻访不得,据说已被击碎。幸有村人记得所书内容"康熙年间,宋姓人建村,建于高墩处"。《临沂地名志》也有记载:

> 清宣统元年(1909 年)测绘《山东省地图》标注"宋家墩"。相传清康熙(1662—1722 年)中期建村。约三百余年历史。宋姓始迁祖先来定居于村北,故名宋家墩。后受水灾威胁,迁来今址,名称未变。

---

① [英]凯西·卡麦兹.建构扎根理论:质性研究实践指南[M].边国英,译.重庆:重庆大学出版社,2009.
② 例如在 S 村发现"童关"概念,关于童年年龄的确切时间节点,这在 N 村是没有的,正是这一概念拓展了研究者对于在 N 村发现的"未成熟感"的理解。

N村处于由沂沭河冲积而成的临郯苍平原之上,该地区素有"粮仓"之誉,地理位置优越,土层深厚,土壤肥沃,适种种植各种粮食和蔬菜,为农业的发展创造了天然的条件。加上优越的气候条件,该区一直是临沂地区的粮食生产基地。

> 临沂地区属暖温带大陆性季风气候。四季分明,雨热同季,季风明显,光照充足,无霜期长,在山东省气候区内,属最佳气候区之一。①
>
> 该区雨量充沛,宜发展速生优质丰产林和经济林;河网罗织,水域宽、饵料丰,已成为商品鱼生产基地;经济发达,交通方便,农副产品加工业前景广阔。该规划区宜走以商品粮基地为主,农林副渔全面发展,农工商综合经营的路子。②

N村所在的临沂地区以"革命老区""沂蒙山区"闻名,革命战争时期,这里曾经成为山东解放区乃至华东地区的指挥中枢。战争的记忆深深镌刻在这方土地上劳作生活的沂蒙民众的心中。"沂蒙山区"更多是一个人文概念,事实上山区只分布在几个县市内,N村即位于南部的沂沭河冲积平原上。如今的临沂地区随着经济的发展,被称为"商贸城""物流之都""小商品城",由于N村靠近城区,交通便利,改革开放以来,乡村民众开始走出土地,进城务工,人们的生活发生了巨大改变。

S村隶属于"水乡泽国地,江汉鱼米香"之美誉的洪湖市峰口镇,洪湖位于湖北中南部,江汉平原东南端,境内河渠众多,湖泊密布,长江绕县而过。峰口镇为洪湖市第一大乡镇,始建于1548年,已有459年历史,20世纪素有"小汉口"美称。

---

① 参见临沂地区志·地理环境·气候特征:http://sd.infobase.gov.cn/bin/mse.exe? seachword=&K=bg&A=1&rec=68&run=13。
② 参见临沂地区志·农业·种植业·农业区划:http://sd.infobase.gov.cn/bin/mse.exe? seachword=&K=bg&A=1&rec=158&run=13。

第一章 绪 论

清代方志始有"峰口在沔南 45 里,临府场河为市"的记载。据考,峰口原名直埠,后称张家场,地处直步湖边,当长夏河水入直步湖之口,曾设"直步河泊所"驻此。清乾隆年间,东荆河复堤,直步湖渐淤渐高,垦殖为田。但每逢汛期,长夏河洪峰直接分泄垸田,故于张家场打坝封口,封口处遂成四乡物资集散之地,日趋兴旺,"封口"这一称说便取代张家场之名。后被人们雅化为峰口,意印封口之坝挡住了洪水之峰,高坚无恙。此即峰口一名的由来和含义。①

由峰口一名的由来我们可知,该区洪涝灾害严重,基本上是"十年九水"。"春天野菜藕,夏季鱼虾汤,秋来米粥糠,冬腊去逃荒"是过去峰口人民生活的真实写照。新中国成立后,随着水利工程的专项整治,洪涝灾害大大减少。峰口镇区地势平坦、土地肥沃,气候四季分明,适宜农作物的生长,农田以种植水稻、油料作物为主。

峰口扼水陆交通之冲,"人烟辐辏,舟楫如织,为沔南要道"(清嘉庆《湖北通志·采访册》),因此在抗日战争时期、解放战争时期也是几经浴火,正如以下这位 20 世纪 30 年代出生的人的讲述,峰口成为兵家必争之地,也为乡村民众带来众多苦难。

> 原来怕犯法,一犯法就把你搞死了,原来不管不行。我们这峰口这一个位置,就有三四面的人,就有共产党,国民党,"道圣坛(音)"②,一二八,还有皇卫军,日本人。哪里敢犯法啊,只要一犯法了就把你捉走了。(1/VSM1933,2/VSF1939,VS 双人访谈-7.24)

新中国成立后,峰口镇获得长足发展,成为洪湖市的"工业重镇、农

---

① 参见 1983 版《湖北省洪湖县地名志》。
② 推测为白极会,新中国成立前的伪道教组织。

业大镇、商贸强镇、文卫重镇"。位于峰口镇的S村,一直沿用祖辈传下来的名称:伍沟村。作为自然村落,伍沟村何时开始存在已无证可考,却已经成为S村最重要的身份认同。据S村村支书介绍,S村占有耕地2 600多亩,分为9个组,430多户,1 910人。与N村人就近解决剩余劳动力不同,由于S村距离市区较远,乡镇企业较少,因此,S村的青壮年几乎全部外出打工,村里留守的则是老人与孩子,还有外表光鲜亮丽的小洋楼。

2. 被访谈者的选择

确定了研究地点,接下来的问题是如何在N村与S村选择被访谈者。研究者想要考察不同年代出生的人的童年观念,年代即抽样的一个标准。抽样的过程涉及不同年代的被访谈者。但是至于需要访谈多少个具体个案,没有一定之规,也不会事先给予确定,而是根据理论饱和原则,即当研究者在访谈过程中发现获得的概念模式开始重复、不再有概念模式的新属性出现时,可认为理论已经饱和,形成了充分的概念密度,不需要再访谈了。

"质性研究的抽样无法在一开始就预先说清楚,而是随着田野工作发展的。初次选的报告人会引导你再去找类似的与不同的报告人;看过一些事件后,会引导你去找另一些时间,以便做比较;了解到某地的一种重要关系,也会让你想去其他地方寻找某些方面,这是一种概念引导的抽样。"①因此,每个年代抽取多少样本,不是固定的,是否需要继续抽取样本,主要在于是否在与该年代的访谈对象的对话中获得充足的信息,而这个信息足以支持研究者提取出相关概念类属或特征。

接下来的问题是,如何确定年代内被访者的抽样?我采取了比较灵活的方式,混合目的抽样、滚雪球抽样、方便抽样与差异抽样,我会注意寻求愿意沟通与交流的被访者,"喜欢拉呱"的人群,也会寻找与我关系较为亲近的亲戚及邻居,这会使得被访者更愿意坦露心声,谈话更加

---

① [美]Matthew B Miles, Michael A Huberman.质性资料的分析:方法与实践[M].张芬芬,译.重庆:重庆大学出版社,2008.

深入、开放,获得更多丰富的有价值的信息;在访谈过程中也会有被访者向我推荐其他研究对象,"她知道的东西多","她有一套";在访谈中我同时注意了性别差异因素,尽量平衡男女被访者的数量。还有种情况,诸如在S村,由于整个村庄青壮年劳动力大多出去打工,20世纪70—90年代出生的被访者不易寻找,因此,只要该年代出生的人员出现,便将成为我的访谈对象。

由于涉及对不同年代出生的人的访谈,还需要思考的问题是该从哪一年代出生的人开始访谈。我选择了从20世纪30年代开始访谈,主要原因在于我试图在访谈的过程中获得从过去到现在民众观念变迁的直观感受,当我获得不同年龄群体观念的整体感知后,则根据情境进行不同年代人的访谈。

(二) 进入研究现场、研究关系的建立与反思

N村与S村,对于我来说是完全不同的研究现场。前者是我出生的家乡,那里有我熟悉的文化、乡音、亲人、邻里,后者则是完全陌生的环境。因此,我采取了两种不同进入研究现场的方式。

进入N村是以自然进入的方式,我在父母的带领下来到了N村,并在亲戚家住下来。我向他们讲述了我的目的是"回来写毕业论文,问问咱们村人小时候的事情"。他们并不理解小时候的事情怎么可以和毕业论文挂起钩来,我也只是告诉他们这是为了知道他们对小孩的看法。我并没有进一步向他们阐述我的研究目的,探讨普通人的童年观念,"童年""观念"这些词汇离他们的日常经验太过遥远。而当访谈进行到中间时,他们多半会进行总结,"啊,你这是在做新旧社会的对比啊",我即表示赞同,并引导他们讲述自己对过去与现在小时候生活的看法。亲戚家的女主人性格比较大方,比较"会办事",在村子里人缘很好,"大队"里有事情经常让她去帮忙。因此,只要她在家,她家门口总是聚集着一帮"拉呱"的"老婆头子"。这也为我"打入"村庄内部提供了契机。我最初访谈的区域即她家附近,后慢慢向整个村庄拓展。

我对于村庄的人来说,是一个熟悉的陌生人。说熟悉,是因为我出

生在这里,人们知道我的存在;说陌生,则是因为人们很久都没有看到过我,有的人十几年都没有见到过我。这种熟悉又陌生的身份给我的访谈带来天然的优势,可以让我在局内人与局外人之间根据情境进行穿梭。

人们对我的熟悉,不是对我本人的熟悉,不是了解我的性格、脾气、品性、情感状态、学习与工作状况等个人层面的信息,而是知道我是"泽名①他三儿家的大孙女""长青他大闺女""俺三叔家的闺女",必须把我定位在他们的人际网络中,在这个人际网络中我有了某一固定地位,成为他们熟悉的"自家人"。借由占据这个人际网络的一环,我有了村里人公认的身份,以这个身份我就获得了自由进入他们家与他们"拉呱"的通行证。

此外,我还有一个身份——"缘缘"②,这也是我回去之后才发现的身份,"你就是传说中的缘缘啊,你在我们村可出名了"。作为一个仅有700人左右的小村庄,我是村庄里第一个博士生,也是较早的一批上大学的人,我的学业成绩成为人们眼中的焦点。这个身份也带给我访谈的便利,人们愿意与我"拉呱","你怎么学习那么好啊?""你怎么读书读那么久啊?""你毕业了吗?你什么时候毕业啊?""你们博士工作是分配的吧?""你以后工资得一万块钱吧?""你找对象了吗?对象是哪里的?""你什么时候结婚啊?""你说我家小孩怎么就学习不上心呢?""你说是让他读高中还是上个技校啊?"……在切入访谈主题之前,我总是需要和人们聊我自身的话题,聊聊孩子上学问题,这是走近人们的最佳方式。

在研究关系的建立中,研究者致力于建立平等的研究关系,我想,首先需要认识到研究者与被研究者之间有着天然的不平等的权力关系。从本质上来讲,你就是一个索取者。你向农村老妇询问童年经验、童年感受、童年观念,这些东西对于你很重要,对于她来说,是很久远的

---

① 文中的人名均为化名,虽然化名与原名完全不同,但是保留了原来名字的特点,意在凸显不同时代出生的人的名字的不同特色。
② 以此指代作者的小名。

往事。很多时候,她不愿意回忆了。我们说要建立一个平等的研究关系,要包容,要接纳,要与她共同建构意义,你也许可以在访谈过程中勾起她对童年的美好回忆,也许可以为她提供一个重新梳理、重新打量自己过去的机会与途径,也许你会陪着她一起回忆她的伤痛,一起落泪。但是这些也许,首先是在自己清醒地意识到自己对于被访谈者来说是一个索取者的基础上。而不是用一些理想的词汇来美化自己与研究者的关系。只有在清醒地意识到这一点之后,你才会做出自己的选择,对于被研究者,你究竟应该做些什么。

进入 S 村则是在一位当地好友 L 的带领下实现的,事实证明,他是一位很好的向导。我向他详细说明了我的研究目的与研究计划,他表示很感兴趣,并愿意帮我联络访谈对象。很多时候,我要感谢他恰当地追问,能使我得到更深入的信息。面对全然陌生的环境与陌生的语言,我一开始并没有马上投入访谈。而是尝试和 L 的家人聊天沟通,了解这座村落,了解这里人们的生活方式与观念,并记录下我的所见所感。S 村的楼房吸引了我的注意,与 N 村相差很大。这使我明显感觉到了 S 村人对于城市生活方式的认可与追求。

> 这里的楼房比较有特色,与北方不同的是,没有院子。每家只有楼房前面的一块经水泥修整的空地,称作"活场"。让我惊诧的是每家每户的二层或者三层楼房,外表漂亮异常,不只是漂亮,可以说是奢华了。楼房的正面贴着颜色各异的瓷砖,二楼阳台由一圈金属栏杆围起来,因为空间比较狭小,我想主要的用途还是美观,也可用作乘凉、眺望。门窗很考究,楼上楼下两扇面向街道的门一般比屋内的门要昂贵漂亮。除了正面贴着瓷砖,楼房的其他面则基本是水泥墙面。进入室内,与漂亮的外表一般会形成反差,屋内很少有人家会进行装潢,除非是婚房。室内的墙壁大多裸露着,下缘会用瓷砖贴起来,地面也是瓷砖,墙壁其他部分则是毛坯,没有涂上一层石灰。室内很少人家会有沙发,这令我惊奇。大多是长凳,方

桌。没有茶几、电视柜之类的家装物品。麻将桌倒是很多家都会配备。洗浴设施与城市的几无二致。屋内设施与装潢的简陋与屋外的漂亮华丽形成对比。这让我怀疑，这里的民风讲究外表、讲求面子，屋内设施舒适度的欠缺与华丽的外表形成对比。经询问，这里的村民几乎家家户户都到外面打工，如武汉、深圳、广州、福州，常年在外，只有老人和孩子留在家内，因此，屋内设施比较简陋。我的向导告诉我，S村人由于常年在外打工，一年到头只有过年的时候会见面，见面的时候大多凑在一起打牌、打麻将，一晚上会输掉很多钱。这里的妇女几乎每人都佩戴金链子或者金戒指。金饰品在这里很受追捧。

（2013年7月13日）

由于对于S村的语言不熟悉，因此在与被访者沟通时，我常常需要L的翻译。一开始我甚至怀疑自己能否独立做好访谈。转机发生在进入S村的第五天，我发现被访者的语言突然向我敞开了，我无须费力即可听懂被访者表达的意思，我可以独立与被访者进行交谈了，这让我欣喜异常。由于在N村积累了相对丰富的访谈经验，一旦语言的障碍克服后，访谈也就顺利得多。

这里需要对研究关系的建立与维持做一个反思，在N村，由于我是N村人，我是N村人际网络中的一环，因此，N村人愿意与我沟通，也愿意敞开心扉，这使得我经常能挖掘到比较深入的信息，也使我感觉不到太多的拒斥。在N村，我几乎没有想到要带礼物去访谈对象的家中。S村的乡村民众则不同，我对于他们而言，是全然陌生的个体，即便有L的牵线，他们也不会全然对我敞开心扉。因此，我只能尽量拉近自己与被访者的距离。对于S村的男性被访者来说，适时地递根烟是明智的举动，这里要感谢L，能够引发他们更为主动的态度。对于女性被访者来说，给予她的孩子小礼物也是不错的选择，她们会更愿意与你交谈。由于情境不同，研究关系的建立与维持方式也不同。

第一章 绪 论

（三）研究资料的收集与分析

研究资料的收集与分析是交织在一起的，也是一个不断变化、充满不确定的过程。在这里呈现我在资料收集与分析过程中的矛盾与挣扎也许是有必要的。在进入农村现场之前，我实际上已经在南京市访谈了40位不同年代出生的城市人口，并整理了13万字的部分访谈录音。在我原来的研究计划中，城市出生人口的童年观念也在我的考察范围内，我有一个宏大的研究目标，即探讨中国童年观念的变迁，并试图就城市民众与乡村民众的童年观念进行比较，一方面可以更加深入地在对比中了解传统童年观念，另一方面可以获得现代童年观念在农村与城市渗透的不同进程以及不同的互动机制，从而获得中国童年观念变迁的整体图景。当我转入乡村现场之后，随着资料收集与分析过程的推进，我发现我的研究目标太过宏大，乡村民众童年观念的变迁与城市民众童年观念的变迁无论是时间节点还是内在机制都有着很大的不同，乡村民众特殊的思维方式与生活体验和城市民众相去甚远，其本身已经非常丰富，无论是庞大的访谈转录资料，还是复杂的逻辑关联，都使得我无法在一个研究课题中进行呈现与驾驭。因此，我决定放弃对于城市人口童年观念变迁的研究。

访谈提纲的基本拟定事实上在进入农村现场之前就几经打磨了。由于童年观念是一个极其宽泛又极其抽象的概念，并且目前并没有对于童年观念组成部分的确定论述，因此，在参考了关于现代儿童观、童年社会学等理论论述后，我大致确定了童年观念的几个核心要素：童年的界限、童年的意义与价值以及人们对于儿童的观念。后者则包括儿童的地位、儿童的价值、儿童的特性、儿童与成人的关系、理想的儿童形象等等。带着这个大致的概念框架我即开始了开放性的访谈，在开放性的访谈过程中，不断修改自己的访谈提纲，被访者给予我诸多启发，在谈论童年、谈论儿童时，人们总是自然地谈及生孩子、养孩子以及教育孩子。生育观念、抚育观念以及教育观念本身即渗透着童年观念。因此，我把童年观念的核心要素重新确定为童年的边界，童年的意义与价值、儿童观、生育观、抚育观与教育观。生育观、抚育观与教育观则属于童年观念的外围，通过它们可以透视童年观念的变迁。

　　带着几经修改的访谈提纲来到农村现场时，我预见到在城市人口访谈中形成的访谈提纲在乡村社会可能不适用。只是差别之大是我没有想到的。对于上了年纪的乡村民众，尤其是没有读过书的乡村民众来说，"童年""教育""地位""责任"等这些在我看来极其自然、含义极其明确的词汇对于他们来说显得那么疏离与困惑。一些问题也就变得格格不入。诸如当我问到老人们："要是让您再过一次小时候，您想过什么样的？"（如果让您重新过童年，您希望是什么样的？）很多被访者会表示，这根本就不可能，因此就没有回答的意义。在此基础上，我对我的访谈提纲迅速做了调整，使之契合乡村民众的文化与语言。我也并非严格按照访谈提纲进行提问，根据情境不同，会出现不同的追问与新的问题，根据分析过程的进度与我当前关心焦点的不同，会着重追问某些问题，也会省略掉某些了解透彻的问题。访谈是一个灵活的需要不断生成的过程。

　　在这里需要着重交代的是我对于质性访谈法的特殊处理。一般情况下，质性访谈强调对于个案的深入访谈，通常是访谈者与被访者的单独对话，以期达到深度的效果。这一单独个案访谈的方法在城市人口中是适用的，因为我通常会与访谈对象进行预约，访谈时也会敲定访谈地点。一对一的对话是双方共同的期待。然而，当进入农村现场时，我发现单独对乡村民众进行访谈的机会并不多。走访乡村民众家中的时候，往往是家人聚在一起。当我提出来访的目的是做访谈时，并没有人意识到需要回避。由于访谈期间正值夏季，村头巷尾总是聚集着出来纳凉的民众，这也为我的访谈创造了天然条件。因此，在我的访谈中有部分是多人访谈，即同时与两个及两个以上的被访者进行交流。质性研究访谈法最根本的特征在于探究意义，它要求在自然情境中与访谈对象建立对话关系，对于乡村民众来说，其自然情境就是日常的生活环境，除了下地干活，或者上班，人们很少独处，喜欢与家人、邻居"拉呱"。我也试图以自然的"拉呱"的方式进行访谈，当你面对村里聚在一起聊天的人们时,你没法把某一位访谈对象单独从人群中拉出来进行访谈,这一方面会破坏自然情境,另一方面被访谈的乡村民众也会觉得太过正式而感到不适应。当你在访谈对象的家中进行访谈时,家人并不回避,他们觉得家人之间没有什么可避讳的,因此不需要回避。即便是访谈子女时,父母有时也在场,有时还会发生亲子争吵的现象。这种现象对于我的研究有利也有弊。有利的一面在于能够更直观地观察到亲子两代不同的童年观念及其矛盾焦点,不利的一面则在于由于他者在场,有些话并不敢开讲。面对这种情况时,我通常会再选择单独的时机进行补充访谈。对于我的研究来说,多人访谈有一个明显的优势,即访谈对象可以相互激发,相互印证,在共同讨论中呈现出某个时代的童年记忆与童年观念,可以获得单独访谈时得不到的深度信息。同时也可以帮我锁定需要单独访谈的对象。一般情况下,多人访谈多出现于访谈初期,后期则会有针对性地选择单个访谈对象进行个别访谈。因此,在访谈的过程中,根据不同情境我采用了单独访谈与多人访谈相结合的方法。

本研究在 N 村共进行了 40 例单独访谈,8 例多人访谈,共访谈 70 人,在 S 村进行了 20 例单独访谈,4 例多人访谈,共访谈 28 人,总计 98 人。除去多人访谈,人均访谈时间在半小时至一小时之间。在访谈的过程中研究者即开始访谈的转录与分析工作。访谈的转录是一件极度耗费身心精力的事情,也是一项需要予以严肃反思的工作。转录并非是简单的文书工作,而是一种解释过程,口头语言与书面语言之间的差别产生了一系列实际且重要的问题。[①] 口头语言与书面语言、方言与书面语言、声音与文字的距离是研究者不得不面对的问题。在南京师范大学教育社会学沙龙上,贺晓星曾就中国语境下访谈录音的转录过程中所面临的由声音向文字的转变所带来的问题进行了深度剖析。"声音的记录不是访谈调查的目的,对于转录文本的分析以及分析后的理论阐释才是作为质性研究的访谈法之目的所在。然而正如前述之音

---

① 陈向明.质的研究方法与社会科学研究[M].北京:教育科学出版社,2000.

义割裂的原因,访谈法对于中国质性研究者来说,是自然与不自然之间的一种游戏。我们转录的必定不是原始的音量、音质、音频,而是字义,它抛弃了与深度理解很可能具有的某种联系。这种被抛弃的某种深度理解,其实我们只能由声音,而不是由字义来获得的。"[1]由声音向文字的跳跃是"对生动的访谈谈话所进行的语义贫乏的、去语境化的描绘"[2]确实会损失某些可能的深度意义,由地方口语向书面语言的转变也时常会让研究者感觉到书面语言的局限、地方口语的鲜活。然而,转录究竟应该采取何种方式、究竟应该有多详细应当由研究目的来决定。例如语言的停顿、重复、语调中的强调、情绪表达等细节是否需要标注?如果说研究的目的在于社会互动、细腻的内心情感、语言风格等方面,无疑这是需要的,但是如果是对大量访谈文本进行意义分析,以上详细的转录方式既不可能也无必要。因此,在访谈录音的转录过程中,除非研究者认为有必要,否则对以上细节不予标注。面对方言问题,研究者尽量保持原汁原味。研究者灵活采用了逐字转录的方法,N村的访谈录音由我转录,由于研究者对于研究分析已经有了初步的把握,因此,在转录后期对访谈过程中的明显无关信息不予转录,共获得转录文字19万字左右;S村访谈录音的转录主要由L来完成,由于他不能决定无关信息,因此全部采用逐字转录,此外S村的两段录音由一位湖北籍研究生转录,共获得转录文字18万。加上访谈笔记、参与观察笔记以及备忘录,共计获得40万字左右。对于N村与S村的访谈前后持续一个多月,退出研究现场之后,在资料的分析与论文的写作过程中,也会遇到新的问题,因此,我又多次以电话访谈的方式进行二次访谈,并进行手机录音。二次访谈录音则根据需要予以转录。

本研究运用Nvivo 8质性研究资料分析软件进行资料分析,尽管Nvivo 8宣称具备自动分析的功能,但是研究者还是使用人工分析。首先建立Nvivo研究项目名称,并建立N村与S村的文件夹,每次访

---

① 参见:贺晓星,《深度访谈的中国经验——义音割裂的知识社会学追问》,南京师范大学教育社会学研究中心学术沙龙内部文稿,2013—2014年度第17期,总第208期。

② 陈向明.质的研究方法与社会科学研究[M].北京:教育科学出版社,2000.

谈后将转录资料分别导入两个文件夹中,共获得 74 份文档,并进行命名,以"VNF1962-7.1"为例,"V"代表乡村,"N"代表北方的 N 村("S"代表南方的 S 村),"F"代表女性("M"代表男性),"1962"代表被访者出生年份,"7.1"代表时间。多人访谈则以"VS 两人访谈-7.21""VN 五人访谈-6.29"等形式命名。

资料的分析策略采用建构主义扎根理论,应用 Nvivo 8 进行编码、分类,最后提炼主题。编码是对资料进行整理的第一步,是资料收集与生成理论之间的关键环节。建构主义扎根理论把编码过程分为初始编码、轴心编码与理论编码三个阶段。首先,在资料分析的初始阶段进行编码时,要保持尽可能开放的态度,"尽量'悬置'个人的偏见和研究界的'成见',将所有的资料按其本身所呈现的状态进行登录"[①],此阶段的编码通常是描述性的,尽可能紧贴资料。研究者采用逐行编码的方式分别对 7 个年代出生的人的 7 份访谈资料进行初始编码,此时应用 Nvivo 8 的自由节点,由此得出凌乱的且尚未加以分类的编码。在此基础上经过不断地比较建立树状节点,即能够借由建立上下层节点来进行分类与管理,亦即节点之间存在着主从关系。之后研究者对于剩下的 72 份文档进行初级编码,此时已经放弃逐行编码,改为更加灵活的逐行、逐段编码相结合的方式。在初始编码中,一方面要紧贴资料,另一方面,研究者也记录下自己头脑中所能浮现的所有概念,这些概念有些很有可能是轴心编码。此阶段,我也在进行备忘录的书写,即随时记下我的任何有价值的想法,在资料与资料之间、资料与类属之间、资料与理论之间、类属与类属之间进行持续地比较,并写下某些有关的猜测与可能的联系。此过程一直持续到理论框架形成。接下来进行轴心编码,这是一个不断反复、持续比较、不断对话的过程,其主要任务在于"发现和建立概念类属之间的各种联系,以表现资料中各个部分之间的有机关联"。在这一阶段,不同年代之间的儿童观、教育观、生育观、抚育观以及童年本体观念的主要特征已经基本出现。最后一步即理论编

---

① 陈向明.质的研究方法与社会科学研究[M].北京:教育科学出版社,2000.

码,把轴心编码阶段所生成的概念类属进行关系化,并能统领大部分的研究结果,此时理论雏形基本出现了。家族主义的童年观念、双重取向的童年观念、个体主义的童年观念、传统童年观念与现代童年观念的互动机制、传统童年观念的核心内涵此时已经清晰了,至此理论框架基本成形了。

第四节 相关概念与相关问题说明

一、核心概念界定

(一) 童年

在已有的童年研究中,童年成为研究的核心范畴,而童年概念却始终没有得到确切的阐释。在日常用语中,甚至学术用语中,儿童与童年的概念往往是互换的,没有明确的区分。关于童年的概念与童年的观念更是混为一谈。而对于童年概念本身,由于学科体系、理论视角的差异,人们在表述和分析童年时,所使用的概念及其内涵不尽相同。基于不同的学科背景与研究旨趣,人们对童年的概念各取所需,随意使用,童年概念本身很少得到系统的考察与反思,造成童年研究各自为政的局面,童年概念成为童年研究的迷思。童年概念的模糊性说明了童年本身的张力与生机,也说明了童年概念尚未引起普遍的关注与反思,这显然更加剧了童年研究的纷乱局面。在此部分研究者聚焦童年概念的多种阐释,尝试厘清纷繁杂陈的童年概念,在此基础上提出本研究对于童年的界定。

1. 童年与儿童概念辨析

在诸多学术领域抑或日常用语中,童年与儿童的概念往往是互换的。实际上,虽然童年与儿童总是被混为一谈,二者还是有着显著的区别。《辞海》中把儿童界定为"较幼小的未成年人",童年界定为"儿童时期;幼年"。朗文词典中,把"child"界定为"youth person","childhood"界定为"the period of time when you are a child"。两者的共同之处在于都有"幼小"之意涵,然而,儿童更多指涉的是处于特殊生命阶段的个体;童年更多指涉的是个体生命中的某个阶段。

熊秉真先生对于儿童的意涵进行了详细的考察,指出儿童通常有至少三个层面的意义。第一层意义,指的是人生阶段的起始,也是狭义的,年龄、身材均小,从刚出生几个月到几岁的"孩子"。(注意对第一层意义的表述,"起始"是一个时间维度的视角,对应于"childhood")第二层意义,代表的是一个"社会地位"或角色,不只指年幼的孩子,而是如五伦中"父子"中的"子"。这"子"实际上可以是三十岁,甚至六十岁的成人。第三层意义,指的是"抽象意涵"的儿童,近乎"童心稚情"的意思。

无独有偶,台湾学者李舒中对于"儿童"的概念也进行了相应辨析,指出至少有三种层面,分别是作为历时性的发展主体、作为共时性的社会关系性主客体以及作为概念与象征的文化体系。李舒中对于儿童意涵三个层面的划分与熊秉真先生的划分基本一致。李舒中指出,此种意义上的"儿童"主要对应的概念是概括性较强的"childhood",而不是"child"或"children"。

"儿童"这个词语,既指某个现实的经验儿童,又是一个经过成年人探讨、形成、解释和表达的概念。[①] 而童年的概念要模糊暧昧得多。在现实生活中,我们可以说那个两岁的蹒跚学步的孩子是"儿童",我们却指不出童年在哪里。事实上,儿童与童年是两个非常不同的概念,而且也指涉着不同的分析问题的方式。"童年"是一个抽象的时空概念,在其中儿童度过他的生活,参与社会行动,建构社会角色,然而童年无法落实为个体的儿童,一旦剥离了儿童,又无法指认童年的实际存在,这种悖论使得"童年"无法具体化。

埃里森·詹姆士曾经对儿童与童年的概念进行了有益的辨析。他指出,童年是由儿童占有的结构性的集体场所。正是在童年的集体空

---

① 何卫青.小说儿童——1980~2000:中国小说的儿童视野[M].青岛:中国海洋大学出版社,2005.

间与制度空间里,作为儿童这个类属的成员,个体的儿童发挥着他或她独特的能动性。① 如果我们把"儿童"这个概念作为对象性的概念,那么"童年"这个概念可以说是一个分析性与解释性的概念。虽然有学者提出,"儿童"是一个方法论的概念,如柄谷行人在《现代日本文学的起源》一书中提出:"所谓孩子不是实体性的存在,而是一个方法论上的概念。"② 但由于"童年"概念本身的概括性、模糊性与张力,使得它更具方法论的意涵。

当研究者尝试将童年作为社会研究的核心范畴,对于儿童与童年的区分就变得必要。如前所述,童年概念更具分析性与解释性,因此更具方法论的意涵,而儿童的概念大多时候则是作为对象性概念来使用。因此,本研究选择使用童年观念,而不是儿童观念。

2. 童年概念的不同视角

一如儿童概念的多重内涵,不同论述下的童年概念也具有多重含义,主要体现为三重视角,即作为生物现象的童年、作为社会现象的童年及作为一种意义体系与过程的童年。③ 童年作为一种生物现象,代表着用年龄来界定的生命中的某个阶段,是不可更改的生物学事实。把童年看作社会现象实际上是在挑战童年单纯的生物学叙述,以及建基于生物学叙述之上的成人—儿童权力关系。童年不仅仅是生物学的产物,肇始于阿利埃斯,童年也是一种社会现象,是社会建构的产物获得广泛认同。童年作为一种意义体系,指的是童年作为一种概念或意义的文化体系。作为意义体系与过程的童年,是一个更具抒情色彩的概念,更多的是基于童年本质特征的抽象引申与升华,表示孩童般的精神特质,无忧无虑的纯真时光,充满幻想、浪漫与游戏的精神家园,甚至是人生的一种完满状态,这时的童年不仅仅与那个幼稚纯真的孩童有关,也与那个保有赤子之心的耄耋老人有关。

---

① Allison James, Adrian L James. Constructing Childhood: Theory, Policy and Social Practice [M]. Houndmills: Palgrave Macmillan, 2004.
② [日]柄谷行人.现代日本文学的起源[M].赵京华,译.北京:生活·读书·新知三联书店,2006.
③ 王友缘.走出迷思:童年概念的几种视角及其分析[J].教育学术月刊,2014(1).

第一章 绪 论

童年作为生物现象，童年作为社会现象，童年作为一种意义体系与过程，三种不同视角下的童年概念，实际上指涉着对于童年的不同论述，反映着不同的学科属性与研究旨趣，同时也反映着童年无尽的生机。作为生物现象的童年概念多见于生理学、心理学的学科视域，作为社会现象的童年概念多见于社会史、社会学的学科论述，作为一种意义体系与过程的童年则多见于哲学、文学的学科体系。正如社会建构者指出，童年实际上是论述的产物。在这里，并非是要辨明哪一种童年概念更为准确，更接近童年的本质，也并非是意图在封闭的领域里追求精确的定义与描述，每一种视角下的概念有其适用的范围，也有其他视角无法抵达的他乡。我们在处理有关童年的论述时，首先必须清楚地意识到童年概念的多种视角，其所论述的童年究竟是在何种意涵与维度上，在何学术脉络下。

研究者尝试在社会学的视野下给出本研究对于童年概念的认识。新童年社会学对于童年的界定主要有两种取向，一为把童年视为社会建构的建构论取向，二为把童年视为社会结构形式的结构论取向，这是童年社会学领域无法回避的二元论述。事实上，无论把童年看作社会结构还是社会建构都有其限度。[①]

艾伦·普劳特试图从童年的双重性角度出发，来协调童年的结构与建构立场，以超越童年的二元论述。他认为要把握两个方面：一方面，儿童作为社会能动者，他们的行动可以影响社会结构的变迁；另一方面，童年是超越任何具体的儿童或成人行动的社会结构形式。普劳特强调在把童年视为结构与在既定结构中儿童的能动性之间，还存在着理论空间。[②]

普劳特关于童年二重性的思考实际上受到吉登斯结构二重性观点的影响。在吉登斯的眼里，行动者和结构的建构并非两组彼此独立的

---

① 具体论述见第二节理论基础"新童年社会学"。
② Alan Prout, Allison James. A New Paradigm for the sociology of Childhood? Provenance, Promise and Problems [M]// Constructing and Reconstructing Childhood: Contemporary Issues in the Sociological Study of Childhood. London: Falmer Press, 1997.

现象,即是一种二元划分的状况,代表着一种二重性,就像一枚硬币的两面,二者是相互联系和彼此依赖的。这集中表现在组成结构的规则和资源不断被纳入行动者的行动过程中,并通过循环往复的实践而不断再生产出来,而行动者在行动过程中利用了结构,即社会情境中丰富的规则和资源,才使得他们的行动成为可能。行动与结构之间存在的这种关系是结构二重性的表现。因此,不应将结构等同于制约。相反,结构总是同时具有制约性与使动性。[①] 这样一来,结构的二重性是可以化解行动与结构间的矛盾的。

在吉登斯结构二重性的启示下,研究者把童年界定为一种由儿童与成人共同建构的结构性的社会现象。在强调童年结构性的同时,也强调童年的生成特点与儿童的行动者地位。童年也就具有了吉登斯意义上的结构二重性。承认童年是一种结构性的社会现象,把童年看作社会的结构要素,为我们提供了另一种透视社会制度结构的途径,也使得对于童年普遍特征的探讨成为可能,诸如对于同一社会中童年与其他年龄群体的比较,再如跨文化的童年研究。承认童年是由儿童与成人共同建构的社会现象,一方面强调儿童自身在建构童年过程中的行动者能力与地位,另一方面也强调作为历史生成的童年概念很大程度上来自于成人对于童年的理解及其赋意。同时,作为社会结构的童年,虽有其普遍特征,但是在不同的情境脉络下其结构会有不同的表现形式。而作为社会建构的童年,无论是儿童的自我行动还是成人的话语建构都须借助已有的童年结构。由此,童年具有了结构与建构的双重性。

(二) 童年观念

在日常生活中,概念与观念常常被混淆,但是两者之间有着重要的差别。戴维·阿查德(David Archard)在考察童年的概念时,区分了概念(the concept)与观念(a conception)。简单来说,童年的概念是指儿

---

① [英]安东尼·吉登斯.社会的构成:结构化理论大纲[M].李康,李猛,译.北京:生活·读书·新知三联书店,1998.

童与成人的普遍差别;童年的观念则要清楚地说明这些具体的差别是什么。① 这里要注意,"concept"之所以加上定冠词"the",强调的是儿童与成人之间的结构性区别,认为某些普遍性的差异存在。即无论处于何种历史阶段与文化脉络下,儿童与成人的差异总是存在的,至于差异的具体内容是什么则将受到conception的影响。而"conception"之所以加上"a",意指童年概念的普遍性差异实际上是根据不同社会的文化、组织和结构的不同而不同。戴维·阿查德对conception和concept做出区分,其用意在于凸显出关于童年的观念(conception)具有社会性、历史性和政治性。在不同的社会文化脉络下,我们可以发现不同的看待童年的方式,即不同的童年观念。对某些人而言,童年的概念是很重要的,他们强调儿童的共同社会或文化特征,威廉·A. 科尔萨罗、莉娜·波洛克(Lina Pollock)等人的研究属于此种类型。而对于另外一些人,童年的观念很重要,他们强调童年观念的多元性与童年内部的多样性,如戴维·阿查德、克里斯·詹克斯、柯林·伍德(Colin Heywood)等。

童年的概念与童年的观念实际上是关于童年的同一与差异的思考。在本研究中,"童年观念"是在戴维·阿查德的观念"a conception"的维度上展开思考,旨在考察不同年代出生的人的童年观念的变迁,及其这种变迁与社会、政治、经济、文化等社会结构内在的关系。

在此基础上,提出童年观念在本研究中的规范性界定,童年观念即人们看待与对待童年的根本观点和根本态度。研究者事先并没有对民众童年观念进行操作性界定,而是在资料收集与资料分析的过程中逐渐生成的,童年观念主要包括以下几个维度:童年的边界、童年的意义与价值、儿童观念、生育观念、抚育观念与教育观念。

这里有两点需要注意,第一,在大多情况下,童年观念与儿童观念是混同的,讨论童年观念不可能绕过儿童观念,在本研究中,童年观念的内涵要比儿童观念的内涵更为广泛,儿童观念是童年观念的核心,儿

---

① David Archard. Children: Rights and Childhood [M]. London: Routledge, 1993.

童观念在本研究中更多指涉的是对于儿童的本体性认识,诸如儿童的特性、儿童的地位、儿童的意义与价值等诸方面。第二,生育观念、抚育观念与教育观念代际关系并不是童年观念的内核,但是通过对它们的考察可以反映童年观念。

(三) 变迁

"变迁中的童年图景",本研究中的"变迁"其实会产生两种含义:其一为童年图景本身的变迁,此变迁意为情况或阶段的变化转移;其二为社会变迁中的童年图景的变化,此处社会变迁为童年图景变化的背景。此处的社会变迁,可理解为社会学意义上的社会变迁。社会变迁是人类社会普遍存在的一种现象。没有任何变迁的社会是不可想象的。社会学一诞生,即致力于社会变迁的探究。社会学之父孔德将其理论体系分成"社会静力学"与"社会动力学"。社会静力学研究的是人类社会的解剖学,其构成部分及其组织结构;社会动力学研究的是生理学,社会内部运行过程,即社会的发展。斯宾塞持有相同的观点,他做了另一个区分——"结构"与"功能"。这些早期的方法论传统有两类对立程序:探寻共生性规律与序列性规律,或者"共生性研究"与"历时性研究"。社会变迁即历时性研究。在帕森斯那里,社会成为一个系统,相应地,社会变迁被认为是系统内部或所有方面发生的变化。更确切地说,它是指同一系统在前后不同时点状态之间的差异。对于社会变迁,有不同的定义,"社会变迁是指社会组织和思想及行为模式随时间而发生的转变";"社会变迁是指社会组织方式上发生的改变或转变";"社会变迁是指个人、群体、组织、文化和社会之间的关系随时间推移而发生的变化";"社会变迁是指行为模式、社会关系、社会制度和社会结构随时间推移而发生的变化"。[①] 这些定义都强调社会的各组成部分之间的关系、组织及联系中的非重复性的、结构性变迁。

因此,本研究中的社会变迁采用霍利(Hawley)的界定,社会变迁

[①] [波]彼得·什托姆普卡.社会变迁的社会学[M].林聚任,等译.北京:北京大学出版社,2011.

就是指作为一个整体来说的社会系统所发生的任何非重复性改变。①本研究旨在探讨社会变迁背景下的童年图景,这无疑会涉及童年图景本身的变迁,二者是相互交织在一起的,因此,研究中的变迁包含这两种含义。

二、年代选取依据

这里要说明的问题是,为何研究者选择20世纪30—90年代出生的人进行质性访谈?60年的跨度对于中国农村社会、对于研究者的研究意味着什么?而这60年的跨度能否看到童年观念的深层变迁?

20世纪的中国,处在一个社会大变动的时代②,20世纪40—80年代是中国社会变革最剧烈的历史时期③,而对于农村社会来说,最大的转变则是从20世纪40年代以来的土地改革,从40—90年代的历史进程可以说是农村社会变革的高度浓缩,也是农村民众观念发生改变的重要时期。因此,研究者访谈的对象包括20世纪40—90年代出生的人,之所以往前面又推了一个年代,是因为30年代出生的人同样经历了农村社会的巨大变革。

什么是审视历史的最佳时距?阿利埃斯有言,"历史学家研究的最佳时机,就在于他刚刚开始想象全面看问题的时候,就在于笼罩着地平线的薄雾尚未散尽的时候,就在于他离原始材料尚未太远、那些材料还保留着它们的新鲜感的时候"④。托克维尔也表达了同样的看法:"我们离大革命已相当远,使我们只轻微地感受那种令革命参与者目眩的激情;同时我们离大革命仍相当近,使我们能够深入到指引大革命的精神中去加以理解。过不多久,人们就很难做到这点了;因为伟大的革命一旦成功,便使产生革命的原因消失,革命由于本身的成功,反变得不

---

① [波]彼得·什托姆普卡.社会变迁的社会学[M].林聚任,等译.北京:北京大学出版社,2011.
② 张宪文.论20世纪中国的社会转型[J].史学月刊,2003(11).
③ 王跃生.社会变革与婚姻家庭变动:20世纪30—90年代的冀南农村[M].北京:生活·读书·新知三联书店,2006.
④ [法]菲力浦·阿利埃斯.儿童的世纪——旧制度下的儿童和家庭生活[M].沈坚,朱晓罕,译.北京:北京大学出版社,2013.

可理解了。"①

对于审视历史的最佳时距,"太近,历验但易歪曲;太远,客观但无感觉"②。距离太近,虽则有主观体验,但由于卷入太深,容易主观歪曲,而距离太远,虽则史料丰富相对客观,但无法感受时代的脉搏与精神的氛围。朱学勤认为,40年左右其实是最好的历史写作时间③,而对于乡村民众童年观念的访谈研究,60年的时间跨度则是比较理想的时段。出生于30、40年代的老人依然是我们生命中的重要他者,他们的行为、观念恐怕最能代表中国传统社会的精神,而这些至今仍在影响着我们的社会与生活。随着时间的推移,三四十年代出生的人已逾古稀,他们鲜活的言语、行为与观念也将消散,从口述史的角度来讲(虽然本研究不是严格意义上的口述史),对他们的访谈、对他们童年观念的记录实则具有"抢救"的性质。也是从这一方面考虑,研究者把访谈对象的出生年龄划定为30—90年代。

三、年代划分依据

本研究把乡村民众童年观念的变迁划分为三个阶段:30—40年代为家族主义取向,50—70年代为集体主义取向与家族主义取向并存,80—90年代为个体主义取向。时间划分的脉络是在材料分析的过程中通过编码逐渐浮现的。童年观念变迁的脉络出现之后,研究者发现,实际上这与农村社会的变迁脉络密切相关。

在实地访谈中,"1952年""1954年""1957年""1958年""1981年",这些年份是乡村民众除了身体时间之外记忆最深刻、提及最广泛的理性时间,其中以"1958年"与"1981年"为甚,"1952年""1954年""1957年"是农村进行土改,成立互助组、初级社的时间,1958年是"吃

---

① [法]托克维尔.旧制度与大革命[M].冯棠,译.北京:商务印书馆,1992.
② 参见:吴康宁的《旧制度与大革命》引读,南京师范大学教育社会学沙龙内部文稿,2013—2014年度第12期,总第203期.
③ 朱学勤.革命的产生机制与革命的三种话语[EB/OL].http://www.21ccom.net/articles/sdbb/2013/0102/74130_4.html.

食堂"的时间,即人民公社建立的时间节点,1981年是"分地"的时间,即家庭联产承包责任制的时间。在乡村民众的生活与记忆中,最为鲜明最为重大的时间节点,不是1949年的新中国成立,也不是1978年的改革开放,而是与农民的日常生活、切身利益相关的土地所有制的变迁。下面一位老人对于社会变化的描述以土地所有制的变迁为标准,准确精到地阐述了影响普通民众生命与生活的时间节点。

> 这个买卖难说啊,社会主义的变化,走一步说一步啊。因什么说呢?以前自己种地,劳动吃饭,没有地的给人家做工夫,雇给人家。到以后,成立互助组,成立合作社,就嗄伙(搭伙)一块干,一个生产队一个生产队,没有自己干自己吃了。到又分开地呢,个人劳动个人的。生活就难说了,跟着时局走,以前要公粮,要这个钱那个钱,这回不要了,也行了。这回公家里还给钱。60以上的不还给60块钱吗?(VNM1932-7.3)

由此,研究者意识到,之前对于社会变迁的划分逻辑其实是不适合农村社会的,它是在现代民族国家进程的逻辑下进行划分的,适应于城市社会的变迁。① 因此,研究者在访谈的基础上,根据影响N村与S村乡村民众日常生活的时间节点,把乡村社会的变迁划分为三个阶段,即50年代以前,50年代至1981年,1981年至现在。分别对应土改前,集体化时代与家庭联产承包责任制以来的时期。土地改革、集体化的生活与生产、家庭联产承包责任制是乡村民众日常生活中最重要的事件。之所以说50年代,主要是由于土地改革的进程延续了整个50年代,在S村,"搞集体是从1951年,1952年搞土改,土改就把地主的田拿了,拿了就到1953年,1953年就搞互助组了"②,女性对理性时间的记忆要模

---

① 在对城市人口进行的访谈中,1949年、1967年、1978年,是出现频率最高的时间节点,这与国家逻辑下的阶段划分是一致的。这也凸显了现代文化更多的是城市文化。
② VSM1943-7.21。

糊得多,"1955年就开始搞集体,1954年是淹水。我也还不是很清楚,我只晓得以前的话,后来就说是甲午年以后回来就说是搞什么组,后来就又是进队"①。在 N 村,"1954 年互助组,1956 年高级社,1958 年人民公社,这个我记住了"②。两地差别不大。

这一乡村社会变迁阶段的划分与乡村民众童年阶段的划分基本一致,这一一致说明了童年观念的变迁是在农村社会变迁的背景下所推动的,社会变迁的强力塑造了民众童年观念的变迁。这也证实了新童年社会学的观点,童年内在于社会结构中,社会结构的变迁必然导致童年的变迁,而通过对童年的考察则可以透视社会变迁的图景。

需要注意的是,由于文字呈现的线性障碍,又由于这一时期中国特殊的现代民族国家进程的推行形式,这一年代的划分实际上凸显了社会变迁对于童年观念的影响,不得不承认这是一种巨大的影响,以至于不能忽视,然而这一阶段的划分又抹杀了乡村民众在童年变迁中的能动作用,因此,论文的主体部分研究者试图凸显乡村民众的能动作用及其与现代童年观念的互动过程。

---

① VSF1949-7.22。
② VNF1942-7.7。

第二章

家族主义取向的童年观念（20世纪30—40年代出生人群）

第二章　家族主义取向的童年观念(20世纪30—40年代出生人群)

20世纪30—40年代的农村社会可以看作是中国社会的传统时期,①在这一传统时期出生并成长起来的乡村民众历经了"旧社会"的"苦日子",他们的观念与思想打上了传统社会的烙印,延续着先民的传统观念。在对20世纪30—40年代出生的乡村民众进行童年观念访谈的过程中,"家庭"与"家族"的观念不断地凸显出来,我逐渐领悟到家庭在乡村民众生命中的重要意义,不仅是由于家族主义是中国传统文化的基本精神,是传统社会官方统治的正统思想,更是因为家庭是乡村民众"过日子"的基本单位,家族主义的价值观念是乡村民众过日子的践行准则。

因此,不理解家庭在传统乡村民众生活中的意义,则无法理解乡村民众的日常观念,而不在家庭的脉络中来探讨童年、儿童的意义,则无法理解乡村民众的童年观念。这也是在研究中发现的非常重要的一点,即传统时期乡村民众对于童年的理解、对于儿童的观念是以家庭为基点的,以家庭为基点的理解塑造了乡村民众独特的童年观念体系。研究者称之为家族主义取向的童年观念。

家族主义意指对家庭或家族抱持强烈的价值认同,也因此而强调家庭或家族的伦理,并以之作为社会生活的普遍伦理主轴。家族主义社会不仅将家庭伦理作为家庭生活的指引,而且将其作为全面生活的指导伦理。行动者优先考虑自己的家庭成员身份,并因此优先以家庭的利益为个人行动的目标,甚至可能因此牺牲自己的个人利益,或者牺牲其他群体的利益。② 20世纪30—40年代出生的乡村民众就其童年观念来说,体现了家族主义取向。

在展开进一步讨论之前,我们需要区分两个概念,家庭与家族。

---

① 王跃生在其专著《社会变革与婚姻家庭变动:20世纪30—90年代的冀南农村》中对这一论断进行了详细阐释,论点如下:1. 就整体而言,20世纪三四十年代中国农村的生产力水平与传统典型时期,特别是与明清相比没有显著不同;2. 中国20世纪30年代至土改前农村的生产关系特别是阶级关系与明清时期相比没有实质区别;3. 土改前的华北农村,在财产继承和分家方式等重要家庭事务上,起支配作用的是传统民俗而不是新式法律;4. 农村社会的管理仍以传统方式为主。王跃生得出总体认识:土改之前的中国农村社会,特别是广大内地农村,无论是生产力水平、生产关系状态,还是乡村事务管理以及风俗、习惯乃至观念,基本上保留了传统时代的特征。

② 齐力.个人主义、集体主义与家族主义:三角关系的概念格局[J].市师社教学报,2003(2).

宗、族、家是三个容易混淆的字眼。日本法学家滋贺秀三详细考察了宗与家的区别，宗是一个排除了女系的亲属概念，即包括了由共同祖先分出来的男系血统的全部分支，族与宗同义，略有区别，宗字在指称血统秩序这种概念性的语感较强，而族在指称从属于这一血统的人们这种现实性的语感较强。① 广义的家与宗同义，狭义的家，即家庭，是指共同维持家计的生活共同体，家是一个经济单位，一家人共同生活、共同生产、共同消费，即同居共财，同时包括女性成员。②

费孝通通过中西家庭的对比，提出家庭与家族的区分。家庭在人类学上被界定为由亲子所构成的生育社群。这一社群的结合是为了子女的生与育，并且这一社群是暂时性的，抚育孩子的目的就在于结束抚育。在西方社会，家庭是团体性的社群，有严格的团体界限，家庭的功能相对比较少，只负责生儿育女。而在中国社会，家并没有严格的界限，可以按照父系的原则沿着亲属差序向外扩展，这个扩展后的社群，可能包括几代之内父系所有的亲属。这种根据单系亲属原则所组成的社群叫作氏族。中国的家在结构上是一个氏族，但是我们普通所称的族并不是氏族，而是由许多家所组成，是一个社群的社群。因此，费孝通提出"小家族"的称谓，用以说明乡土社会背景下家的结构性质。

费孝通提出"小家族"概念的另一用意在于说明中国乡土社会的家承担着西方社会的家庭所不具有的特殊功能。"我的假设是中国乡土社会采取了差序格局，利用亲属的伦常去组合社群，经营各种事业，使这基本的家，变成氏族性了。"③因此，中国的家同时具有了政治、经济、宗教等功能，又由于政治、经济、宗教等事务需要长期的绵续性，中国的家就不能如西方一样是临时性的，必须是绵续的，"不因个人的长成而分裂，不因个人的死亡而结束，于是家的性质变成了族"④。如果说西方的家庭是临时性的，中国的"小家族"则是长期性的。

---

① ［日］滋贺秀三.中国家族法原理[M].张建国，李力，译.北京：法律出版社，2003.
② ［日］滋贺秀三.中国家族法原理[M].张建国，李力，译.北京：法律出版社，2003.
③ 费孝通.乡土中国 生育制度[M].北京：北京大学出版社，1998.
④ 费孝通.乡土中国 生育制度[M].北京：北京大学出版社，1998.

第二章　家族主义取向的童年观念(20世纪30—40年代出生人群)

20世纪30—40年代的中国底层乡村,"小家族"形态的家并不普遍,仅限于地主、富农阶层,更多的乡村民众结婚后就不得不面临分家的问题,主要是由于贫困的生活无力负担大家庭的运转,因此,底层乡村民众的家其实是父母与子女所组成的"小家"。但是这并不意味着与西方基于团体原则的核心家庭是同一个概念。底层乡村民众的"小家"就其本质来说是最小的家族形态,在结构上它仍然是以差序格局为原则的,践行着传统的家庭伦理观念与以家庭为核心的价值观念。

"如果不深刻了解中国的家庭及其与个人的关系,就不可能真正了解中国文化。"[①]我们也可以这样说,如果不深刻了解中国家庭与儿童的关系,则不可能真正了解中国传统童年观念。在探讨中国家庭与儿童的关系之前,我们首先探讨中国家庭与个人、国家的关系。传统社会家庭与个人、国家的关系集中体现在家族主义传统中。

建基于自给自足的小农经济基础上的家族主义是中国传统文化的基本精神。家族主义包含以家庭为核心的价值观念、处理家庭关系的伦理观念和家本位思想。[②]在大传统的儒家文化中,建立于家国同构的社会基础之上,"修身齐家治国平天下"是立身处世的原则,在家庭与个人、社会的关系意识上,把家族视为枢纽和关键:修身服从齐家,齐家为治国平天下之本,己、家、国三位一体,家既是己的依托和归属,又是国之本。[③]这样,家与国合为一体,由内圣而外王。无论家与国,其治理原则都是父家长制。社会赖以运转的轴心,则是宗法原则指导下确立的以父子、君臣关系为人格化体现的伦理、政治系统。因此,在伦理关系方面,则是强调三纲五常,三纲,即"君为臣纲,父为子纲,夫为妻纲";五常,即"父义、母慈、兄友、弟恭、子孝"。在以父子为主轴的家庭内部,崇尚长者权威,具有尊老传统,子辈恭敬孝顺,同辈之间友爱互助,确保长幼有序的和谐关系。由家庭推及国家,则移孝为忠,忠君事主,维持国家的长久统治。

[①] 杨知勇.家族主义与中国文化[M].昆明:云南大学出版社,2000.
[②] 刘林平.儒家思想中的家族主义[J].中山大学学报论丛,1996(1).
[③] 邵伏先.中国的婚姻与家庭[M].北京:人民出版社,1989.

在小传统的民间文化中,家族主义不仅是弘扬的价值取向,而且是乡村民众内在的精神归属,家庭更是乡村民众日常生活的全部,个体在家庭中出生、成长,以至死亡。在自给自足的小农经济的体制下,乡土社会的孩子离不了脚下的这片土地,即便长大成人也仍然在脚下这方土地上"讨生活"。个人通过家庭获得生活资源,通过家庭与外界发生联系,建立人际网络,家庭具有强烈的向心力,使得个人牢牢地凝聚在一起。家庭的利益、发展高于个人,家庭的价值高于个人独立的价值,个人的价值隐而不显。

黄建中在比较中西方的伦理原则时提出,"中土道德以家族为本位,远西道德以个人为本位"①,中国传统社会是建立于农耕文明之上的乡土社会,以农立国,国基于乡,民众聚族而居,安土重迁,由此发展出以血缘为纽带的家庭社会,以地缘为纽带的邻里社会,正是由于血亲关系对于整个社会关系的深刻影响,使得家族成为超越个人甚至国家的存在,导致中国人"知有家不知有国,知有宗族不知有民族"②。西方社会以工商立国,国成于市,③民众的生活并不固着在土地中,也不禁锢于家庭中,父子夫妇权利有别,崇尚个人价值。在以家族为本位的文化传统中,个人与国家的向度都被淹没在血缘关系之网中。

家族本位的价值观导致对于儿童、对于童年的理解是以家族、家庭为前提的,孩子的价值来源于家庭或家族,也通过家庭或家族表现出来。孩子是家族延续的香火,是家族力量壮大的条件,还是家族天伦之乐的源泉,只是不是孩子自己。而童年的边界不是以理性的年龄来计量,而是以是否成家为标准,童年时期在人的成长过程中并不是特殊的有意义的时期,其最终目的只是抵达以成家为标志的成人阶段。这也就是传统童年观念被人们诟病的根本所在,即儿童没有自己独立的价值,只具有工具价值,在成人与儿童的关系中处于附属地位。在家族本位的价值观下,童年也不具有特殊的意义,只是一段模糊不清和终要逝

---

① 黄建中.比较伦理学[M].济南:山东人民出版社,1998.
② 黄建中.比较伦理学[M].济南:山东人民出版社,1998.
③ 黄建中.比较伦理学[M].济南:山东人民出版社,1998.

去的成人预备期。

这里需要指出的是,在家庭价值至上的家族主义传统中,成人与儿童并不是截然对立的两极,二者具有内在的一致性,共同服务于家庭与家族的价值。不只是孩子,成人同样不具有独立的价值。生理年龄并不是区分儿童与成人的分界线,区分儿童与成人的是个体在家庭结构中的地位与功能。因此,对于传统社会儿童与成人的理解,对于儿童与成人关系的理解,尤其是对于传统童年观念的理解必须以家庭为基点。只有当我们了解儿童在家庭中的结构位置,儿童在成人生命中的意义,我们才能深入了解乡村民众的童年观念。

第一节 传统时期的社会生活与童年生活

20世纪三四十年代,中国广大的内地农村依然保持着传统的农耕生活,"日出而作,日落而息,凿井而饮,耕田而食"的景象一如往昔,任凭面临"数千年未有之大变局",任凭反传统反封建的社会革命与社会运动风起云涌,更迭的政权与过往的军队无法撼动"散沙似"存在的中国底层农村,在尘土中辗转的乡村民众默默承受战乱匪患的同时依然如祖辈一般过着闭塞的生活,在一方土地上固守着"上足以事父母,下足以蓄妻子"的生活理想。

一、以家庭为单位的"吃地"生活

费正清在其著作《美国与中国》中论述"中国社会的本质"时写道,"中国家庭是自成一体的小天地,是个微型的邦国。社会单元是家庭而不是个人,家庭才是当地政治生活中负责的成分"[①],"村子里的中国人直到最近主要还是按家族制组织起来,村子通常由一群家庭和家族单位组成,他们世代相传,永久居住在那里,靠耕种某些祖传土地为生。每个农家既是社会单位,又是经济单位,其成员靠耕种家庭所拥有的田

---

① [美]费正清.美国与中国 第四版[M].张理京,译.北京:世界知识出版社,1999.

地生活,并根据其家庭成员的资格取得社会地位"①。杜赞奇提到,已有研究表明那种庞大、复杂、联合式的宗族在中国并不普遍,可能只存在于华南及江南的某些地区,20世纪三四十年代的N村与S村,类似华南及江南地区的庞大宗族并没有发现,只有相对富裕的地主阶层或者富农阶层会出现类似"院子"的大家庭。

一个院子包括2家或3家,他们房屋相连或位于同一房子的不同房间,其家长们通常是分灶起火而未出院的兄弟。② 院子的人作为一个整体参加祭祀活动或其他活动。而这样的院子在N村只有为数不多的两三家。后来由于人口的增加、土改的介入而消失。

在N村,院子是介于家庭与家族之间的组织,一般由扩大家庭组成,家庭的诸兄弟结婚之后即分家,分家后并不搬到新的住所,而是仍然住在原有的旧房子里,如果房间不够,则在院子内新建房屋,或者与邻居互换房屋,以形成一个大院子。20世纪三四十年代,在军阀混战的背景下,山东出现了很多土匪,沂蒙地区尤其是费县、苍山土匪猖獗,俗称"马子",到处为非作歹,烧杀抢掠,普通百姓深受其苦。③ 因此,富农与地主阶层建筑炮楼,以抵御"马子"。院子这时作为整体也成为抵御土匪的单位。

以院子为单位的大家庭不易维持,在N村只有为数不多的几家,到了50年代随着院子人口的增加、土地改革的施行,院子里的人口逐渐搬出去,成立独立的家庭。院子里的重大事务则由家长决定,这里的重大事务包括土地的买卖、盖屋、喜丧、分家、人情交往等等,家长都具有毋庸置疑的权威。即便后来院子解体,家长仍然具有最高的地位。杨知勇在《家族主义与中国文化》中指出,中国家族文化强调家长的权威,强调老年人在生产劳动和家庭生活中的指导作用,强调长辈的道德

---

① [美]费正清.美国与中国 第四版[M].张理京,译.北京:世界知识出版社,1999.
② 转引自[美]杜赞奇.文化、权力与国家:1900—1942年的华北农村[M].王福明,译.南京:江苏人民出版社,1996.
③ 据《续修临沂县志》载,自民国五年(1916年)至民国二十四年(1935年)的19年间,骚扰临沂地方、打家劫舍的股匪,有名的就有50余股,其中曾流窜数省的刘桂堂匪部,更为全国匪患之首。至于昼伏夜出、栖身草莽的散匪,更无从统计了。

第二章 家族主义取向的童年观念(20世纪30—40年代出生人群)

教化,强调子女对父母的孝行,而孝的最高标准是继承父母的事业和德行,从而形成崇拜在家长制的绝对权威下,崇拜家长和崇拜在世长者的心理定式。①

> 搁在那时候一个户主谁年龄大就是老族长呢,就说了算呢,有什么事就得要老族长商议呢。一走社会主义这个就没得讲了。好比咱这一个户主,谁年龄大,谁家里有喜事丧亡了,怎么办呢?就找老族长商议。这现在还有这些事吗?(VNM1933-7.4)

在N村,除了有院子的扩展大家庭,还存在着更大的单位,即家族,类似几个院子的联合,同属于同一个祖宗。以张家的院子为例,张家的家长还有一个长兄,张家的家长"为年幼就没干过活,雇人干活",这家的老太,即两人的母亲,"不喜欢不干活的,弄点好地都给大份(老大)了,弄点孬的都给二份(老二)了。二份也不能有半句不字"②。两个大家庭共同拥有家谱、祖坟与少亡陵,共同祭祀与上坟。

除了少有几户作为院子的大家庭,其他民众都是小家庭。1931年,N村所在的全区有家庭643 196户,户均5.72人。③ 大家庭数量较少的主要原因在于维持大家庭必须有充足的经济基础,共同生产、共同吃饭,而普通家庭难以承担,因此大多普通家庭在家中儿子成家之后不久就会分家,成立小家庭。分家,主要是分地、分房产与分财产。由于当时经济条件极端贫困,所谓财产其实就是过日子的物什与干粮。

> 结婚顾不了了,结婚就分家。小的就跟不知道好歹样(似的),不分也行。那时候由老的说了算,老的说分就分,说不分

---

① 杨知勇.家族主义与中国文化[M].昆明:云南大学出版社,2000.
② VNM1944-7.8.
③ 参见临沂市情资料库・临沂地区志・人口状况:http://sd.infobase.gov.cn/bin/mse.exe?seachword=&K=bg&A=1&rec=102&run=13。

就不分。分家的时候分了一间小屋,没有粮食分,没有家产,有什么分啊。我上了册山买了一口小锅来,都不好买,我跟区里干部怪好,就去买了一个来。找(用)头顶着家来的,头都磨没毛。那时候都步撵走(步行),连洋车都没有。(VNM1930 - 7.6)

普通的乡村民众在分家之后就开始顶门立户过日子了。家庭成员以家庭为单位下地干活,在自家生火做饭,并以家庭为单位建立新的人情网络。"传统的社会关系是以家庭为中心向外扩展,是家庭与家庭之间的关系,而不是个人与个人之间的关系,个人通过家庭与他人发生关系。"[①]当新家庭的孩子出生后,这一家庭才算是成为真正的家庭。新的家庭同样面临贫困的生活。

中国传统社会的家庭形态建立于农业生活基础之上。经济上的自给自足、落后的生产工具和土地的不能移动导致了人们对人口、劳动力、和睦相助的重视。[②] 20世纪三四十年代的N村与S村的村民过着"靠地吃地"的生活,在这片生于斯、长于斯的土地上耕耘着,即便这片土地并不能给予他们丰厚的回馈。

对于地主来说,土地是他所有财富的来源与归属。收了粮食,换了钱就买地,再把新置的地租出去,收了钱,继续买地。租地,买地,租地,不断地循环下去,以至形成上万数的田地。这些田地即地主所有的财富、家产、名誉、情感、意义、生命的寄托。

越有钱越干活,然后用来买地。那时候就笨,只知道买地。买地,然后盖一个大房子。(VSF1934 - 7.19)

地主毕竟是少数,土改前调查的数据显示,临沂县地主占全县总人

---

① 张鸿雁.城市・空间・人际:中外城市社会发展比较研究[M].南京:东南大学出版社,2003.
② 翟学伟.中国人际关系的特质:本土的概念及其模式[J].社会学研究,1993(4).

口的5%,土地占有量为全县土地总量的50%以上。① 更多的是普通的百姓,穷家小户,有的有一两亩薄田,而这一两亩田地极有可能因为不能度日而被卖出去,进而沦入更为贫困的境地;有的没有自己的田地,则要租种地主家的田地,或者去地主家做长工。对于普通的百姓而言,由于土地可以自由流动,因此存在着无田者通过勤劳来积攒财富进而成为有田者的空间。而地主的家产,由于中国的分家制度,则很可能经数代之后在"不孝子"的手中分割殆尽,因此,地主与穷家小户之间并没有严格的不可流动的壁垒。勤劳由此成为传统社会很受尊崇的道德品性。

> 那时候也没有多少钱,那时候种的地,有些穷家小户的还种别人的课田、租田,还有的给大户打工,那哪里有多少钱了。最后有几亩田了,慢慢添慢慢买,有的地主富农肯做事,慢慢攒,攒点钱,谁家里卖田我就买一点,这样积起来的。像青青她的老爹,他是黄陂那边箩强(箩筐)扁担挑过来的,刚开始也是熬啊,搞了几亩田,然后就慢慢攒、慢慢攒,最后还成了个富农。(VSM1934-7.19)

无论是地主、富农还是穷家小户,土地是他们赖以生存的基础,而家庭则是所有社会活动的中心,以家庭为单位,他们共同生产、共同生活,并通过家庭建立与外界的社会关系,家庭不仅是经济单位,更是政治与社会文化的单位,在此基础上形成传统的中国家族文化。许烺光认为,中国家庭以情境为中心,培养了中国人向心的世界观与凝聚力,由此导致宗族、家庭之内的互相结合。

> 以情境为中心的中国家庭,培养了中国人一种向心的世

---

① 参见临沂市情资料库·临沂地区志·农业·农业生产变革:http://sd.infobase.gov.cn/bin/mse.exe? seachword=&K=bg&A=1&rec=151&run=13。

界观。这种世界观在人际关系中的基本表现是相互依赖。它使中国人能够轻松自如地在内心的中国宗族结构和"人与人之间关系完全调和"这一理想的框架内满足其社交、安全和地位的需要。①

二、规规矩矩的"苦童年"

回忆童年往事,在三四十年代提及最多的,是对饥饿刻骨铭心的体验,是抗战时期"日本鬼子"留下的不可磨灭的印象,是十几岁独自承担繁重劳动的苦楚,"苦"字是三四十年代童年生活的底色。

食物对于孩子的诱惑力应该是超越了时间与空间的。在乡村民众的童年记忆中,吃的主题贯穿始终。孩子是好吃的"小馋猫",尤其在物质匮乏的三四十年代,极度的饥饿体验成为童年生活挥之不去的烙印。

> 我上学的时候,我有那么一个饿病,要是饿了就走不动了,放了早上学,家来(回家)吃饭的,半路上走不回来了,正好您奶奶走娘家,买的烧饼来的,我想着是您三爷爷家来给说的,把我背来的。要是饿了,浑身稀软,直打哆嗦。现在还这样。现在我吃饭还行。(VNM1944-7.8)

除了饥饿的烙印,抗日战争成为三四十年代童年生活的特殊记忆,打乱了人们的日常生活。

> 日本鬼子来,咱庄上树行子多、柴火垛多。来逃饭的那老些,都趴柴火垛跟里。日本鬼子见了老百姓光打,奸淫烧杀。追得不得安。那时候我才七八岁,刚记事。到以后日本鬼子打肖庄打肖杭,住咱庄上。后方就安在咱庄上,弄那

---

① [美]许烺光.宗族·种姓·俱乐部[M].薛刚,译.北京:华夏出版社,1990.

第二章　家族主义取向的童年观念(20世纪30—40年代出生人群)

个燃烧弹,打屋上就着火,你以为干吗的?烧了那老些房子。(VNM1930 - 7.6)

对于底层民众来说,尤其是那些"不识字"的"老娘们",她们并不明了战争的意义,甚至混淆了国民党与日本鬼子,军队、战乱、恐惧、懵懂混合成童年时期对于战争的记忆。

> 5:我记得是国民党,我那时候七八岁。
> 1:国民党和鬼子不是一个人啊?
> 4:国民党是国民党,日本鬼子是日本鬼子,你弄一下(混一起)去了,哈哈。(1/VNF1945,4/VNF1960,5/VNF1930,VN六人访谈)

"穷人家的孩子早当家",这句俗语道出了乡村民众童年生活的苦楚。普通人家的孩子很早就开始帮着父母做事,诸如看孩子、放牛、割草、捡柴火,做一些力所能及的事情。等到十几岁,则下地干活,出大力,为家庭的生计贡献自己的一份力量。

> 我什么都干,我十三岁到东南拾地瓜。现在小孩十三岁娇生惯养的。我自己跟人去,晚上弄点水洗洗,就吃那个。明早上再下胡(下田)再去拾。拾地瓜晒了地瓜干子弄家来啊,不是因为穷吗?人家刨完地瓜咱上人家地里,去找落(下)的。(VNM1930 - 7.6)
> 我们遭业(受罪)得很,15岁就挑堤,戊子年(1948年)就挑堤,挑得哭,也是几个娘家的人带着,堤高了爬都爬不上去。(VSM1934 - 7.20)

饥饿、战乱与繁重的劳动是访谈中三四十年代出生的人谈及最多的童年体验,除此以外,研究者还考察了乡村民众童年时期的住宿条件、穿衣、父母的管教方式以及孩子们的游戏，试图从多方面来呈现三四十年代的童年生活。

由于三四十年代的房屋空间有限，大部分孩子是两三个挤着一起睡，共用一床薄被，有的家里甚至连一条薄被也没有，孩子们通常是穿着衣服睡觉。到了十岁左右，男孩女孩开始分床睡。讲究的家庭六七岁就分开，不讲究没条件的家庭通常是在一间房屋，分铺睡，到了女儿十七八岁出嫁才分开。

> 我们家遭业了，一个床上睡三四个了，哪里有位置啊。晚上也没有蚊香，一个扇子，扇不扇随便你，热死还不是要睡觉啊。男孩女孩还不是在一个床上睡啊。大了，上十岁就分开睡。（VSM1933-7.24）

一件得体的衣服对于孩子来说该是奢望。衣服最主要的功能在于遮体、保暖与美观。在当时困苦的情况下，衣服美观的功能在穷人看来往往是忽略不计的。至于遮体的功能，则是主要针对成人的。男孩通常要到十多岁才有衣服穿，十岁左右光着屁股满街跑人们不认为有什么不妥，男孩也没有害羞的想法。女孩相对保守，一般都有上面姐姐或大人剩下来的衣服穿着。冬天的时候，孩子穿的更多的是开裆裤，没有大人照料时可以随地大小便。开裆裤一直穿到七岁左右。

> 有的得到了十三四，有的还光着屁股，根本就没有衣服穿。冬天有的是穿小破袄，里外没褂子，那时候扣鼻子又长，前面都露着，有的都没有棉裤穿，最穷的是谁个？李景义那家人家，当时李景义冬天根本就没鞋穿。捡人家的鞋，后边没有后跟，擦冻（结冰）的时候后边一甩就甩出去了。他姊妹多，他娘又病了，那时候人是真可怜啊！（VNM1947-7.6）

在这样艰苦的条件下，孩子们的童年生活多是在家庭院墙内外与

第二章 家族主义取向的童年观念(20世纪30—40年代出生人群)

家庭成员、与邻里伙伴发生联系的。在长幼有序的三四十年代,父亲、兄长具有绝对的权威,拥有着对于年幼者的教化权力,孩童一旦不守规矩,挨打挨骂则是家常便饭。棍棒底下出孝子,也是家长所秉持的教育观念。在严厉的管教下,孩子们也大多听话老实,不敢犯犟。

> 我们呢,父亲管得特别严,就是要听话,不听话就要挨打。就说在家里面吃饭不规矩都要挨打,吃饭都要把碗端着吃,不准趴在桌子上吃,往常"礼性"大些了。(VSM1934 - 7.20)

读书并不被看作是必要的,一般只有大户人家或者地主才能延请私塾先生。女孩更少有机会读书,上了七八岁就不能出去跑,被拦在家里,看家里更小的孩子、跟母亲学做针线活、纺纱织布。

即便在家长权威的控制下,在规规矩矩的苦日子里,孩子们总是能找到玩耍的天地。男孩与女孩受到规矩的制约不能一起玩①,因此男孩女孩的游戏也有分别。打陀螺、摔钱镏、打腊门、打瓦、打拐、钓鱼捉虾是男孩的游戏,而跳房子、拾石子则是女孩的游戏。三四十年代出生的人们提到最多的游戏场景则是冬天与夏天,冬天没有繁重的农活,大人小孩都比较悠闲,因此借着热火朝天的游戏取暖。夏天则是由于天然的环境适合游泳、嬉戏。

> 以前玩的也很多。到夏天,东胡里的大栗树太大了,在上面摸糊弄(捉迷藏),把一个人的眼睛蒙上,在上边摸啊,睁眼的慢慢地从这棵树到那棵树上,从那棵树上又到这棵树上,蒙着眼的就找啊,掉下来也不高,底下又是沙滩,那是很好玩。那时候玩的太多了。就在现在李国全那边,有几棵大栗树,夏天男的女的上去摸糊弄,那个栗子树真大啊。那时候人也怪

---

① 女孩不和男孩一起玩。所以说旧社会压力大、规矩大,就是不准男女在一起玩,各是各。(VSF1934 - 7.19)

会玩,我感觉。也很有意义。(VNM1947-7.6)

上汪(河)里擦冻,藏蒙蒙(捉迷藏),到寒天里弄那些外快(做那些事情),踢蹦乱跳不害冻的来。打腊门还挑过战来着。两个人一头,三个人一头,看谁来过谁。大人又是掷色子又是看牌。还打拐,一条腿支地,那条腿扳着,碰胳了摆子(膝盖)。翻跟头,打庞连(翻跟斗)。大人溜骨碌(摔跤),他摔他,他摔他。穿得少,怪冻得慌,小孩们多,出来也不管也不怎么。(VNM1930-7.6)

这番大人小孩集体游戏的欢乐场面是旧日乡村严冬下的常见情景。现已不多见,已成为那个年代的特殊记忆。20世纪三四十年代的童年生活是苦涩的,是"不能拉的",充斥着规矩礼性、繁重的劳动、懵懂恐惧的战争印象、饥寒的体验,在这苦涩的基调之下,也有几抹明亮的色彩,孩子游戏时的天真烂漫与自由,所有这些共同形成了三四十年代童年生活的画面。

第二节 乡村民众观念中的生育、抚育与教育

生育、抚育与教育观念并不是童年观念的内核,但是它们却与童年观念密切相关,并能从中折射出童年观念的种种痕迹。出生于传统时期的乡村民众有着独特的生育、抚育与教育观念,这一独特,与家族主义的传统文化有关。本节主要考察乡村民众观念中的生育、抚育与教育,以了解其中所蕴含的童年观念。

一、生育与生育观——"生孩子是家族的事情"

生育被人们看作家族绵延的大事,也是自然的事情,孩子还在母亲肚子里的时候,怀孕的母亲并没有得到多少优待,怀孕也并不被看作是特殊的需要额外照顾的事情。生完孩子之后坐月子是中华养生文

第二章 家族主义取向的童年观念(20世纪30—40年代出生人群)

化中的重要内容,是产妇得以身体恢复的重要时期,出生于三四十年代的产妇很少有条件能够坐足月子,甚至有的没有月子坐,从此落下"月子病"。

> 以前俺那时候拾小孩(生孩子),接生员得出庄,以前俺那个大份还没找来就拾了。都是自己生,不找人。那时候干活经常活动,也好生。那时候经常快生了还出大力。自己在裆里割开,找个白线双上,自己慢慢割断,留一点系上,找个破布包包,搁小床上去。俺六个小孩都是那个生法。不是请不起接生员,到以后,管那些干什么,也不去找人,在外边干活,家走(回家)就生了。俺拾那第二个的时候,正在干着活,家走就拾了。以前可怜啊。也不是没钱,是没有大医院,也没有人太在意,接生员一般都出庄找,庄里有有的,也有没有的,一般也是找老的给接生,老的要是不给接生,就自己拾。(1/VNF1939,VN双人访谈-7.4)

由于医疗条件的落后,自己生的孩子或者由老人、接生员接生的孩子由于卫生不到位很容易得"脐风"、出疹子、出痘子,因此孩子的死亡率很高。每个家庭几乎都有夭折的孩子。民国二十七年(1938年)内政部卫生统计资料显示,全国婴幼儿死亡率为163.8‰,山东为165.2‰。

> 往回(以往)医学不发达,医生少,再就是没有钱。那时候的小孩一搞就"发脐风",七天风啊,几天风啊,往常把十天过了就不发这么多风,三五天、三两天风,再就是七天风。往常没有抗生素打,没药。以前生下来的小孩又不打针,又不搞什么的。"脐风"就叫破伤风,什么叫破伤风了,就是那个小孩生下来剪脐带。就用农村的那个土剪子,有锈啊,一剪了,细菌就传到脐带上面了。都没有消毒,小孩几天就得了破伤风,他

就死了,这就叫发"脐风"。(VSF1934-7.19)

在极度贫困的条件下,即便孩子平安出生,也有"抚不活"的,这时孩子有可能被送给好人家寻个"活路",一般情况下女孩被送出的可能性要比男孩大。如果找不到好人家,则有可能被遗弃在麦垛旁、路口,期望有人能捡回去抚养。根据两地人的说法溺婴的现象是很少见的。

也有弄死的,那在百分之零点零几。一般的都是病死的,也有给别人的,有的抚不活就饿死了。弄死的少,都是没饭吃,饿死了。再就是病,没有钱看。都是病死啊,饿死,不会父母亲把她弄死。(1/VSM1943,VS双人访谈-7.21)

如果孩子顺利生下来,无论对于地主还是家境尚能负担的穷家小户来说,都是大喜。新生命的诞生,是家族繁衍、香火绵延的大事。尤其是当"拾了一个白胖小子"之后,按照两地风俗,会挂红子,向娘家报喜,并择吉日举行诞生礼。在N村,谓之"送米糖",在S村,谓之"送祝米"。

在N村,婴儿降生三天之后,会在临街的大门上挂一块红布,如果是男孩,上面则附有弓、箭、大葱、蒜头、算盘子、核桃、栗子、铜钱、书本等物;如果是女孩,则只有弓,没有箭,其他与男孩无异。此称为挂红子。挂红子有两层含义,一是添喜的标志,告诉邻里家里生了孩子,生了男孩还是女孩,二是含有辟邪和象征的意义。

子生。男子设弧于门左,女子设帨于门右。(《礼记·内则》)

生的如果是男孩,则在侧室门左悬弓一副;如果是女孩,则在侧室门右悬帨。帨,是女子所用的佩巾。可见挂红子的习俗由来已久。弓

第二章 家族主义取向的童年观念(20世纪30—40年代出生人群)

箭大概是象征力量与成长,大葱意指聪明,算盘子意指能写会算,核桃,谐音"有活头",栗子谐音"立子",书本则是希望孩子能够读书上进。挂红子饱含着普通民众对于孩子成长与成才的期待。

而在 S 村,则是在房门口挂红布,意在辟邪。

> 那是弄的一块红布写的几个字。以前的屋小些,就弄一点红布写了一挂,这是说旧社会的话。以前小孩治不好就死了。以前哪有现在好了,一搞就死了。你不弄在这堂门口就不行。这个是个辟邪的意思。(VSF1934 - 7.19)

与挂红子有类似功能的是挂门灯、贴对子。

> 整九啊,就是结的那个龙啊凤啊,你们还没有看到过。我们旧社会就是写对子、挂门灯。生小孩了,盼了很久才得到的一个宝贝儿子,那就门口挂一点,房门口都要挂。这是旧社会,现在新社会没有谁搞了。(VSF1934 - 7.19)

给娘家人报喜之后,在 N 村,男孩是 12 天送米糖,女孩是 9 天送米糖。娘家人聚集在娘家,带着礼物一起到产妇家道喜,邻里看到红子之后也会前来,大多带着米、面、鸡蛋、小点心、红糖之类,姥姥的礼物特别重,一般要准备小孩的衣物、首饰、小棉被等等。"在过去这既是人情,也带有邻里相助的性质。"[①]在 S 村,大多在一个月以内择一吉日送祝米。礼物与 N 村大致相当,外婆通常还会送摇窝、噶椅子[②]给孩子。

以上是诞生礼理想的状态,在 20 世纪三四十年代,实际上存在两种情况。一为地主财主家的诞生礼,一为穷家小户的诞生礼,后者很多时候由于经济条件太差而不举行,即使送,也是"稀来意(很少)的事"。

---

① 张玉.山东民俗(二)[M].北京:学苑音像出版社,2004.
② 一种儿童专用的椅子。

童年观念的变迁:基于乡村民众的视角

在 N 村,地主通常用"盒子"抬着送米糖的礼物,穷家小户就是舅舅用个圆子①挑着送去了,其他亲戚与邻里一般不送,更多的穷人送不起,也就不送了。一般头生的孩子送米糖,下面的孩子也就免了。

> 穷的找两个圆子他舅挑着去了。人财主的人家使盒子。你没见过那样的盒子吗?秃溜团(圆形)五层,扣一块就给那个送饭的提盒似的。有的呢,就使盒子抬着,穷的呢,就使圆子挑着,送去。(VNF1941 - 7.3)

在 S 村,有小祝米和大祝米之分。

> 一个星期是送"小祝米",满一个月 28 天,那就是送"大祝米",是谓吃满月蛋,就要请客。"小祝米"就是做酒了,鸡子了,再就是鸡蛋了,送礼物给月母子吃。培养身体,来看你的小孩,来送恭贺。"大祝米"就 28 天,那就是钱了。现在都讲金货银货了,那时候有钱的也都是这样搞。(VSF1934 - 7.19)

而地主家"送祝米"则要隆重得多。穷人家与 N 村一样则是用扁担挑着少量的东西前来祝贺。

> 送祝米,就是请客送礼,送人情来。有钱的人就用"抬货"抬,衣服、钱、小孩的帽子、狗圈(项圈)、鞋子,用"抬货"抬过来,这就是我们那时候的事情。那时候有钱的还不是金项链、金戒指、大衣了,就送给大人。小孩的是手箍、颈箍。没钱的钩子扁担一挑就送来了。(VSF1934 - 7.19)

孩子诞生礼结束之后,在 N 村,还有满月铰头,过百天、过周岁、抓

---

① 筐子的一种。

第二章　家族主义取向的童年观念（20 世纪 30—40 年代出生人群）

周等一系列仪式。而在 S 村,则主要是过周岁、抓周。并不是每一个孩子都能有机会被庆祝诞生礼、百天、周岁,一般第一胎,尤其是男孩,会被额外重视。即使是受到重视的第一胎男孩也不会举行所有仪式。一般情况下,在 N 村,主要庆祝诞生礼,周岁与其他生日几乎不庆祝。而在 S 村则主要庆祝诞生礼、周岁与十周岁。周岁与十周岁的庆祝很少,仍然主要是地主家庭,有很强烈的性别差异。穷家小户没有钱也没有能力为孩子庆祝周岁。至于抓周,一般也是生了儿子才抓周,女儿很少有机会。

在乡村民众的观念中,生育一方面是一件极其自然的事情,另一方面又是一件备受强迫之事。说它自然,是因为怀孕乃至生育被看作是妇女的本分,在人们的观念中,没有"生不生"、何时生的观念,生孩子是天经地义不需要思考也不需要证明的事情,同时孕妇,尤其是穷人家的孕妇也并没有获得格外的照顾与优待;说它备受强迫,是因为不育,甚至只育有女儿被看作是不能容忍的事情,儿子是祖宗的香火,也是自己的依靠,也就有了不生出儿子,决不罢休的毅力。从以上诞生礼、周岁礼的性别差异,我们可以看出传统时期的生育观念对于传宗接代、养儿防老与男尊女卑的强调,这一生育观与家族主义传统密切相关,也反映着人们的儿童与童年观念。

在传统社会四世同堂甚至五世同堂的大家庭理想下,人们普遍认为乡村民众践行着多子多福的生育观。而在实际访谈过程中,研究者发现,出生于三四十年代的乡村民众同时存在着节育的需求与愿望,只是苦于没有节育手段。人们已经意识到多一个孩子多一张嘴,使得原本困苦的生活更加雪上加霜,多子并不一定多福,这也导致弃婴、卖儿鬻女的现象得以存在。

二、抚育与抚育观——"拉哺"

乡村民众的抚育行为与抚育观念建立在困苦的社会生活条件与多子女的情况之上。困苦的社会生活条件使得乡村民众对孩子"没得疼",而多子女的情况使得父母"疼不过来"。① 谈及孩子的喂养与抚育,N 村有"拉哺"一说。

> 那时候妇女吧,一般不干活,就拉哺小孩。不下地,就劳力下地。就打麦的时候,上麦场圆圆场,算是干活了。一般也不下胡(下田)刨地,不干什么,什么都不管,就拉哺小孩,办口饭。(1/VNM1932-7.3,VN 双人访谈)

> 只要能长大,能自劳自食了就是当老的完成任务了。小的时候胡拉哺着,长大成人就行了。没有人,就没有财。(VNM1953-7.5)

拉哺,即拉扯哺育,N 村民众用来描述抚育小孩的过程。拉哺这个乡土词汇,非常具有解释力与画面感,生动到位地传达了 N 村人朴素的抚育行为与抚育观。我们可以把这个词分解来看,一为拉扯,二为哺育。拉扯一词蕴含着抚养孩子的艰辛与粗糙。说艰辛,N 村有句俗语,"一把屎一把尿地把孩子拉扯大",尤其在物质条件极其匮乏的年代更是如此。说粗糙,是指迫于条件与精力的限制,人们对于孩子的成长并不能投入过多的关注与精心的呵护,很多时候,孩子能够吃饱穿暖已经是奢望。在 N 村人看来,不管过程怎样艰辛,不管孩子照顾得怎样粗糙,也不管孩子成长是否快乐,只要把孩子拉扯大就行了,人们并不关注孩子的发展性需求。在乡村民众看来,过程不重要,人们相信先苦后甜,也相信只要把孩子拉扯大生活自然就好了。"拉哺大了就行了",这里的"大",指的是成人,抚育孩子的最终目的在于成人,成人即能独当一面,能承担起家庭的重担。而童年只是过渡到成人阶段的必经时期,人们并不重视孩子童年时期的当下体验,也不认为童年时期具有特殊的独立的意义,这反映了人们对于童年经验本身的忽视,把成人作为

---

① 那时候老的也疼小的,就是疼不过来,弄点好吃的,姊妹多,一人一点,就分没了。疼什么疼啊,没得疼。(VNF1933-7.1)

第二章　家族主义取向的童年观念(20世纪30—40年代出生人群)

"拉扯"的最终目的,作为童年时期最终的目的。

哺育,即喂养小孩,"哺"是形声字,从口,甫声。它的本义是口中咀嚼食物,又指鸟类喂养幼鸟,引申出现在的喂(不会取食的幼儿)、咀嚼着的食物(如一饭三吐哺)等含义。① 其中包含很重要的一项内容,哺乳。在传统时期,哺乳是一个自然的过程,断奶也是一个自然的过程。无论是穷人家的孩子还是富人家的孩子,总要在母亲的怀抱里长大。在家里"围着锅台转"的母亲是孩子最为亲密的依靠,孩子吃奶是天经地义的事情,断奶也是顺其自然的事情。由于物质的匮乏,奶水被看作是最有营养的食物。从三四十年代到七十年代,孩子吃奶的持续时间并没有明显变化,普遍吃奶吃到两三岁,有的一岁多就断奶则是因为又有孩子"上了身"。那些家里最小的孩子,如果是男孩又能得到偏爱的话,有的"多高了还喝妈(喝奶)",能一直吃奶吃到母亲没奶水为止。也有特殊情况能吃到七八岁的,延迟断奶时间是由母亲自己决定的,在人们看来也是正常的事情。

> 国辉跟他二叔一样大的,比王亮还高,都七八岁了,他娘在棉花地里,他娘就站着把褂子一掀,(国辉)钻到褂子里边就去喝,他二叔看到了馋的,说人家国辉还喝妈,你可别给我掐了啊。我那时候就不给喝了。咱庄上李建银,艳阳他爸爸,跟他娘还差不多高,就他喝奶喝的时间长。没先(以前)要是下边没有了既喝(一直喝)。她要是怀孕了就没有妈(奶)了,不能喝了,要是没怀孕,就既喝。要是胖的跟小孩喝,能喝下膘来。国辉他小孩那么大了,他娘干活去了嘛,国辉她娘,就是小孩他奶奶给我说,三妹妹,俺叫小有,(国辉)他小孩叫小有,都喝出奶来了。我说别说胡话了。一捏,都沙白(很白的奶水)。叫她孙子给裹出来了。这个喜人吆。(VNF1947-7.6)

---

① 赵小青,刘源.打死不写错别字[M].南京:江苏文艺出版社,2011.

村庄里最迟断奶的"建银"与"国辉"如今成为人们"笑话"的对象，在当时没有引起人们取笑的断奶时间在当下变成好笑的，这实际上投射出人们断奶观念的变迁。一般吃奶时间较长的是儿子，很少有给女儿吃奶时间过长的。人们普遍认为，吃奶吃多了小孩身体结实，因此儿子应该吃更长时间的奶，女儿吃奶时间长了则不好。不能不说这也反映着三四十年代出生人群对于女儿的"弱待"。

孩子断奶以后，一般又有新的弟弟妹妹出生，断奶后的孩子则从母亲的怀抱与视线中移出，不会得到额外的关注。在接受访谈的30—40年代出生的人群中，家里兄弟姐妹的平均数目是6个，这也决定了母亲"顾"不了每一个孩子。孩子仅仅依靠母乳是不够的，未断奶之前需要其他辅食，断奶之后也需要食物。

在三四十年代出生人群的观念中，已经有了儿童食物与成人食物的区别。人们能够意识到孩子对于食物有特殊的需求，人们也能够意识到孩子正处于生长发育的阶段，与成人不同。因此，人们力图为孩子提供特殊的食物。这里的孩子更多指的是比较年幼的孩子，上了十岁的孩子在饮食上与成人并没有太大的分别。

在N村，这一特殊的食物叫"顶门杠"，是一种专门给孩子吃的食物。顶门杠是在碗里和一块面，或者刮下烙煎饼的面盆沿上剩下的面浆，面浆要求干湿适中，裹在高粱梃子（高粱秆）上，弄成一个面团状，讲究的在面团外边用纸包上，不讲究的也就不用纸包，放到青灰里烧。所谓青灰，是指烙煎饼的地火熄灭后剩下的灰烬。烧好后撒上盐粒，面团酥脆喷香，是孩子们最喜欢的食物。顶门杠是小孩子的食物，大孩子一般很难吃到。

> 俺娘烙煎饼，烙了顶门杠给俺兄弟吃，藏在煎饼里，俺姊妹都上煎饼里翻。翻给吃了都挨揍。那时候就是偏心啊，给小的吃不给大的吃。（1/VNF1945,VN六人访谈-7.4）

除了顶门杠是孩子的专属食物，在N村还有面糊糊、鸡蛋、鸡蛋饼,鸡蛋与鸡蛋饼属于最高级的食物,一般小孩很难吃到。

> 掐妈(断奶)还是掐得晚好啊,那时候没的什么喂,就得喝奶。学他三叔这样的,他就那个,以前,都瘦的啊,跟着大人吃地干子 nia ning(煎饼),没得喂,巧了炒个鸡蛋什么的。他三叔这样的比俺那时候强,他这些都大吧,学俺家里二份(老二),龙涛他爸爸,他地干子煎饼什么的就能吃,三份(老三)就不能吃,你要是晚上在小铁勺里炒个鸡蛋,旁的(别的小孩)捞着(能够)吃了吗?就给他吃,都喂不到肚子里去。以前他就是尖(挑食)。大的捞不着(没有机会)吃,要是巧了在小锅里弄点面,烙点个,他吃,这两个大的就在那边露猴眼瞅着(瞪大眼睛看着),就掰一点给吃,就透喜。哪有现在这么泼辣(丰富)的东西。(VNF1933-7.1)

而在 S 村,刚断奶的孩子吃的是米糊糊。

> 像我们那个时候的话,像这些老人,像我的爸爸妈妈们也遭业。1958 年的时候,都吃胡萝卜,就把那个胡萝卜拿回来在锅里面一炒,一炒了的话,那个胡萝卜是浮起来的了,米是沉在水里面的,浮面的就是大人吃,底下的就小孩吃。大人吃了还要做事,你说那个时候不遭业啊,是不是呀。那菜也是的,把菜搞回来在锅里面一炒,炒好了,大人就把浮面的菜都吃了,底下的就给小孩吃。小孩也不醒事(懂事)了,醒事的话还不是说"大人要做事,底下的应该给大人吃啊"。(VSF1949-7.22)

就是这样,在大人的拉哺下,孩子慢慢长大成人,三四十年代出生的人群对于孩子不同于成人的饮食需求有着明确的意识,也力图在食物匮乏的情况下想方设法给孩子开小灶。然而开小灶的情况也仅限于年龄幼小的孩子,当孩子吃得了粗粮时,即随着大人一起吃。不管怎样,对于孩子不同于成人饮食需求的意识反映了人们对于孩子与成人区别的观念。在人们的观念中,由于儿童脆弱与有待成长的特殊性,使得儿童与成人是不同的存在,也使得成人要担负起抚育的责任。

费孝通曾经指出在传统社会,亲子之间的关系是反哺模式,亲代抚养子代,子代赡养亲代。在这个过程中,成人与孩子紧密地联系在一起,"你泥中有我,我泥中有你"。在以拉哺为主要形式的抚育下,虽然亲代没有给予孩子过多的关注与精心的呵护,但是亲代与子代的亲密情感关系也受到人们的重视。由于乡村民众对于情感表达的拘谨,"疼爱"这个字眼很少会出自他们口中,但是在对他们以及对他们子女的访谈中仍然可以感受到孩子在他们心中的情感价值。下面一位被访者为1953年出生的男性,其母亲是30年代出生的人,在当时生活极其困苦的情况下,为了给有精神病的女儿看病,三年的时间在外边陪着女儿,穿梭于不同的土门诊、小医院之间,为女儿耗尽了时间、金钱、精力与情感。

> 那时候俺姐有症,俺娘就去看俺姐。就这么一个宝贝闺女,有精神病,在外边治病三年。那时候好忙了,好割麦子了,俺奶奶去服侍俺姐,给看两天。俺娘家来忙两天。秋收了,套被子了,套衣裳了,家来治治。再去。在那边住了三年,过年都不家来。我都说疼女儿比疼儿子多。(VNM1953-6.30)

三、 教育与教育观——"管"

教育一词对于出生于三四十年代的普通民众来说,是一个文绉绉的词汇。当研究者问及平时是怎么教育孩子的,很多被访者回答"不会教育""没怎么教育"。当问及平时是怎么"管"孩子的,人们还是能谈论一二的。在人们的观念中,"教育"与"管"是不同的概念。教育是要求更高的行为,需要某种专门的意识、知识与能力,而管,即管教,则是更

第二章 家族主义取向的童年观念(20世纪30—40年代出生人群)

日常的概念与行为,不需要过多的知识与能力。因此,乡村民众认为自己在管孩子而不是在教育孩子。

那么,如何管孩子呢? S村有句俗语,"三打不羞,先生打不羞,丈夫打不羞,父母亲打不羞"。先生、丈夫、父母亲在家族主义传统中拥有着打骂的权力与教化的权力,人们管孩子的常见方式即是专断地打骂。在第一节童年生活的描述中我们提到三四十年代出生的人群是在打骂中长大的,他们也以打骂的方式继续"管"他们的儿女。严父慈母是中国父母的传统形象,父亲更多是严厉有权威的,而母亲更多以柔情的方式对待孩子。在下面这组访谈中,父亲俨然是家中的权威,是孩子们畏惧的对象,而母亲则要慈祥得多。如今已经长大成人、结婚生子的孩子们对于威严的父亲还是保留着幼时的互动方式,父亲以孩子的顺从与从不犯犟为傲,并认为是自己教导有方。

2(1的老伴):打电话给我打,不给他打。就问问他有病好了吗,还得问我。我说那你给(问)你爸爸吧。我说这是什么人啊!

1:得说这四个小孩对我来说是很顺从啊,至今也没给我抬过杠(顶嘴),也没给我说过你哪边说的不对了。

2:反正是你有错有对的也没犯过犟,没反抗过。到如今也这样。

M:那您是很有威严。

1:哈哈,到现在也是这样。年纪大了都成家立业了,工作反正就这样基本上定了,在外边工作也不说真多好吧,也不算真多差。我这四个孩子得说从小没表现出叛逆的心理。(VNM1947-7.6)

"三天不打,上房揭瓦。"不守规矩会挨打,偷懒会挨打,惹事会挨打,顶撞父母会挨打,孩子们挨打的理由繁多,但这并不意味着人们对于孩子是随意打骂的。虽然人们心中也许不认为自己在教育孩子,但是实际上人们管孩子的行为已经构成了教育的事实。人们教育孩子的宗旨在于教导孩子习得应遵循的社会规范，为人善良，做事努力，有能力则要好好读书，为家族争光。这一需要遵循的社会规范在一位1938年出生的老教师口中，即"家庭的忠厚传家远"。

1：我教育他一个是家庭的忠厚传家远，你教育他要做好事，不做坏事，从小就要教育他做好事，善良。
M：那除了你教育他要善良，还教育他什么？
1：只有教育他不做坏事，要他在学校里面听老师的话，好好读书。（VSM1938-7.20）

"忠厚传家远"，出自苏轼的《三槐堂铭》，成为很多姓氏辈分排序的依据。这反映了家族主义传统下人们对于德性的强调，在三四十年代出生人群的教育观念中，以忠厚为代表的德性是人们教育孩子最为重视的要素。

这一以德性为目的的教育方式落实到成人与孩子的日常互动中便成为成人对于孩子日常行为习惯的培养。提起传统社会父母的教育方式，人们普遍认为往常"礼性大些""规矩多些"。在长者权威的礼治社会，成人社会的一系列规矩是孩子必须遵从的，不容反抗。诸如饭桌上的秩序，孩子总是坐在下席，必须等到大人，尤其是父亲"动筷子"，孩子们才能吃饭。即便是吃饭，也要注意规矩，只能夹自己眼前的菜，不能夹远离自己的菜，吃饭不能说话，所谓"吃饭不言，睡觉不语"，不能有"啧啧"的声音，否则像没有"家教"的孩子。再如孩子见到长辈要恭敬。一位80多岁的老人讲起过去有些孩子不像话，骑着车子见到他居然不下车问好，径直过去了，由此心中不满。着眼于日常行为习惯与规范，人们教导孩子懂规矩、识大体。

"忠厚传家远"的下一句即"诗书继世长"，在三四十年代出生人群的观念中，后者远没有前者重要，人们对于读书的认识与意识都相对粗浅。

第二章 家族主义取向的童年观念(20世纪30—40年代出生人群)

> 那时候上学别的没有什么想法,也没想着考什么学,也就想着识几个字就行,不当文盲就可以了。我上到初中都没上完。那时候对上学认识太肤浅了。到现在我还光想上学,就是没学上……小的时候上学也不知道是在干什么的,也没有什么目标,俺那个班里人也不少,大的小的一块弄一个班里去了,到了末了就剩了我、孙启亮、张天来、宋子亮,到上了高小、考初中,就还剩了我和孙启亮两个人。咱那四个庄是六个班,一年级班,到以后并了一下,就还剩了二十多个人。对上学根本就认识不深。当时就认为睁睁眼就行。他二叔那时候上学也就没求多高,不打庄户(做农民)就行。(VNM1947-7.3)

"睁睁眼就行""不打庄户就行",这反映了乡村民众对于读书的朴素看法。在N村,没有文化、没有读过书的人被称作"睁眼瞎",读书的目的即在于睁睁眼,识几个字就行了。

> 他上不起学,他不干活吗?以前哪有识字的?俺姊妹那么多哪有识字的?景齐,就是宪政他大大(爸爸)。红旗你也不知道吗?俺姊妹这些,姊妹七个,总得有一个识字的,就他一个识字。巧了望望(偶尔认认字)什么的。那时候上不起,也不想上。(VNF1933-7.1)

"姊妹七个,总得有一个识字的",读书的目的在人们看来即是识字,而识字也不是每个孩子必须完成的任务,七个孩子中有一个识字的即可,而这一个识字的也只是为了"巧了望望什么",即为了偶尔的需要。在人们的日常生活中,识字不是一项必备的技能。在孩子的成长过程中,读书也不是一项必备的任务。在乡村民众的观念中,成人并非因科学知识的掌握而促成的理性增长,只是生物性成长所导致的力量增强。成人是成为一个具有劳动能力的简单劳动力,能够"做事"。因此,在这种"人"观下,学校教育就并非是"成人"的必要,"成人"只需依靠自然的成长。① 因此让孩子读书的观念在人们的意识中比较淡薄。

强调传宗接代、多子多福、性别歧视的传统生育观反映了儿童在家族中的无上地位与工具价值；强调拉哺的自然抚育观反映了童年时期的不受重视；强调以德性为目的的"管"的朴素教育观反映了儿童与成人不平等的代际关系。三者共同折射出人们对于孩子、对于童年的看法是基于家庭主义传统的基础之上的。

第三节 儿童观念

考察了乡村民众的生育观、抚育观与教育观，我们接下来关注乡村民众的儿童观念。儿童观是指社会看待儿童和对待儿童的观念与看法，在这里，乡村民众的儿童观念主要是指乡村民众看待儿童和对待儿童的观念与看法。乡村民众是沉默的大多数，他们的儿童观念弥散在日常生活中，处于哑然无声的状态。在现代儿童观念面前，乡村民众的儿童观念更是被贴上了"封建""落后""愚昧"的标签。本节即讨论20世纪三四十年代出生的乡村民众的儿童观念，力图呈现该时期乡村民众儿童观念的可能端倪。

仔细分析乡村民众的儿童观念会发现，在乡村民众的观念中，存在两种儿童观念，一种为现实生活中对于儿童的特性、地位、作用等的认识，一种为人们对于儿童所设想的理想观念，诸如理想中的好孩子。前者，研究者称之为实然的儿童观念，涉及儿童观念的事实层面；后者为应然的儿童观念，涉及人们对于理想儿童的价值倾向。实然儿童与应然儿童共同形成了乡村民众的儿童观念。

讨论20世纪三四十年代出生人群的儿童观念，还需要注意20世纪三四十年代盛行的儿童观念，后者可以说是三四十年代的成人的儿童观念，这些成人可能出生于20世纪初甚至更早，是三四十年代出生人群的父辈与长辈。他们的童年观念来源于幼时的生活，来源于其父

---

① 汤美娟.嵌入与变异：现代教育观念的乡村遭遇[D].南京：南京师范大学，2013.

第二章 家族主义取向的童年观念（20世纪30—40年代出生人群）

辈的观念与行为，也来源于成人后的日常生活，影响着三四十年代出生人群的童年生活与童年观念。这其实是两代甚至三代童年生活与童年观念的互动。熊秉真敏锐地捕捉到了这一点，并做了详细的阐释：儿童身边，照顾着他的母亲、教导他的父亲或师长，许多正运用着他们童年时期所接受的观念、想法、知识、主张、价值观与行为方式，进行抚幼和教化，从这个角度看来，社会的育儿习惯与待儿之道变成了过去的童年与现在的童年间不断的相互作用，是上一代童年文化与下一代童年生活之间的接力与循环。[①]

在这样的接力与循环中寻找某个断点，辨明某种独特表征将是困难的，也是武断的。因此，在讨论20世纪三四十年代出生人群的儿童观念与童年观念时，会包含更早年代的观念，也会对更晚年代的观念产生持续的影响。然而三四十年代儿童观念的独特性在分析编码的过程中不断地凸显与明晰，使得研究者无法忽视，即便面临武断的风险。

一、实然儿童：依附性的消极儿童

在探讨实然儿童的观念时，研究者围绕儿童的特性与儿童的地位及价值两个维度进行分析。在以上两个维度分析的基础上，研究发现，在20世纪三四十年代出生的乡村民众的观念中，儿童是依附性的消极儿童。在资料分析中，研究者把实然的儿童观念进行了两个维度的划分：其一，以人格是否独立于成人为标准区分为依附性儿童与独立性儿童；其二，区分为积极儿童与消极儿童。积极儿童是指人们认为儿童是能动的个体，具有不同于成人的积极能力与特性，能够主动建构自己的生活，值得成人尊重、赞赏与学习。消极儿童是指人们认为儿童是被动的个体，是能力欠缺的，自己没有有价值的独特思想。下面即从以上两个维度对于依附性的消极儿童这一论断展开论述。

（一）儿童的特性——超能与脆弱

切入儿童特性的认识之前，我们首先了解一个概念——童关。这

[①] 熊秉真.童年忆往[M].桂林：广西师范大学出版社，2008.

一概念是在 S 村的访谈中发现的。S 村人所指的童关,是指 15 岁,是儿童与成人的分界线。童关内的孩子,稚弱、难以成活,并要经历各种关煞,可以说不算个"人",并具有不同于成人的体验,过了童关,孩子就成了真正的人,没有夭折的危险了。

> 有些大人看不到的东西,童关里看得到,童关外就看不到了。那要到 15 岁,15 岁过了就看不见了,这是谓童关里。童关外就是 16 岁往外走。那还是有的小孩看得到,有的小孩看不到。童关里小孩是"阴眼睛",童关外这些事情就都过了,他就看不见了,那就没什么事了,关煞就都过了。那就到年龄大了,说年龄大的话,多大年纪走多大运。(VSF1934 - 7.19)

童关的说法,并不只局限于湖北的 S 村,湖南、四川等地均有此说法。童关也不仅仅指 15 岁,有的地方也指 12 岁。湖北宜昌五峰有谚语曰"十二春,是童关",湖南省有"娃周满月三六九,一十五岁过童关"[1]的说法。由于童关是由儿童转为成人的重要节点,因此,过童关也成为一种人生仪礼。

> 童关礼,一般在 12 岁时举行,小儿 12 岁,要举行"开锁"或"圆锁"的仪式,去掉脖子戴的长命锁,或项圈,表示度过了危险的童年,长大成人了。[2]

由于社会生活条件、医疗卫生水平的落后,孩子夭折的危险比较大,处于童关期的孩子,被人们看作是不稳定的存在,随时都有夭折的危险。因此,两地民间皆有戴锁子的习俗。

---

[1] 资料来源:http://news.sina.com.cn/c/2004 - 11 - 17/08194265490s.shtml。
[2] 钟敬文,主编.萧放,等著.中国民俗史(明清卷)[M].北京:人民出版社,2008.

第二章 家族主义取向的童年观念(20世纪30—40年代出生人群)

戴锁子就是小孩光赖(容易生病),就说给戴个锁子,挂脖子里。好叫他长命百岁。压压就好了。锁子就是找明钱用线辫上,下边给辫上三个明钱。锁子也不是一种,也是好几种。有在场(谷场)里戴的,有在桥上戴的,还有在路口大沂河戴的,得试脉,他用着阳沟是阳沟,用着桥上就是桥上。得戴100天,没先(以前)都戴几个月,戴锁子的时间呢就是过年正月十六,二月二,三月三,过后呢就没有戴锁子的时间了,不能胡戴。哪天戴就算数,戴100天,然后摘锁子。找剪子把钱弄下来,钱拿家里去,线扔了。后把锁子搁门鼻子上,等到老和尚化缘就给他了。这回也没有老道了,有老道也没有真的了,和尚也不多了,没先明钱、小钱、锁子都给他了。这哪有给的了啊。这都是开开在风口里水口里,把钱弄下来,把线剪开,顺着水流冲跑了。这都是这样的。(VNF1954-7.7)

这个阶段的孩子与成人有着本质的区别。乡村民众的观念中有两个世界——阴间与阳间,阳世的人去世之后就会变成阴间的鬼,而阴间的鬼亦可经由投胎变为阳间的人。因此,孩子被看作是刚刚从另外一个世界到来,具有某种"灵气",具有与成人不同的特殊感知力,如有说法认为孩子有"阴眼睛",能看到成人看不到的东西,也有说法认为孩子能预知危险拯救大人性命、能看出怀孕妇女所怀胎儿的性别。N村人有小孩子"火焰低"的说法,说孩子晚上不宜出门,不宜参加葬礼,否则容易招惹"脏东西"。

在N村有砍孩子"绊脚锁"的风俗,在S村有砍"马蓬根"的风俗,由于人们相信孩子是由鬼转世而来,而鬼在阴间的双脚是被绳索拴住的,所以,在孩子刚会走路的时候,人们要用刀在孩子两脚之间的地面上剁几刀,切断前生带来的隐形的绊脚锁,以使得孩子顺利走路。

孩子不仅仅由去世的人转世而来,还有可能由各路神仙身边的童男童女转世而来,这些转世而来的孩子是"童子命",大多聪明漂亮、富有才华,但是幼年时期容易哭夜,体质不佳,多灾多难,有的最终要回到各路神仙身边。因此,民间也出现了各种化解方法。诸如送替身等,此不赘述。

在S村,有小儿关煞之说。即孩子在过童关之前,根据各种不同的生辰八字,会遭遇各种关煞。小儿关煞之说不独S村,民间流传广泛,也源远流长。清代命理学家袁树珊有言"不知何人妄造小儿关煞,传世既久"①。小儿关煞,名目繁多,一说为16关煞,一说为36关煞。诸如四柱关、白虎关、雷公打脑关、铁蛇关、急脚关、鬼门关、短命关、夜啼关、将军箭、百日关、深水关……②

孩子与成人有着本质的区别,在民间流传的命理学中也可见一斑。在访谈中,VSF1950提到"小孩是犯关煞,大人是运气",即孩子与成人的命理推断是不同的。在民间命理学中,有小儿之命不易看的说法。小孩的命运受到家庭气数、父母命格、教养方式、后天环境、祖坟动迁以及小孩自己的生辰八字的影响。因此,变数很多,很难断定。小孩命与大人命不同,推断方式也不同。大人命的推断以生辰八字为主,看大运,小孩到了一定年龄才能起大运,主要以时辰进行推断,以关煞为主。

> 小孩命与大人不同,不同之处是大人以大运为主,参看流年;小孩未上运之前以流年为主,参看小运,并无二法。③
>
> 小儿命理,贵得中和,旺财孩提不能任,弱则幼小不能当。故算小儿命,宜以时辰为主,辨其有无关煞,抚育之难易自明。至于贫富贵贱,遇十五岁推论也。④

处在童关内的儿童可以说尚未在人世间建立足够的根基,将会面临各种关煞,随时会有生命危险。因此,人们对于儿童的脆弱性有着根深蒂固的看法。又由于儿童由鬼或者类似神的"童子"转世而来,因此,

---

① [清]袁树珊.新命理探原[M].郑同,点校.北京:北京燕山出版社,2010.
② 资料来源:http://iask.sina.com.cn/b/16260423.html.
③ [宋]徐子平.渊海子平(新刊合并官板音义评注)[M].李峰,注解.海口:海南出版社,2006.
④ 逢雨亭.哲学讲义大全[M].逢雨亭,1941.

第二章 家族主义取向的童年观念(20世纪30—40年代出生人群)

人们相信儿童有着与成人不同的特殊感知能力,对于儿童的态度也就夹杂了敬畏与崇拜的心理。只有过了童关,才算"牢靠"了,才能成为成人。无论是对于儿童脆弱性的认识还是超能的认识,全都基于儿童的未成熟状态。这一未成熟状态在乡村民众的观念中,被解读为脆弱性的同时,也被解读为与某种神秘的力量有关。与现在人们的观念不同,在三四十年代出生人群的观念中,存在着阴阳两界,儿童处于未成熟状态时更多地与另一世界相通,因而具有了超越成人的特殊能力。

以上所论基本被贴上了"封建"的标签而很少得到关注与讨论,随着社会科学的普及与理性的全面进步,即便是20世纪三四十年代出生的人群,现在已经有很大一部分也认为这是"封建"的、不足信的。然而,正是传统社会人们对于儿童的"封建"认识,影响着人们日常的儿童观念。

"秉性难改""等等不一""生来就坏""有邪气""脆弱""眼睛明亮,能看到成人看不到的东西""大人什么样,小孩就什么样""贪玩""不懂事""幼稚""单纯""大人小孩想法是两码事""越来越往上走""思想开放",这些是分析三四十年代出生人群的访谈资料中常浮现的字眼,这些字眼集中反映着乡村民众对于儿童特性的独特认识。乡村民众眼中的儿童具有以下几个特征。

1. 孩子的品性是先天的

孩子的品性是自然生成的,后天很难改变。人们并不认为所有的孩子都是天真无邪的,有些孩子生来就坏,带有邪气。

> 以前也想理正(管教)小孩走正路。走正路的人吧就走正路,不走正路的人吧就不走正路,从娘胎里带来的。你理正理正不过来,就是那个脾气。(1/VNM1932-7.3,VN双人访谈)

2. 孩子的品性与父母一样

孩子的品性遗传自父母,父母为人好,孩子也错不了,父母品性坏,孩子也一样。孩子并没有自己独立的人格,孩子的人格实际上是延续着父母的人格。民间所谓"龙生龙,凤生凤,老鼠的孩子会打洞"即这个道理。

> 家里面规矩的人,后人就还是可以。如果说没规矩,老的也是这样,小的也是这样,一家人都是这样,当然跟家长有关系了。老的是个怎样的品格,小孩也必定是这样了。跟树一样,老的树歪,小的又是个歪的。(1/VNF1939,VN 双人访谈-7.4)

3. 孩子是脆弱的,有依赖性

关于人们对于孩子脆弱的看法前文已经提到,孩子身心稚弱,容易遭受来自环境、关煞的伤害,需要成人给予呵护。因此,孩子不能独立生活,而依赖成人。

4. 孩子具有某种超能力

孩子在本质上是不同于成人的,是一种近似鬼或者神的存在,具有"阴眼睛",能看到成人看不到的东西,具有特殊的感知能力,有些时候甚至能保护成人。

5. 孩子是特殊性的存在

一方面,孩子是不同于成人的异质性的存在;另一方面,孩子与孩子之间,其品性、脾气、性格、外貌等也是各不相同,等等不一的。

6. 孩子贪玩不懂事,幼稚单纯

贪玩好吃,活泼调皮,幼稚单纯,不知好歹,不懂事,没有是非判断的能力,也不懂得责任的担当,在能力上是欠缺的,这是人们对于孩子的普遍消极的看法。

7. 孩子具有积极的能力

对于孩子的积极评价在三四十年代出生人群的访谈中是比较少见的,只出现了两位访谈者:一位为 N 村的老教师(VNM1947),强调孩子的勇气与魄力;一位为 N 村的生产队队长(VSM1939),认为"现在咱这个大人不跟小孩啊,老思想跟青年不一样,老思想不开放啊。接触新事物不行啊"。二人对于孩子的肯定性评价可以说是受到社会变迁的影响。二人的特殊身份使得他们在社会的变迁中对于年轻者与年长者的适应能力更加敏感。二人的观点在20世纪三四十年代并不占主流。

仔细分析乡村民众对于儿童特性的认识,我们发现其中隐含着各种矛盾与张力。一方面,儿童是脆弱的,生来就带有"邪气",另一方面,孩子又具有某种超能力,是令人敬畏的,甚至能保护成人。一方面,孩子的秉性与父母分不开,父母什么样,小孩就什么样,另一方面,孩子与成人是异质性的存在,两者具有本质上的区别。这种矛盾与张力充斥着乡村民众的童年观念,与乡村民众特殊的意识形态有关,也与童年本身的矛盾与张力有关。

在这充满矛盾与张力的儿童观念中,我们可以辨识出人们对于儿童的认识总体上是消极的,儿童的脆弱性、不懂事、不负责任、品性上对于家长的复制、能力上的欠缺,使得人们认为孩子是没有自己独特的思维逻辑的,是需要成人保护的消极儿童。

(二) 儿童的地位与价值:家庭的孩子

规规矩矩的"苦童年"影响着三四十年代乡村民众的童年观念,相较于其祖辈,儿童的地位与价值在他们的观念中并没有获得根本性的转变。在人们的观念中,儿童不具有独立的人格,儿童是属于家庭的存在,儿童的价值更多地体现为家本位下的工具价值,并没有展现对于儿童内在价值的认识,儿童在地位上依然依附于成人。

1. 孩子:家庭结构的重要一环

家庭是由亲子所构成的生育社群,家庭关系通常包括夫妻关系与亲子关系。如果把家庭结构看作一个三角,父、母、子则分别占据着三点。费孝通更是把父、母、子提升为社会结构的三角,夫妻关系的稳固有赖于第三点,即孩子的存在。[①] 没有孩子的家庭在乡村民众看来是不正常的,也是不完满的,在访谈中,没有一例被访者提到不想要生儿育女。正如费孝通所言,孩子的诞生才是三角关系的完成。

---

① 费孝通.乡土中国 生育制度[M].北京:北京大学出版社,1998.

> 不要小孩不是傻子吗？谁不要小孩？没有小孩还是个家吗？有了小孩才有奔头啊。(VNF1941-7.3)

家庭结构中夫妻关系与亲子关系之间的张力，费孝通以中西方进行了比较。他提出，在西方的团体家庭中，夫妻关系是主轴，亲子关系则是配轴，孩子长大之后即离开这一团体。两性之间的感情是家庭凝聚的力量。而在中国差序格局的家庭中，亲子关系是主轴，夫妻关系则是配轴，①家庭的其他关系皆以纵向的父子关系为主轴而展开。费孝通的这一论断赋予孩子在家庭结构中以重要位置。以亲子关系为主轴，孩子与成人一样，成为家庭结构重要的一端，这个家庭结构不仅指的是孩子自身所处的由父、母、子所组成的小家庭，更是在整个家族的传承中占据不可或缺的一环。孩子的存在是家庭生命的延续，能够增进夫妻关系，使得家庭的三角结构得以稳固。

> 看那个(家)谱上，有的没后代的就光板了，有后代的就一直传传传。就是这个事了，没得后代的，那个位置就断了桥，没了。那一家就绝了，没了。(VSM1934-7.20)

费孝通将传统社会下的父、母、子提升为社会结构的三角，把孩子提升到社会结构的高度，我认为这是非常富有创建性的。对于我们重新认识孩子在传统社会的地位有重要作用。以往我们认为孩子在传统社会是无地位的，这个无地位是与成人的权威相对而言的。事实上，孩子的地位在传统社会是不可撼动的。由于家国同构的特征，孩子在家庭中的结构性位置同样可以推演至在社会中的结构性位置。这无疑与新童年社会学把童年看作社会结构的一部分有异曲同工之妙。虽然这里的孩子在男尊女卑的父权文化下更多指的是男孩，虽然强调孩子对于家长权力的服从，但是传统社会对于子嗣的重视是毋庸置疑的，孩子

---

① 费孝通.乡土中国　生育制度[M].北京：北京大学出版社,1998.

的诞生本身即对家庭的贡献。也就难怪中国传统社会无论贫富都有庆祝孩子诞生礼的习俗,多子多福的生育观念得以流行。

孩子在家庭结构中的位置,不仅仅是作为亲子关系的一极而存在,孩子还是家庭分工结构中的一员。家庭作为经济单位,承担着组织生产和生活的功能。20世纪三四十年代的乡村生活,由于生产条件落后,劳动力的多少至关重要。孩子的劳动能力和劳动价值在家庭劳动当中同样是需要的,孩子虽然并不能成为完全的劳动力,但是可以是家务劳动的帮手,以解放成人在家务中的劳动,投入生产劳动中去。在没有出现现代教育制度与现代学校的传统社会,并没有单独区隔孩子与成人的机构,也没有孩子要免于劳动责任的意识。因为在传统社会,生活实践就是教育,孩子在参与日常生活与生产的过程中习得基本的知识、技能与道德,不需要专门的教育。随着年龄的增长,孩子可以分担的劳动日渐增多,十几岁的孩子即可以到田间劳作。在参与劳动的过程中,孩子慢慢过渡到了成人阶段。除了少数地主、富农阶层的孩子能够免于家务劳动与田间劳动,大部分的孩子做着自己力所能及的事情,刷锅、洗碗、做饭、拔草、拾柴、放牛、讨饭、照顾弟弟妹妹,以至下地干农活,为家庭生活持续贡献着自己的力量,是家庭劳动分工不可或缺的一环,也是家庭结构的重要一环。

2. 孩子:人生完满的条件

孩子不仅在家庭结构中占据重要位置,而且对于乡村民众来说更具有根本的存在论的意义。因此也就有了"日子就是为了孩子过的"说辞。对于20世纪三四十年代的乡村民众来说,生活的困苦是常态,人生并不是一个享乐的过程,而是一个"愁"字。而愁字的核心即孩子。在土地里摸爬滚打一辈子,无论日子是好是坏,只要有了孩子,抚养孩子长大成人,帮助孩子成了家,再生了孩子,一生也就圆满了。

> 这一辈子就是个愁嘛。喂大了小孩就给小孩好好地挣钱,挣上两间屋,给小孩结婚,办完事,拾小孩(生孩子),就愁完了。就是这条。大了有什么? 旁的你就一点个心都没有

了。(VNF1962 - 7.1)①

谁家的孩子少了别人还瞧不起,你小孩都养不起,你托人身干什么?再苦你也要把后代养大,这是中国几千年的历史么。要传宗接代了,你这一代死了没有了的话就对不起你的祖先么。(VSM1962 - 7.22)

"托人身"不是为了自己,一是为了孩子,二是为了家族的绵延。孩子关系到人之为人的根本。在N村,没有生下一儿半女就死了的人,不是"正儿八道"的死②,因此不能进入祖坟。风风光光地进入祖坟,对于乡村民众来说是一种生命的尊严,是对过去生活的肯定,是人生最完满的句号,也是对于先祖的回归。所谓"不孝有三,无后为大",没有子女的人生是不完整的人生,没有履行托生为人的职责,也是不被承认的人生。因此,孩子是成人生命完整的一部分,这种一体感导致父母把孩子看成是自我的一部分,既然是自我的一部分,对于孩子,父母就有权利抚育、管教、打骂,有责任引导孩子成人,帮助孩子娶妻生子,连孩子的孩子也揽到自己的责任里。

这人了,托人身就是为了后人,还不是说啊,没有后人,没有意思了。没有后人的话,你住个烂屋也不好,住个大屋也不好。有后人的话,住大屋,一回来,小孩们全都在这个屋子里,去去来来,就是这点意思,这是人了,就是这一点。像你的三爷爷前一段死了,你看那么多人,那么多人送葬啊,多热闹啊。要是没有那些人,你还不是不能热闹啊。人就是这一点,托人身没什么别的,一个"名"(子女孝顺)啊,一个热闹意思。人在生了就是个名誉,穿衣服的话,这是我的某人买的,再一个就是你奶奶说我的大媳妇好啊,我的哪个媳妇好啊。(VSF1949 - 7.22)

---

① 20世纪60年代出生人群的观念中同样存在着家族主义传统,重视孩子对于个人、对于家族的意义。

② 就是说结了婚了,没有儿,死了还不属于正儿八道的死。只要有孩子了就不算少亡了。(VNM1947.2 - 7.6)

第二章 家族主义取向的童年观念(20世纪30—40年代出生人群)

在这位被访者(VSF1949)的观念中,托人身就是为了后人,没有后人,即便生活条件再优越,人生也无意义,"住个烂屋也不好,住个大屋也不好"。人之为人最大的乐趣即天伦之乐,并在这种天伦之乐中获得名声与完满的人生。

3. 家庭:孩子价值的尺度

如前所述,孩子是家庭结构中的重要一环,是家庭生命的延续,孩子甚至关涉到人之为人的根本,是成人人格完整的一部分,我们可以看到家庭在乡村民众观念中的重量。在这里,我们关注的重心在于人们对于孩子价值的认识主要是以家庭为尺度,人们看到孩子对于家庭的价值,却没有看到孩子本身的价值。

众所周知,中国传统时期存在着重男轻女的性别歧视观念,在人们看来,男孩是宝贝,是"小金瓜",是家族延续的香火,是传宗接代的工具,而女儿注定是跟别人的姓,是家里的外人。

> 以前还不都是喜欢儿子,现在还不是一样的。他喜欢儿子不是说儿子会怎样,姑娘是嫁给别人的,儿子是传宗接代,主要是这么个事。比方说像我们这个家庭的话,如果说没有儿子的话,你这一家以后就没有这个家庭了,这个家庭就灭了。养的女孩都嫁给别人了,跟别人姓了。如果说你这个家没有一个男孩的话,他这个家就撑不起来了。(1/VSM1943,VS双人访谈-7.21)

人们对于孩子价值的认识,剥离了孩子内在的价值,而是从家庭的角度出发,孩子是家族精神的延续,是光耀门楣的工具,是父母人格的一部分。孩子关系到家族的繁衍与荣耀,也关系到人之为人的根本价值。如果说这是孩子较高层次的价值,那么,最迫近乡村民众切身利益的则是把孩子看作养老的依靠。养儿防老的生育观念在三四十年代的出生人群中表现得尤为突出。儿子是将来的依靠,女儿注定是别人家的人。因此,千方百计都要"拾一个宝贝蛋子"。人们把这个"宝贝蛋子"看作老来的依靠,孩子在家庭的羽翼下成长,长大成人之后并不脱离原有家庭,而是反过来负担赡养原有家庭的责任。在人们的观念中,孩子永远是家庭的孩子,孩子的价值在于延续家族、赡养家庭,而不是成为走向社会的具有独立价值的个体。

费孝通曾经指出在传统社会,亲子之间的关系是反哺模式,亲代抚养子代,子代赡养亲代。在我们论说乡村民众把孩子看作养老依靠的同时,也要注意到乡村民众也在倾尽全力抚养孩子长大成人,花尽积蓄为孩子盖房娶媳妇,这是一个双向的过程。在这个过程中,成人与孩子紧密地联系在一起,导致双方都缺乏独立的空间与价值。不容忽视的是,孩子同样具有情感价值,亲代与子代的亲密情感关系也受到人们的重视。如前面所提及的一位30年代出生的人为了给有精神病的女儿看病,三年的时间陪着女儿穿梭于不同的土门诊、小医院之间,为女儿耗尽了时间、金钱、精力与情感。这种深刻的情感关系甚至超越了传统时期盛行的重男轻女的传统,而孩子所具有的情感价值也超越了传宗接代、养儿防老的价值,母亲对于女儿的珍视与呵护只因她是自己的孩子,是家庭的成员。

在家庭价值的尺度下,孩子具有传宗接代的价值、养儿防老的价值,还具有情感价值。传宗接代体现家族生命的延续,养儿防老体现孩子对于成人的反哺价值,而家庭成员之间深刻的情感关系则是在以血缘为基础的家庭生活中天然地生成的。在人们的观念中,孩子的价值来源于家庭。此外,人们也会利用孩子的经济价值。如前所述,孩子在家庭分工当中占有重要的一环,很早就开始分担家务劳动,三四十年代出生人群的孩子大多在五六十年代出生,他们童年时代很早参加劳动则反映了三四十年代出生人群对于孩子劳动的经济价值的重视。

> 原来放学回来要扫地、洗碗,或者是帮着做做饭,因为家长还没回家了,在田里干活,像我们过去回来在家里打扫清洁,还要做饭、喂猪,这是每一个我们五几年过来的人都做过,你非得要做的。放学回来你就要扫地啊,做饭啊,喂猪啊,就

第二章　家族主义取向的童年观念(20世纪30—40年代出生人群)

> 是搞野菜(给)猪吃,这是我们在五几年的人都经受过了的,那是家庭副业了,你一个学生,又不能参加劳动,这是你能做的事,这非得要做的,那时候每一个放学了的都要做事。(VSM1953-7.22)

"非得要做"的事情就关乎责任与义务。家务劳动,甚至下地劳动成为孩子不可推脱的责任。在三四十年代出生人群的观念中,进行力所能及的劳动是每一个孩子的责任。对于人们来说,孩子劳动最重要的价值即在于经济价值,减轻家庭负担。然而,孩子的劳动,如同女性的家务劳动一样,并不被承认能够直接带来经济效益,不具有显在的经济价值。因此,虽然孩子的劳动在实际中能够产生经济价值,并被成人所利用,但是并不被成人所承认。无论成人承认与否,孩子具有经济价值的事实是不容忽视的。与孩子具有经济价值相对立的是,孩子在家庭经济生活上的无地位。

对于孩子经济地位的考察,研究者主要关注两个方面,一是孩子对于家庭经济情况的了解,二是孩子对于家庭共有财产的支配,由于孩子基本上没有家庭共有财产的支配权,后者主要表现为家长给予的零花钱。在三四十年代,包括五六十年代,甚至七十年代出生的人群童年时候对于家庭的具体经济情况并不了解,家长基本上不会向孩子公开家庭的具体收入情况,且主要采取刻意隐瞒的方式。① 人们普遍认为没有必要向孩子公开家庭的经济情况,至于原因,在访谈中大多访谈者不愿意正面回答这个问题。

> 大人跟小孩没法说经济的事,不跟小孩谈钱的事。(2/VNF1936,VN 双人访谈-7.3)
>
> 不说,说了就怕小孩到外边乱说,怕强盗。旧社会也有拐

---

① 那哪里知道啊？老的挣两毛钱,这边藏藏,那边掖掖的,都不知道。(1/VNF1969,VN 五人访谈-6.30)

人(坏人),他反对你有钱的人。你有钱有地,他就用张白纸写了丢在你家里,让你出钱,这是旧社会的情况。再比方说,我闹得好,我有钱,我有个宝贝儿子,他就绑你家的小孩,你再拿现洋去取小孩回来。(VSF1934-7.19)

由于当时社会经济极度匮乏,很多家庭并没有多少积蓄,即使有一些积蓄,也避免让孩子看到或者知道,即便孩子已经足够成熟并不会出去"乱说"。孩子在家庭中创造经济价值,但并不代表其有权利知晓家庭的经济情况。同时,由于经济上的困窘,孩子基本上没有零花钱。①

孩子在经济上对于成人的依附,导致孩子在经济上的贫困要甚于成年人。在生活中,孩子同样没有地位,并且依附于成人。穷人家的孩子十几岁还光着屁股满街跑,作为未完成的人被排除在羞耻观念体系之外,几个孩子挤在一张床上,没有独立的空间,而在家长制权威下,丝毫不能有半分反抗,不得犯犟。

早在新文化运动时期,传统家族主义文化中儿童的附属地位即受到"五四"先贤的强烈批判,陈独秀指出"父为子纲,则子于父为附属品,而无独立自主之人格矣"。在三四十年代乡村民众的观念中,儿童不是具有独立生存价值的个体,儿童在地位上附属于成人。无论是孩子传宗接代的价值、养儿防老的价值、情感价值还是经济价值,都不是基于孩子自身成长、体验与发展的内在价值,而是表现出工具性的价值取向。刘晓东对于传统儿童观的工具主义属性展开了论述,他认为传统儿童观基本上是属于工具主义的,把儿童当作工具,而没有看到儿童自身也应当成为目的,儿童被当作没有独立人格的小大人,被看作父母的隶属物,②在此儿童价值观下,儿童成为附属于成人的存在,是不具有独立人格的消极儿童。

---

① 现在个个小孩手上都有钱,那时候看看都看不到钱,哪有钱给小孩。那时候哪有钱存。(VSM1934-7.20)
② 刘晓东.儿童教育新论[M].南京:江苏教育出版社,2008.

二、应然儿童：道德的儿童

> 子曰："弟子入则孝，出则悌，谨而信，泛爱众而亲仁。行有余力，则以学文。"(《论语·学而》)

以上从实然层面讨论了乡村民众的儿童观念，接下来我们关心应然层面的儿童观念。即在20世纪三四十年代乡村民众的观念中，理想的儿童形象是什么样子的？他们是如何描述的？这一理想的儿童形象又反映出乡村民众怎样的儿童观？

(一) 听话的孩子

什么样的孩子是好孩子？当问及这一问题时，三四十年代出生人群不假思索地回答是"听话"。

> 就得说是听话的，老的给说是向好事上说啊。听话，受理正(管教)的就是好小孩。也不受理正的呢，在你跟前说行，不在你跟前就不那样干了。你也没办法。等等不一。(1/VNM1932,VN双人访谈-7.3)
>
> 原来旧社会都说，这个孩子肯听话啊，听话就是好孩子。像以前谁的儿子叫松柏，小时候也是"死拐"(特别不听话，特别坏)，拐得要命，到现在他还好些了。他也不是一直这么拐。(VSM1934-7.20)

听话，几乎是三四十年代人们心中好孩子的代名词。听话，必然要涉及两个主体，即听之人与说之人，而在这里主要指的是孩子听从长辈的话，孩子与长辈之间是顺从与被顺从的关系。在长老统治的传统社会中，在尊老的传统文化下，年龄则意味着经验、知识与权力，听话成为长辈对于子辈的无条件要求，也成为子辈最基本的行为规范。听话的孩子由此成为普通民众的理想孩童形象。

那么,在三四十年代出生的乡村民众的观念中,什么是听话?什么样的孩子是听话的孩子?在这里我们捕捉到几个关键词,即"孝顺""懂礼""勤利""不惹事"。三四十年代出生人群观念中的好孩子就是孝顺父母、懂礼貌守规矩、勤快做事的孩子。这样的孩子是人们心中理想的听话的孩子。

"听话"孩子的理想形象实际上源于中国传统的孝道文化。周晓虹在论述传统中国社会的代际关系时指出孝道观念为传统中国的亲子关系奠定了最基本的行为模式。[①] 周晓虹认为,"顺亲"与"无违"是孝道观念的中心。"顺亲"强调孝不是亲子间的一种情感交换关系,而是子代对亲代无条件的服从关系[②]。当学生樊迟问孔子"无违"是什么意思时,孔子回答"生事之以礼,死葬之以礼,祭之以礼"。孔子把孝与礼制联系起来,行孝即无违,而所谓无违,是指对待父母不能违反礼制,不能超越自己所属的等级行事。[③]

在这里,需要注意的是,孝道是儒家道德观念的核心,而儒家道德观念是中国"大传统"文化的主体,同时,孝道又是普通民众日常践行的伦理准则,是"小传统"的民众日常观念。有学者指出,孝道不仅是民间社会的一种思想观念,同时也是传统社会国家治理的一种模式、一种儒家的国家意识形态,是大小传统的联结点。[④] 因此,在我们谈论儒家的孝道观念时,看似是在谈论大传统的文化观念,实际上也是在谈论小传统的文化观念。

孝道,以孝悌伦理为基础,与宗法家族制度密切相关,由孔子儒学系统阐发,"经过几千年的传播和流变,孝道所涉及的内容越来越宽泛,它从亲子关系的准则,发展成人际关系的原则,进一步再成为社会和政

---

① 周晓虹.孝悌传统与长幼尊卑:传统中国社会的代际关系[J].浙江社会科学,2008(5).
② 周晓虹.孝悌传统与长幼尊卑:传统中国社会的代际关系[J].浙江社会科学,2008(5).
③ 刘同昌.中华孝道文化与现代社会的代际和谐[J].青岛大学师范学院学报,2005(4).
④ 王天鹏.客家孝道的历史实践逻辑——以赣南白鹭古村的田野调查为例[M]//罗勇,周建新.客家学刊 第2辑.北京:中国社会科学出版社,2011.

治德行"①。正是在孝道文化观念下,人们力图塑造听话的孩子,并把听话的孩子视作理想的孩童形象。听话的孩子长大之后即听话的成人,循规蹈矩,恪守本分。这一理想的孩童形象同时折射着长幼有序的传统家族主义社会,也折射着儿童与成人不平等的权力关系。

(二)底线的孩子

> 哈哈,哎吆,什么样的小孩,信话的,争气,别在外头偷偷摸摸的,干个正经事,这样的是好孩子了呗。难得不要在外边打仨劫俩,偷偷摸摸,办个正经事,那样的就是好孩子。不正干,犯了错,去蹲几年的就不是好孩子。你信吧?感谢神。(1/VNF1939,VN 双人访谈-7.4)

"不偷不摸""别惹事""别打仨劫俩""别上网""不淘气""不讹人"……在三四十年代出生人群对于好孩子的描述中,"不……""别……"的否定性陈述最为常见,也是这个年代出生人群所特有的描述方式。仔细区分"不"与"别"的用法,这里主要有两种,一种放在能动性动词的前面,诸如"不偷不摸""别惹事",一种放在形容词的前面,诸如"不淘气""不讹人"。前者是对孩子行为的要求,后者是对孩子主观态度的要求。

无论是对于孩子行为的要求,还是对于孩子主观态度的要求,三四十年代出生人群的表述都采用否定性陈述,"不这不那",而不是"要这要那"。"不这不那"事实上涉及对孩子行为与态度的最低要求,"难得别惹事,别出去打仨劫俩,别偷别摸,就是好孩子"。而"要这要那"则涉及人们对于孩子更为积极的主观期待,诸如六七十年代以至更晚年代出生人群则往往采用肯定句式表达对于好孩子的看法,"要学习好""有出息""会体贴人"等等。

---

① 周晓虹.孝悌传统与长幼尊卑:传统中国社会的代际关系[J].浙江社会科学,2008(5).

在三四十年代出生人群的观念中，人们其实是设置了一个底线式的好孩子，只要不越过这个底线，就是人们认可的好孩子。至于孩子能否成才、能否有出息人们往往并不关心。人们心中的好孩子是满足基本底线的孩子，而不是优秀的出类拔萃的孩子。

为何人们满足于底线式的好孩子？为何人们并不期待孩子的出人头地或头角峥嵘？底线式的好孩子其实就是听话的乖孩子，在强调"无违"与"顺亲"的孝道文化中，恭顺、服从于长辈权力的孩子是为人所称道的。"不肖子"中的"肖"字，意即像，像父辈一样，继承父辈的事业，像父辈一样好，一样为人处世，而不是比父辈更好。再往前推一步，建立于血缘与地缘之上的传统乡土社会是一个相对静态的社会，在这样的社会中，传统与习俗支配着人们的思想与行为方式，同代之间，乃至代际之间的生活是同质的，并不会发生太大的变化，因此长辈所习得的知识经验、行为规范、道德理念是子辈的楷模。而传统社会又是一个等级森严的宗法社会，阶级之间的流动并不容易被打破。世代在土地里讨生活的乡村民众，只期待子辈勤勤恳恳种地，顺顺利利成家，踏踏实实过日子，听话的乖孩子、底线式的好孩子便成为人们对于孩子的全部期待。

那么，人们对于孩子期待的底线是什么？听话的乖孩子是听什么话？实际上，底线式的好孩子与听话的乖孩子都突出一个共同的形象——道德的儿童。三四十年代出生人群对于孩子成长的道德要求是其儿童观格外鲜明的特色。在上文中提到的底线，其实是道德底线，人们关注孩子的品行甚于孩子的个性、发展与前途。"孝顺""懂礼""勤利""不惹事"这些乡村民众描述理想孩童的核心概念字字指向孩子的道德与人格。"先成人再成才"是现代社会人们对于孩子的期待，在三四十年代出生人群的观念中，人们只关注孩子是否"成人"，而不论是否成才。只要孩子"走正道"，不偷不摸，不犯道德原则上的错误，孝顺懂礼就是可成人的好孩子。

孝顺，要求孩子敬老、尊老、助老，是传统孝道文化的体现。"百善孝为先"，是否孝顺长辈是判断孩子好坏的先决条件。懂礼，这里的礼，

第二章　家族主义取向的童年观念(20世纪30—40年代出生人群)

指的是礼数,为人处世、洒扫应对所应遵守的规范。对于孩子来说,主要是懂礼貌,知晓并遵守对待长辈亲友所应具有的礼节。

> 1:听话的,肯做事的就是好孩子,像你们就是好孩子,懂礼貌道德。有的碰到你了,理都不理你啊。像金强,他难道不认得我啊?他碰到我了也不理,也不像你们会喊一声。我们这么大年纪了,你不喊我,难道我还喊你啊,我也没有什么会求你了。
>
> 2:不理人的那种谁喜欢了?你不理别人,别人就不理你了。(1/VSM1933,2/VSM1939,VS双人访谈-7.24)

对于乡村民众来说,子辈见到长辈必须恭敬,主动打招呼问好,这是子辈应当遵守的行为规范,也是最起码的礼貌,遇到"这么大年纪"的"我"居然不打招呼,引起"我"的强烈不满,认为这个孩子不懂礼貌道德,讨人厌。

传统中国的社会结构是差序格局,社会秩序则是礼治。礼,是社会公认的行为规范[①],是维持社会正常运行的秩序。礼治与法治的不同在于:"法律对于其所辖的社会成员是一视同仁的,它在同一团体中承认和保护人民同等的权利义务;而礼却不同,它讲究长幼、尊卑、内外、亲疏,即按照差序格局行事,其本身就是规定人伦关系的法则,其内容和形式全得视所施对象与自己的关系而定。"[②]在礼治社会中,长幼有序,尊卑不同,"礼性大些,规矩大些",因此,"懂礼"成为人们对于孩子最核心的道德要求。

勤利,即勤快,肯做事,这也是三四十年代出生人群理想中儿童的特色。人们坚信,勤能致富,勤能补拙,勤劳能干是以后能过好日子的必要条件。在传统社会的农耕生活中,主要依靠体力劳动,踏实肯干、

---

① 费孝通.乡土中国　生育制度[M].北京:北京大学出版社,1998.
② 郭于华.死的困扰与生的执著:中国民间丧葬仪礼与传统生死观[M].北京:中国人民大学出版社,1992.

吃苦耐劳才能有所获。劳动，被看作是孩子的自然责任，也是孩子成人的必要练习。因此，勤快肯做事的孩子是人们喜欢的好孩子。不惹事，即不触犯规矩与法律，是人们对于孩子的底线要求，不偷不摸，不走歪门邪道，不惹是生非。

三四十年代出生人群的理想孩童形象是道德的儿童，人们只关注孩子的行为与品质是否合乎道德，而所谓道德归根结底是一种社会规范。人们理想中的孩子是合乎社会规范的孩子，人们追求的是外在于孩子的社会规范，孩子本身隐而不显。这与工具主义取向的儿童价值观密切相关。在工具主义取向的儿童价值观下，人们只关注孩子的工具价值，孩子自身内在的价值被忽视。人们对于"道德"儿童的尊崇与追寻亦是如此，道德成为超越儿童自身的价值。只要不突破道德要求的底线即好孩子，孩子的个性、能力、素质等发展性要素几乎不被考虑。这与注重人伦的礼治社会有关，也与传统社会的超稳定结构有关。前者使得"礼"成为社会的秩序，道德成为超越个人的存在；后者使得阶级流动僵化，在不变的农耕生活中，孩子的个性、能力、素质等发展性要素并不重要。

第四节　以家为本位的童年观念

在家族主义取向的传统文化中，乡村民众践行着以家为本位的童年观念。家，是人们看待童年的根本基点。在人们的观念中，童年以是否成家为边界，而产生如此边界的区隔机制即以家为中心扩展开来的人情网络。童年的意义与价值在以家为本位的文化下并未获得真正的重视，而只是被看作成人的预备阶段，孩子在这一预备阶段中并不能免除社会责任，而是需要力所能及地承担家庭劳动。由此观之，家成为人们童年观念的内在尺度。

第二章 家族主义取向的童年观念(20世纪30—40年代出生人群)

一、童年的社会期望边界①——成家（模糊的时间域）

> 大人的想法和小孩的想法根本就说两码事。小孩他就想着玩，吃好的，喝好的，穿好的，不知道钱是哪里来。（VNM1944-7.8）

> 大人过一年老一年，小孩过一年上一年，怎么没区别了？（VSM1934-7.20）

> 那有区别吆。总起来说，大人社会阅历多，行事呢要谨慎一些，小孩呢，人说初生牛犊不怕虎呢，不是有数的嘛。他认为对的，他就要干。人越大胆越小。这个道理很清楚。人越大他考虑的事越多。因为他经历的多。（VNM1947-7.6）

在乡村民众的观念里，孩子与成人具有不同的特质，孩子贪玩，不懂事，有勇气，越来越往上走，成人必须承担责任，阅历多，行事谨慎成熟。儿童与成人是有着区别的两类群体，作为人生当中一段时期的童年，不仅是指时间，还是指一种生命状态与生活状态，那么童年什么时候结束？童年这样一种贪玩不懂事充满勇气的状态什么时候结束呢？这就涉及童年边界的问题。

在乡村民众的观念中事实上存在着两种童年边界。其一为童年的社会期望边界，其二为童年的个人体验边界。前者相对固定，后者则模糊暧昧得多。

童年的社会期望边界，是指人们普遍承认的童年边界，即社会文化中约定俗成的或者人为规定的对于童年边界的期望，并被人们所接受。诸如有的文化以断奶为童年结束的标志，有的西方国家以16岁为童年

---

① 童年的社会期望边界不仅包括成家，S村还有"童关"的概念，15岁为童关，过了童关的小孩就是成人了。这一特殊的社会期望边界是以具体年龄为分界的，也形塑了S村村民与N村村民不同的童年个人体验边界，在这一部分就不详细讨论，因为事实上即使S村有着"童关"的概念，但是在区分成人与儿童的机制上还是以下面讲到的是否进入人情网络为主。

结束的标志,S村以15岁的童关为童年结束的标志,N村以结婚为童年结束的标志。在不同的文化脉络里,童年的社会期望边界是不同的。

童年的个人体验边界是指个体心理体验中的童年边界,即从个体体验上来讲,什么时候脱离孩子的状态,什么时候就长大成人了。对于童年的个人体验边界,不仅与每个人的生命史有关,也与社会文化、时代背景有关,因此也就呈现出更多的差异性与暧昧性,但是这也并不意味着没有普遍的个人体验边界。研究发现,在乡村民众的观念中,童年的个人体验边界与社会期望边界没有必然的对应关系,呈现出复杂的关联。关于童年的个人体验边界的探讨我们会在下一章涉及,这一部分主要聚焦于童年的社会期望边界。

童年的社会期望边界,即在乡村民众的观念中,什么算是孩子长大成人的普遍标志?从童年转入成年,有无确定的年龄界限?个体在多大年龄的时候,人们期望他成为成人?回答这些问题之前我们要讨论成人与成家的关系问题。而在讨论成人与成家的关系问题之前,我们首先检视成人与成家的概念。

分析乡村民众使用"成人"的概念,有以下几种含义。第一是年龄的概念,指生理成熟。诸如关于给孩子压岁钱的讨论,"那只是小时候才有,你成人了哪还有啊?那是小时候"[①]。对于成人与小时候的强调这里明显隐含的意义是指生理上的成熟。第二,是指劳动、家庭等社会责任的承担,"结婚就成人了啊,不是小孩了,光想着玩"[②]。第三,是指在道德与伦理的角度上,能够好好做人,践行一个人的本分。"我没好些教育他们,他们自长成人么。也是板板正正的。"[③]这里的成人,不仅指生理成熟,承担社会责任,还涉及做人的标准——"板板正正"。第四,成人还指完整的人生,包括出生、成长、成家生子、善终等一系列生命历程。谈及一位40岁意外身亡的已故者时,一位村民说:"后来俺家

---

① VSM1934-7.20。
② VNM1944-7.8。
③ 1/VSM1943,VS双人访谈-7.21。

第二章 家族主义取向的童年观念(20世纪30—40年代出生人群)

二兄弟生病,好的都给他吃。他关怎么(无论如何)就不成人,从小就有病。"①

以上四种乡村民众对于成人概念的理解,涉及个体的生理年龄、社会责任的承担、做人的标准以及完整的人生历程。我们所指的童年的社会期望边界是从孩子—成人的边界关系角度进行探讨,更多关涉社会赋予个体的年龄期待,因此更多指涉的是第一、第二种成人的意涵,即生理年龄与劳动、家庭等社会责任的承担。②

接下来讨论成家的概念,成家意味着成立新的家庭,在乡村民众的观念中,成家有两层含义,其一为结婚,其二为分家。一般意义上,结婚即宣告成家,但这还不是真正意义上独立的家庭。刚成立的小家庭普遍要经过一段依附于父母的过渡时期,这段时期,父亲仍是一家之主,掌管整个家庭的生产、生活与消费。新夫妻与其他家庭成员共同吃饭,共同劳动,劳动所得共同由家长支配。③ 经过一段过渡时期,大多都会分家,不分家的情况主要限于家里只有一个儿子的情况,而这种情况在出生率相对较高的当时社会是比较少有的。因此,结婚与分家间隔的时间并不久,结婚基本上意味着分家。在乡村民众提到结婚的时候,通常隐含着分家的意义。

在分析成人与成家的概念时,我们发现"成立家庭"同时是成人与成家的核心。成立家庭的标志即结婚。在S村没有娶妻生子、组建家庭的男性,被称为"童人""老童孩"。

　　1:这么大了还没有结婚,他还是个童人了。
　　M:就是说是一个光棍?
　　1:嗯,光棍,这比说光棍好听些,就是说红花绿礼没有看没有插。

---

① VNM1953-6.30。
② 生理年龄与劳动、家庭等社会责任的承担没有必然的联系,这一点将在下文进行讨论。
③ 现在农村的情况是在不分家的前提下,新夫妻的个人劳动所得由自己支配,并上不交给父母,逢年过节对父母的孝敬另当别论,但是仍然和父母在一起吃饭、一起生活。

> M:什么是"红花绿礼"啊?
>
> 1:打个比方说,别人结婚的,都是男的插花,女的也插花。就是说那个人遭业,你看这么大年纪,还没有结婚,还没有开荤。
>
> M:没有开荤?
>
> 1:就是说没姑娘,没有开过荤。说的冠冕一点就是说像个小孩,就是"老童孩"。(VSF1934-7.19)

没有"开荤"的"老童孩",固然是指未有性行为的男性,更重要的是指没有结婚、没有组建新的家庭的个体,即便已经三四十岁,甚至更大年龄,由于没有正常的家庭生活,因而不被承认为"成人",而是"童人"或"老童孩"。

而在 N 村,也存在相同的情形。在访谈一位四十岁单身汉的老父亲时,老父亲提到自己四十岁尚未结婚的儿子还是个孩子。

> 他在我眼前里,到这也没长大,跟个孩子似的。不分家,就长不大。他这是特殊情况啊。要是有老婆的话,不就早就分了吗?(VNM1944-7.8)

成人的基本条件就是成家,即个体脱离童年状态开始组建新的家庭,这就意味着结婚成为童年与成年的分界线,也就是孩子与成人的分界线。对于男性受访者来说,他们结婚之后成立新的家庭,开始负担一家人的吃喝生活,顶门立户,承担新的责任,即意味着长大。

> 结婚就长大了,成大人了,成年人了。不结婚他觉得跟小孩样。结婚就成大人了。掌家过日子了他不成大人了吗?(VNM1933-7.4)
>
> 要按说结婚以后人就应该长大了。顶门立户过日子就长大了。(VNF1947-7.6)

第二章 家族主义取向的童年观念(20世纪30—40年代出生人群)

对于女性受访者来说,结婚意味着从娘家到婆家身份的转变,从为人女儿变为为人儿媳,众所周知,在传统社会中为人儿媳与为人女儿完全是两种不同的社会角色,有着不同的社会期待与要求,古代社会流行的女性成年礼,即笄礼,是女子订婚以后出嫁之前所行的礼,这实际上已经把结婚与成年等同起来。因此,结婚对于女性受访者来说,更具有转变的意味,更具边界意味,女性脱离原来的社会关系网络,进入全然陌生的新的社会关系网络,承担起为人妻、为人媳的社会角色。

> 没结婚就没长大,上人家家里去了就长大了。结婚你再小,你二十结婚也成大人了。你到三十不结婚也还是小孩。(VNF1941-7.3)

无论对于男性还是女性,结婚都是童年与成年的分界线。在20世纪三四十年代的传统社会并没有专门的成年礼,结婚仪式在某种程度上具有成年礼的意涵。有学者指出[①],在汉族乡村社会中,婚礼同时也承担着成年礼的角色,个人一旦成婚就自然而然地意味着获得成人所具有的各种权利,尤其是婚姻——性关系权利,同时也要承担起成人的责任与义务。[②]

结婚是个体生命历程中的重要事件,这一重要事件发生的时间由于社会文化、时代背景的不同而不同,因此,结婚并不必然与特定生理年龄相联系。这样,在乡村民众的观念中,是否成人与生理年龄也就没有必然的联系,是否成人不在于你是十五岁、十八岁,还是二十岁,关键在于你是否结婚了,是否成家了。

---

① 荣娥.农村婚姻礼仪的社会功能:以鄂中荣村为个案[J].山东理工大学学报(社会科学版),2009(1).
② 荣娥在《农村婚姻礼仪的社会功能:以鄂中荣村为个案》一文中论证了婚礼当中所隐含的成年礼的意涵。传统仪式中,在婚礼当天,新郎剃"状元头"与新娘的"开脸"仪式就具有成年礼的意义。尤其是新娘的"开脸"仪式,因为在当地农村女子只有在结婚时才有这么一次"开脸"仪式,这个仪式成为一种成人标识,是从姑娘向媳妇转换的标志。村民们有如此解释:用新棉花搓成棉线扯脸、鬓角、眉毛,就像现在修眉一样,再用熟鸡蛋滚一下,脸就光亮、滑溜了。这就是"开脸",开了脸就不是姑娘了,就是媳妇了。

> 结婚就成大人了,你这么大了,结婚就成大人了。结婚给你分开家,你就得自己过了,你不就成大人了吗?你再小就成大人了。在家里还跟着他爹他娘,还是小孩。像你这样,还在上学,没有结婚就是小孩,结完婚各过各的,就成大人了。
> (VNF1962 – 7.1)

在乡村民众的观念中,已经二十九岁(虚)的我仍然是一个孩子,除非我结婚,我才能完成从孩子向成人的角色转变。虽然无论从生理还是心理方面,我认为自己已经成为一个大人。对于童年与成年的边界来说,生理年龄并不具有决定意义,最具决定意义的是你是否结婚了,是否成家了。

二、童年的区隔机制——人情网络

结婚对于个体来说意味着什么,以至于它可以成为童年与成年的分界线。结婚不仅仅意味着个体社会角色的转变,社会责任与义务的赋予,在以家族主义为传统的社会中,结婚即建立新的家庭,还意味着个体以新的身份进入乡村社会的人情网络,建立以己为中心的新的社会关系网络。个体只有经由结婚这一方式才能获得成人的各项权利,也才能进入成人的人情网络。能否进入人情网络是对个体独立性的承认,也是乡村社会区隔成人与儿童的机制。

中国社会是人情社会,而凝固的乡村社会则是一个人情网,人与人之间的关系笼罩在一层温情脉脉的人情面纱之下。① 人情的产生和形成起因于中国的家族制度和家族主义文化观念在社会发展的过程中逐渐深化成为社会的基本制度以及文化的泛化过程。② 翟学伟指出,人情是传统中国社会强调家族制度的直接体现,乡村生活中的聚族而居和家庭生活中的血缘亲情都导致中国人在为人处世中格外重视

---

① 尚会鹏.豫东地区婚礼中的"随礼"现象分析[J].社会学研究,1996(6).
② 李伟民.论人情——关于中国人社会交往的分析和探讨[J].中山大学学报(社会科学版),1996(2).

人情。①

在乡村社会,建立、维系、拓展人情网是个体日常生活的重要方面。人情是个体与亲朋邻里保持联系和交往互动的重要手段,人情关系是情意与实惠的交换②,其实质是一种社会交换,是一种结构化了的交换关系网络。③ 这个交换关系网络的目的在于为个体提供各种支持性的资源,通过人情网络,个体能够获得精神上和情感上的归属感与安全感,同时也能获得各种物质资源与非物质资源。

个体即被编织在人情网络中的节点,任何正常的个体都有属于自己的人情网,并在人生的不同阶段根据不同的需要精心编织自己的人情网。能否编织好自己的人情网,是否懂人情世故,关系到个体为人处世是否合理,是否会办事,关系到个体在生活圈子里的名望与声誉。闫云翔在《礼物的流动:一个中国村庄中的互惠原则与关系网络》中指出,人情充当着一种村民们借以判断一个人为人处世是否得体的标准。④而编织人情网的最直接方式就是随礼。

在乡村社会,随礼主要是指基于人情关系,在不同仪式情境下人们互相赠送礼物、礼金的行为。这不同的仪式情境主要指乡村社会日常发生的红白喜事、诞生仪礼、生日寿辰、考学考军、建房等大事。闫云翔指出,随礼是村民维护和扩展他们的关系网络的关键手段之一,⑤与许多别的社会不同,中国的社会关系结构在很大程度上是由流动的、个体中心的社会网络而非凝固的社会制度支撑的,因而礼物馈赠和其他互惠交换在社会中扮演着重要的角色,特别是在维持、再生产、改造人际关系方面。⑥

---

① 翟学伟.中国人际关系的特质:本土的概念及其模式[J].社会学研究,1993(4).
② 此论点由边雁杰提出,转引自陈先红.公共关系生态论[M].武汉:华中科技大学出版社,2006.
③ 陈尧."消极腐败"产生的根源:人情关系与中国式庇护式腐败[J].党政干部文摘,2008(4).
④ 闫云翔.礼物的流动:一个中国村庄中的互惠原则与关系网络[M].李放春,刘瑜,译.上海:上海人民出版社,2000.
⑤ 闫云翔.礼物的流动:一个中国村庄中的互惠原则与关系网络[M].李放春,刘瑜,译.上海:上海人民出版社,2000.
⑥ 闫云翔.礼物的流动:一个中国村庄中的互惠原则与关系网络[M].李放春,刘瑜,译.上海:上海人民出版社,2000.

随礼,在 N 村,叫作"拉来往",在 S 村叫"赶情"。究竟拉多少来往,赶多少情,一般是按照费孝通所提的差序格局,以家庭为中心,以血缘关系由近及远向外推,究竟推多远根据每个家庭的自身情况而定。一般核心亲属是包括在内的,外围亲属是否在内则灵活处理。在访谈的过程中,当研究者问及乡村民众自家孩子出生时收了多少礼金,有无账单时,几乎每一位女性家长都能脱口而出,哪一位亲戚给了多少钱,给了几斤面,给了条小毛毯,对于有些在人情伦理上看来给的不合适,失去应有平衡的,过了十几年、二十几年,至今念念不忘。少给礼金的人则有可能从此被落下口实,影响两家的感情。

3:你孙子给了多少见面钱啊?

1:1万啊,俺没有钱,现在哪个不是得上万啊?

3:你孙子收了多少钱啊?

1:哪有多少钱啊,稀来易。

2:有10万吗?

1:哪有?也就5万块钱,其他人就稀来易了。

3:玲玲家的小孩公公给一万一,婆婆给1万。以前也有,都装(给)几毛、几块,人家俺家里他二舅的孙子,人家他姥娘家,领着小孩去的,装了5毛钱去喝酒。俺娘又给他5毛呢。您大姑家的涛涛说,妈妈我才收了三千零几十啊?才将那么点啊?(您大姑)说你这个小孩不好,没生在好地方去。(涛涛)说人家怎么收了那么多啊?(您大姑说)还是你没生在好地方去。人家这伙舅姥娘装了多少啊?30。肖庄那个好人(反语)说,三嫂子咱装多少?(三嫂子说)装多少?够咱酒钱够咱饭钱就行。还不孬,两个姨姥娘装了50,三个舅母装了10块。

1:俺那时候才10块,当姨的装了20。俺就收了400。(1/VNF1945,2/VNF1953,3/VNF1941,VN 六人访谈-7.4)

第二章 家族主义取向的童年观念(20世纪30—40年代出生人群)

乡村民众对于礼金的准确记忆,可以明显地感受到人情来往在乡村民众心中的分量,这些已经成为日常生活的一部分,成为家长里短的谈资,并关系到送人情的人的人格特征。在VNF1941的谈论中,涉及三宗送米糖的来往。一为自己的孙女"玲玲"的孩子,即重外孙;二为自己哥哥的孙子,即侄孙;三为自己家的女儿的孩子,即外孙。三宗送米糖的来往被访者都记得清清楚楚,后面两宗来往之所以现在还拿出来"拉",是由于按照正常的人情伦理,侄孙的姥娘家不能仅仅给5毛礼金,而两个姨姥娘与三个舅母的礼金也过于低了,以至于VNF1941一直到现在还在念叨。而以上几个人在VNF1941的心目中,以及在场四个人的眼中成为不会办事的小气人。

人情网络在乡村民众的生活中发挥着重要作用,闫云翔指出,人情网,即围绕某一个体的私人关系的网络,在乡村民众的眼中相当于"社会"。[①] 直至结婚,成立新的家庭,个体才算进入人情网络,进入社会生活中。在这之前,个体在社会交往中的独立性是不被承认的,孩子没有资格也没有必要建立自己独立的人情网络,也就没有随礼行为的发生。在N村与S村,没有结婚的人是免于随礼的。

> 没结婚那家就是爸妈在掌,跟你没关系,所以不用给钱。你结婚之后才是成家了,成家了才有你单独的一份人情来往。
> (VSF1934-7.19)

没有结婚的人,仍然是附属于以父母为首的家庭生活内,被排除在人情网络之外。与儿童同等地位的,还有"童人"。人情来往建立于互惠的原则之上,你家孩子出生、生日、结婚,我会去赶情(送礼),我家有红白喜事你也来赶情。对于"童人"来说,他们没有组建家庭,没有拓展开来的亲属圈子,因此,人情网络无法建立与发展。

[①] 闫云翔.礼物的流动:一个中国村庄中的互惠原则与关系网络[M].李放春,刘瑜,译.上海:上海人民出版社,2000.

> 没人要他的,他一个老童孩,给钱之后没法收回来,他没姑娘,不能发展。(VSF1934 - 7.19)

人情网络是成人的世界,儿童被完全隔离开来。儿童可以很早参加家务劳动、田地劳动,为家庭分担重担,但是无论儿童为家里承担多少责任,只要没有结婚,就无法进入人情网络。因此,结婚是个人是否成人的标志,而人情网络则把乡村民众观念中的成年个体与未成年个体隔离开来。如果未成年个体接触到了人情网络,则会加速个体的成熟体验。

> 俺家里就爷俩,就早懂事。家里什么都得干。有亲戚,该送礼的也得去送。人情世事该办的也得叫你去办,从丁点点十五六不知道什么事,到了十八九了就该办的就给办了,就长大了,得照(看)个人的环境。(VNF1964 - 7.1)

从小丧母的VNF1964,十五六还是"丁点点",到了十八九"就长大了",从"不知道什么事"到"该办的就给办了",三年左右的时间发生迅速的"长大"体验,不是因为年龄的自然增长,而是在于参与到人情来往中去了。人情来往是仅限于成人的活动,作为孩子的个体参与其中,则产生了长大的体验,产生了责任感。

在乡村社会,人情网络是隔离成人与儿童的机制,虽然说儿童与成人共处一个世界,尤其是在传统社会,尚未出现现代学校这种专门区隔儿童与成人的制度化机构,儿童与成人大多时候在共同的空间内活动,熊秉真详细考察了在近世社会儿童与成人的世界混融为一,老幼相杂,共同活动,出入市井阡陌的情景,[①]而在前文对于20世纪三四十年代童年生活的考察中,我们也可以看到严冬下大人小孩集体游戏的欢乐画面。然而这并不代表在乡村社会没有儿童与成人之间的边界。一位

---

① 熊秉真.童年忆往[M].桂林:广西师范大学出版社,2008.

第二章 家族主义取向的童年观念（20世纪30—40年代出生人群）

40年代出生的乡村民妇这样回忆自己初为人妻、进入成人社会时的感受。

> 结婚之后就长大了。结婚之后就成熟了，就懂事些了。先那个小孩儿们根本不知道是个什么事。像我们来这里，我们都只有19岁就来了，像"红林，像你装个壶子"，那些年纪大的骂你，我们懂都不懂。开始来看到这边的一些人，以前我们从来不和妇女们做事，小孩不和大人一起做事。那些大人特别会骂人，特别会吵架，我们也不懂。像我们以前小孩跟着小孩做事，大人和大人做事，从来不跟着小孩做。小孩跟小孩一起玩了，只说穿什么衣服了，做什么鞋子了，学着做什么花了，只学这，小孩学小孩的事。不在一起做事，大人说话你根本就不懂，是不是呀？（VSF1949-7.22）

在日常生活中，成人与儿童有着无形的屏障。大人有大人的事做，小孩有小孩的事做。小孩不能逾越大人和小孩的边界，插手大人的事情，进入大人的"社会"。时至今日也是一如既往。在研究者去姨家或者舅家走亲戚时，每当考虑要带点什么东西时，母亲总是说你还是小孩，不用带什么东西。而我总觉得空手去亲戚家里不好。在一次去三姨家时，拎了一些水果，三姨的话我至今还记得："这是从哪里学的？小孩带什么东西啊？"当然，去看望长辈，或者亲戚家有小孩的情况除外，总是要带些礼物。在我的认知中，我把自己当作成人，按照成人的人情原则来做事，而在母亲和其他亲戚的眼中，我还是不具备送礼资格的孩子，也没有送礼的责任。

人情网络是一张细密的柔软的无形之网，由成人编织，也把成人编织进去，而儿童则被完全推开出去。儿童同时被免于承担人情世事的责任。这张细密的人情之网是成人的世界，没有半分儿童的位置。可以说，人情网络是隔离成人与儿童的柔软又坚硬的屏障。儿童想在这一屏障中突围几乎是没有可能性的，除非经过结婚才能成为独立的成人，才能具备进入人情网络的资格。

三、童年的意义与价值：生的张扬与死的潦草

在N村与S村，童年是一个太过书卷气的词汇，使用这一词汇会使得研究者与被访谈者的身份瞬间拉开。然而，没有童年的概念并不意味着没有童年的观念，在N村与S村，"小时候"是童年的替代说法。"小时候"具有什么样的意义与价值，"小时候"这一时期在人的一生当中处于什么样的位置？这样的问题意识基本上不会进入乡村民众的观念中。在乡村民众的观念与体验中，人，是慢慢长大的，没有明显的时间节点，人们很少把"小时候"作为独立于成年的时期提取出来，并进行反思。然而，人们很少进行有意识的反思并不意味着人们没有对于童年意义与价值的观念，只不过这些观念通常是隐而不显的，需要从多方面进行考察。

本部分旨在通过儿童的出生仪礼与死亡仪式来探究童年的意义与价值。在乡村民众的观念中，由儿童到成人的过程是一段慢慢展开的过程，这一过程的终极目的在于成人，成立新的家庭，承担起家庭的责任与义务。在抵达这一目的之前的童年阶段是为将来的成人生活做准备的，没有独立的意义与价值。

添丁之喜在传统社会是一件大事。纵使我们看到在20世纪三四十年代穷苦人家孩子的诞生礼很少操办，但是无论如何头胎男丁的出生还是会给家庭带来莫大的喜悦，娘家人也总是会前来祝贺，即使有时仅仅是姥姥与舅舅前来。考察三四十年代出生人群的儿童观念，还需要考察其子代的童年生活。三四十年代出生人群的子代成长于集体化时代，由于特殊的时代因素，诞生仪礼受到抑制，但这并不表明在人们的观念中，诞生仪礼并不重要，后集体化时代诞生仪礼的复兴即明证。

在第二节三四十年代出生人群的生育观念的讨论中，我们详细介绍了一系列的诞生仪礼，N村主要包括报喜、挂红子、送米糖、满月饺头、过百天、抓周；S村主要是报喜、挂红布、送祝米（送祝米又包括小祝米、大祝米，大祝米即吃满月蛋）、过百天、抓周、十周岁等。其中S村还

第二章 家族主义取向的童年观念(20世纪30—40年代出生人群)

有出窝的习俗,即新生儿第一次去嘎嘎(外婆)家,娘家给予款待,并赠送孩子礼物。① 孩子的出生是张扬热闹的,有如此名目繁多的诞生仪礼,此外还有烦琐细致的习俗与禁忌,诸如戴锁子、查关煞、寄名等,从中可见人们对于孩子诞生的重视,对于儿童价值的认可。

传统的中国人重生,更重死,重死的表现即重丧。厚葬隆丧几乎是延续了数千年的传统,风风光光地葬入祖坟则是每一个年老者的祈愿。祖坟在中国传统文化中具有丰富的内涵,对于传统社会的人们来说,祖坟是极其重要的存在。滋贺秀三在《中国家族法原理》中精到地论述了祖坟在传统中国社会的重要意义。他指出,祖坟是中国人视祖先和子孙为一"气"的世界观的象征。祖先不是作为个人而生、作为个人而死去的,而是作为无形之气的一个环节而生存过。如果这个"气"在目前许多子孙中繁荣着,那么这个祖先也就继续活在他的子孙之中。像这样的死了而又继续活着的祖先的住处即坟墓。人们强烈关心坟墓要卜在吉地来营造,这一地相的吉凶和管理的良否被认为左右着子孙的命脉。② 在家族主义社会下,祖坟是族人祖先认同、宗族认同的一种物证,也是宗族的一种载体,③祖坟不仅关涉对祖先的缅怀与祭祀,更是关系到子孙的命脉。因此,对于葬入祖坟也有着严苛的要求。

在N村,未成年即夭亡的孩子不得埋入祖坟,而是埋在官地或者少亡陵中。官地,是收埋无主尸骸的墓地,出世不久即死掉的孩子大多扔在这里,在S村被称作义家。除了官地,在N村还有少亡陵,专门埋葬十几岁没有成人的孩子。少亡陵并不是村里的共有财产,是张姓家族的族产,只有张姓家族的未成年人才能埋葬于此地。

> 死了就死了是的,或是七八岁了或是十几岁了,那样的,也就不出殡,也就是弄个席,上官地,专门埋小孩的地方,埋了

---

① 比方说刚结婚,生了个小孩,回娘家走亲戚,添了孙子,就是"出窝"。要打胭脂了,娘家迎接放鞭炮了,打发钱了。"出窝"是生小孩了,满月之后,小孩有几个月大了,娘家有什么好事(结婚之类的),然后小孩去,这就叫"出窝"。没什么事情,自己去也是"出窝",就第一次去是"出窝"。(VSF1934 - 7.19)
② [日]滋贺秀三.中国家族法原理[M].张建国,李力,译.北京:法律出版社,2003.
③ 冯尔康.清代宗族祖坟述略[J].安徽史学.2009(1).

是的。那样的他不上陵,不上老祖陵。没结婚的也有上的,也有不上的。二十多岁的这也上陵了,以前都不上,以前都是老人家上陵。(VNF1939,VN双人访谈-7.4)

在S村,没有发现少亡陵,除了义冢,也有将未成年者葬在田间角落中,或者以小坟头的形式紧靠家长的大坟墓,即所谓"随葬父茔"。未成年死亡者基本上没有丧葬仪式,一般是以简陋为宜,或是钉一个小棺木,或是用草席卷着,穿着随身的衣服当日即下葬,没有停柩之说。在讲究丧葬之礼的传统社会,儿童被剥夺了丧葬仪式,也没有被纪念凭吊的资格。

这些少亡者不仅没有丧葬仪式,不能葬入祖坟,在家谱上也是简略记载,甚至不予记载。滋贺秀三在其《中国家族法原理》中引用了同治四年安徽桐城的齐氏宗谱。①

《礼记》注曰,生三月不为殇,七岁以下无服之殇,伴随至十一岁为下殇,十二岁至十五岁为中殇,十六岁至十九岁为上殇。凡未成殇、无服之殇,俱不书,未成人也。否则下殇中殇,于其父世序下,只书"子某",下书一小"殇"字,后不复杂序。若上殇及二十岁已成人者,俱如常书之。

十二岁以上才有可能载入族谱,即使载入族谱,往往也没有独立的空间,只是附在父亲后且只显示名字。在N村,未成年者,即未结婚而早亡的孩子完全不能载入家谱,而在S村,则只是简单书写。

没有出生年月日,没有字与号,只有简单的"早夭""随葬父茔",未成年死亡者在家谱上几无地位。第三个未成年死亡者的记载之所以相对详细,并占有独立空间,是由于死时已经二十二岁。

与孩子生的张扬形成强烈对比的是死的潦草,没有仪式、没有棺木

---

① [日]滋贺秀三.中国家族法原理[M].张建国,李力,译.北京:法律出版社,2003.

第二章　家族主义取向的童年观念(20世纪30—40年代出生人群)

(有的是小棺木)、没有墓碑、不能葬入祖坟、不能入族谱,在人们的观念中,未成年即死去的孩子不是"正儿八道的死",是不能够纪念的,也是不被承认的,因此,在没有抵达成人的状态之前的童年时期是没有价值、没有意义的。童年在人们的观念中是一段最终要抵达成人状态的过渡时期。

如果说人们对于孩子出生的重视可以看作对于孩子价值、对于童年价值的珍视,那么,人们对于孩子死亡的潦草对待可以看作对于孩子价值与童年价值的忽视。对孩子生的珍视与死的忽视,从表面上看充满着矛盾。实际上这体现了在以家为本位的传统文化中人们对于儿童与童年价值的认识。在以家为本位的传统文化中,人们只重视孩子的工具价值与工具意义。孩子的诞生是家族绵延的大事,人们的喜悦来自对孩子成人的期望,人们期待成人之后的孩子能够传宗接代、光耀门楣。孩子的死亡则损害了家庭与家族的利益,使得传宗接代、光耀门楣成为泡影,在未成年之前,孩子尚未承担家庭责任、尚未为家庭与家族做出应有的贡献,因此,人们不承认他为真正的"成人",也就不值得纪念与珍视。与之相关,童年的意义不在于童年本身,而在于童年是抵达成人的预备阶段。一旦这一预备阶段意外中断,则童年本身的价值与意义便隐匿了。由此观之,在人们的观念中,童年没有独立的价值,其价值依附于成人状态的实现。

四、童年的责任——家庭劳动

在现代童年观念中,童年是一段无忧无虑的自由时光。童年基本上等于免除责任、免除体力劳作、免除为生计而奔波的时期。而在传统时期,事实却并不如此。由于特殊的时代环境,三四十年代出生人群的童年生活中充斥着饥饿、贫困、战争与繁重的劳动。在人们的观念中,童年时期并不仅仅是一段皮疯麻辣(调皮疯狂)不知所谓的懵懂岁月,童年时期也是一段早已体验到生活的艰辛、挑起家庭重担的时期。在人们的观念中,孩子劳动是天经地义的事情,劳动也是童年的责任。

(一) 儿童劳动:家庭生活的需要

20世纪三四十年代的中国农村社会还是基本维持着传统的农耕生活。由于生产力水平低下,生产工具落后,主要依靠人力劳动,加之当时的高生育率,人们的生活普遍贫困,劳动力的数量和质量成为家庭生活的保证。在当时的社会情况下,通常是一对父母抚养六七个孩子,母亲的精力主要用于照顾孩子和操持家务,只剩下父亲一个全劳动力,一个劳动力在生产力低下的情况下养活七八口人,是难以想象的。

这样,家庭劳动的责任势必要在家庭成员内进行分担。母亲成为第一分担对象。要解放被孩子捆住的母亲的双手,只能依靠孩子自己。因此,大孩子照看小孩子成了农村家庭特殊的抚养方式。

孩子是家庭中的一员,孩子与成人在共同的家庭空间中生活,相互扶持,休戚与共。同时,孩子也是家庭分工结构中的一员,并卷入家庭的生产活动中,这一分工,一方面受到父母意志的强迫,另一方面也是孩子的主动选择。在共同的家庭生活中,孩子能够感受到家庭的困顿与生活压力,也会萌发出承担家庭责任、为父母减轻负担的意识。

> 1:俺这些小孩啊都知道没先(以前)艰苦,也知道他爹娘的不易,都很懂礼。都很理解他爹娘。家来就帮补着干活。(VNF1942-7.7)
>
> 2:我到了13那年就得干活了,妈妈死了。不干吃不上啊。(2/VNF1936,VN双人访谈-7.3)

这份非干不可的无奈是家庭生活的需要。对于贫困的多子女家庭来说,吃好穿暖是最首要的需求,而满足这一需求唯有通过劳动。孩子由于年龄与体力的原因,虽然成不了主要劳动力,但是可以减少父母的劳动时间,减轻父母的劳动总量。不独贫困家庭,乡村里有钱地主家的孩子也同样会劳动,对于地主来说,基本的生活保障已经解决,但是不断地积累、不断地买地则是一个永恒的过程。因此,地主家的孩子也会

第二章　家族主义取向的童年观念(20世纪30—40年代出生人群)

投入这一通过劳动进行积累的过程中。小时候家里有着上万箍数田地的VSF1934认为干活是理所当然的责任,越有钱越要干活。

> M:不是说地主家的大小姐都不干活吗?
> 1:干活啊,怎么不干活了。不干活难道一直玩啊,越有钱越干。(VSF1934 - 7.19)

或是感受到了家庭经济生活的压力,或是为了体恤父母的辛劳,或是迫于父母的意志,孩子们主动或被动地卷入家庭劳动中,他们的劳动对于缓解父母的压力、减轻家庭的负担、提升家庭的生活水平有着重要的作用。

(二) 儿童劳动:童年生活的需要

在乡村社会,三四十年代,以至五六十年代的孩子哪一个没有劳动过?劳动与游戏一样,是乡村孩子们童年生活的常态,在人们的观念中,儿童的劳动不是真正意义上的"干活",儿童的劳动与儿童的玩耍并不是截然对立的两端,劳动未尝不是一种游戏。

在人们的观念中,干活指的是下地劳动,锄地、耕种、收割等力气活,而看孩子、放牛、割草等轻快活算不得真正意义上的干活。

> 我没干过活,因为我大,我得在家里看孩子,等到我看大了也就不用干活了。刷碗洗锅还不干吗?(VNF1967 - 7.7)

只有成人或者十几岁的"大人胚子"会在地里出大力,小孩子则在地里干一些外围工作。由于人们并不认为孩子干的轻快活是干活,轻快活就成为孩子们的日常职责。

> 上胡(下田)拾个柴火,那这边吧,全是栗树,没有杨树,上栗树上去掰几个干枝,还有跟着老的上胡里拔草,重活不干,

全是轻活。(1/VNM1932,VN 双人访谈-7.3)

轻快活之所以成为孩子们的日常职责,一方面,由于轻快活是与孩子的年龄和身体条件相适宜的,另一方面,轻快活本身富有游戏的特质,这一特质与孩子好玩的天性相契合,即使是成人看来枯燥的劳动,在孩子的参与下也会变得趣味盎然。

放牛、割草、拾柴火这些总是孩子们的事情。把牛牵到草地上,随它吃去,自己找个阴凉地儿躺下,嚼着草根做着白日梦,睡够了骑在牛背上仿佛自己是个将军。割草的时候总是一大群孩子一起下地疯跑、比赛,快回家的时候忙活着割一点草,回家糊弄父母,少不了一顿骂,第二天还是照样。拾柴火总是秋冬的时候,在田地里围起一堆篝火,幸运的时候在地里摸出个地瓜、土豆之类的东西,烤地瓜、烤土豆,浑身抹得黑乎乎的回家,也是少不了一顿责骂。即便是最没自由、大孩子们最为讨厌的看孩子的工作,孩子们也能从中找出玩耍的机会。

天天就看小孩呀,抱出来,就搁(放)豆地上(地上)玩去了。现在都不兴搁地上,那时候谁管那个啊,放一边,就玩去了。他自己抓土什么的玩是的。以前,我在那边跟老高家一块玩,把小石头砸得溜滑,拾石子。(VNF1933-7.1)

当然,孩子的轻快活并不总是轻松、充满乐趣的,诸如"雾景头里"被父母拎起来推磨,对于每一个孩子来说都是一份头等苦差事。再如小的时候跟着父母下地干活,在好像永远也望不到头的五六亩的花生地里摘花生。

5:我从十几岁就跟着俺大大下胡干活、拔果子。五六亩地的果子。要不我怎么不长的呢?(5/VNF1930,VN 六人访谈-7.4)

然而在人们的观念中,孩子的活总体而言是相对轻快的,符合孩子们的体力与能力,也契合了孩子们闲不住的性子。轻快活,在某种程度上成为一种游戏,或者在孩子的参与下带有了游戏的性质,这与孩子的童年生活有种内在的契合。对于孩子们来说,劳动过程比劳动结果更重要,在劳动的过程中,孩子们寻求劳动的乐趣,并赋予劳动以乐趣,孩子在劳动中,拓展自己的童年体验,丰富自己的童年生活。对于孩子们的童年生活来说,游戏是一种必要,而带有游戏性质的劳动也成为一种必要。

(三) 儿童劳动:教化儿童的需要

处于童年时期的孩子是家庭劳动的帮手,是家庭的潜在劳动力。然而,在人们的观念中,劳动不仅是童年的日常生活,劳动还是教化儿童的需要。人们相信,在劳动中,能培养孩子的劳动能力与劳动习惯,习得社会规范,为将来的成人生活做准备。

在人们的观念中,童年并不是一段与成年泾渭分明的时期,这一时期是把孩子转化为家庭劳动力的过渡时期,根据孩子的身体发育与体力情况,人们分配给孩子不同的任务,从力所能及的轻快活过渡到力气活。童年时期承担轻快活,成人时期承担力气活。无论儿童还是成人,都需要干活,不同的只是劳动的轻重。

在这种意义上,儿童的生活与成人的生活有某种连续性。传统社会的生活是以家庭为单位的,孩子成人之前在家庭这一私领域中的生活与孩子成人之后将要面临的拓展的生活环境没有本质性的差异,面对的是同样一些亲戚邻里,同样一方土地,同样的庄稼,同样的耕种方法与知识,因此,孩子卷入生活与生产过程中即对未来生活的练习,劳动很自然地成为童年时期的责任,也成为人们教化儿童的一种手段。

儿童劳动除了能发挥补充劳动力、减轻家庭负担的作用,还能让孩子养成劳动的习惯,学习劳动的技能,体会父母的艰辛,懂得生活的不易。人们认为,这对于孩子的未来生活是很有必要的。在关于理想孩子的讨论中,人们喜欢勤劳的孩子。勤劳是农业社会的美德,也是农业社会的要求,这一美德与要求渗透到为将来成人生活做准备的童年时期。

  干点也不孬。不叫他干活,他以后什么也不知道,什么也不懂。不干活,不知道辛苦。(VNF1967-7.9)

  在三四十年代出生人群的观念中,儿童劳动是家庭生活的需要,是童年生活的需要,也是教化儿童的需要,劳动成为童年的责任。这一童年责任因时代、社会阶层的不同而发生变化,与现代观念中童年时期免于劳动、免于承担经济责任的童年意识形成鲜明对照。由此观之,童年的责任是社会建构的产物,随着社会的变化而变动不居。

第三章

集体主义取向与家族主义取向并存的童年观念
（20世纪50—70年代出生人群）

第三章　集体主义取向与家族主义取向并存的童年观念(20世纪50—70年代出生人群)

自鸦片战争以降,中国社会遭遇三千年未有之大变局,在西方列强的入侵下,被迫开启了现代民族国家进程,封建帝制的崩溃、民主革命的爆发、民国政府的建立、五四运动的爆发、抗日战争与内战的爆发、新中国的成立,无疑都可称作社会的巨大变革。然而,对于分不清过往军队、拎不清国家政治的底层乡村民众来说,真正的巨大变革一定是关切到土地、关切到个人切身利益、关切到日常生产生活方式的彻底改变。而这一彻底改变则开始于20世纪50年代初的农业集体化运动。集体化时代对于农村社会、对于农民生活的巨大影响如今已经引起学界的高度关注,[①]在这一集体化时代出生并成长起来的乡村民众经历了刻骨铭心的集体化生活。他们的思想、观念、信仰,无一不打上集体化的烙印,并与之相纠葛。在分析20世纪50—70年代出生人群的童年观念时,凸显出新的特质——集体主义取向,与家族主义取向的童年观念同时并存,并相互交织。

一般来说,集体主义与个体主义是一对相对的概念,这对概念被广泛运用于政治制度、经济发展、伦理道德、价值观、社会文化模式等领域。例如集体主义被表述为共产主义道德的核心,是社会主义精神文明的重要标志,[②]在此,集体主义成为国家意识形态的构成要素,有学者指出,作为国家意识形态构成要素的集体主义,与国家层面的治理类型或国家统治模式紧密相关,表现为既是对相应统治类型的理论概括,也为其提供思想意识支持和制度的合理性辩护。[③]

本研究中的集体主义与个体主义的理解主要是在文化研究领域中,在该领域中,这两个概念主要用来进行不同文化群体之间价值与行为差异的比较,例如中国被认为是集体主义文化,而美国则被认为是个体主义文化。但是不容忽视的是,集体主义的文化取向受到集体主义的国家意识形态的深刻影响。

[①] 诸如山西大学中国社会史研究中心从社会史角度研究集体化时代的中国农村社会,社会学者郭于华、孙立平对于合作化时期普通农民的口述史研究。
[②] 郑新立.社会主义精神文明建设全书[M].北京:经济日报出版社,1992.
[③] 董敏志.理性集体主义:国家意识形态的反思与重构[J].江苏行政学院学报,2011(6).

最早提出个体主义—集体主义概念的是荷兰心理学家霍夫斯泰德(Geert Hofstede),他指出,个体主义—集体主义取向的文化反映了人们对其自身及其直系亲属的关心程度,以及在感情上保持对群体、组织和其他集团的相对独立程度。① 霍夫斯泰德认为西方社会是个体主义的,亚洲等非西方社会特别是中国社会是集体主义的。在个体主义社会里,个人之间的联系比较松弛,每个人只关心自己以及自己的直系亲属,而在集体主义社会里,个人被整合进一个强有力的、高度凝聚的内团体中,而这个内团体会终身保护他们,以换取他们的毋庸置疑的忠诚。② 有学者认为,对集体主义的定义,特利安第斯(Triandis)的观点最具代表性,即认为"集体主义"是这样一种文化,生活在该文化下的个体需求、欲望、成就都必须服从所属的群体或组织的需求、欲望、成就。③

展开进一步的讨论之前,我们需要说明家族主义取向与集体主义取向的关系。在一般意义上,我们是把集体主义与个体主义作为一对概念来把握,而家族主义被看作是集体主义,又称为宗法集体主义。例如中国文化就被看作是集体主义文化。但是,研究者在分析乡村民众的童年观念时发现,传统时期出生人群的童年观念与集体化时代出生人群的童年观念有着本质的差异,前者把家族看作思考童年观念的基点,后者则把超越于家族的国家、集体看作思考童年观念的基点。在这里,家族可以看作是初级群体,而国家、集体则被看作是次级群体。在家族主义取向中,人们认同初级群体,并为初级群体献身,导致只知有家,不知有国,被费孝通称为"自我主义",而在集体主义取向的观念中,人们关注超越于自身初级群体的次级群体,这两者有着根本的不同,这一不同也恰恰是中国传统文化的特色,无法纳入简单的集体主义—个人主义的维度中。④ 因此,为了更好地理解与把握中国传统社会的童

---

① 韩中和.品牌国际化战略[M].上海:复旦大学出版社,2003.
② 齐力.个人主义、集体主义与家族主义:三角关系的概念格局[J].市师社教学报,2003(2).
③ 于米.个人/集体主义倾向与知识分享意愿之间的关系研究:知识活性的调节作用[J].南开管理评论,2011(6).
④ 对于家族主义、集体主义、个人主义之间关系的论述详见齐力.个人主义、集体主义与家族主义:三角关系的概念格局[J].市师社教学报,2003(2).翟学伟.中国人社会行动的结构——个人主义和集体主义的终结[J].南京大学学报(哲学·人文科学·社会科学版),1998(1).

第三章　集体主义取向与家族主义取向并存的童年观念(20世纪50—70年代出生人群)

年观念,研究者把家族主义取向与集体主义取向区分开来,作为传统童年观念的核心特征。

因此,本研究中的集体主义取向是指在特定文化中关注次级群体而非个体的取向,个体主义取向意指特定文化中关注个体而非群体(包括初级群体与次级群体)的取向。在50—70年代出生人群的童年观念中,研究者发现,家族主义取向与集体主义取向同时并存,并在乡村社会中出现了分化,对于大多没有接受过系统学校教育的乡村民众来说,家族主义取向的童年观念仍占主导地位,而对于接受过系统学校教育的乡村民众来说,集体主义取向的印记十分鲜明。

第一节　集体化时代的社会生活与童年生活

20世纪50—70年代,中国社会开启了现代民族国家进程的新阶段,发生了翻天覆地的变化,"由国家主导的、以革命运动的形式推进的社会工程和社会试验带来整个社会的改变,也带来普通农民生活和命运的变化"。① 伴随着土地改革,在国家权力的深度介入下②,中国社会进入集体化时代,乡村民众步入从未有过的集体化生活,在这一时代成长起来的人群历经了独特的童年生活。

集体化时代对于农村社会、对于农民生活的巨大影响如今已经引起学界的广泛高度关注,集体化时代是一个中国人民经历激情四溢与彷徨惘然两重变奏的时代,也是中国社会经历变革、发展与痛苦转型的时代。③ 在这一特殊的历史时期,虽然只有前后将近三四十年时间,但是由于国家权力的强力介入,先验性的政治关系嵌入乡村社会④,打破了传统社会的宗族组织、家族主义传统,人情网络的运行也遭到破坏,

---

① 郭于华.倾听无声者的声音[J].读书,2008(6).
② 董敏志.理性集体主义:国家意识形态的反思与重构[J].江苏行政学院学报,2011(6).
③ 邓宏琴,马维强.革命与日常:集体化时代的中国农村社会[M]//集体化时代的中国农村社会[C].山西,大寨,2009.
④ 马维强.红与黑:集体化时代的政治身份与乡村日常生活:以平遥双口村为中心的考察[J].开放时代,2011(8).

乡村民众的日常生活逻辑遭到强力的"速冻",代之以政治逻辑。之所以说是速冻,意指乡村民众的日常生活逻辑虽然遭到全面破坏,但是并未消失,在底层乡村民众的个体层面,他们仍然会以自己的方式对强加的政治逻辑进行重塑,实现局部的"解冻",例如有学者指出,政治身份对村民的社会地位和社会形象产生重要影响,同时乡村传统的道德与经济理性依然是乡村社会日常交往的重要因素①。而后集体化时代,随着国家强控制权力的退场,传统文化的全面复苏与兴起,诸如婚丧嫁娶仪式、宗族祭祀传统的复兴,也表明乡村民众的传统文化与日常生活逻辑并没有被连根拔起,而只是遭到破坏与中断。

斯科特曾经探讨那些试图改善人类状况的项目是如何失败的,他将坦桑尼亚的"村庄化"、苏联的集体化称为20世纪乌托邦式的大型社会工程,他指出那些国家发起的社会工程带来的巨大灾难产生于四个因素的致命结合。对自然和社会的管理制度,即能够重塑社会的国家简单化;极端现代化意识形态,即对于科学和技术进步的强烈(甚至是僵化的)信念;有愿望也有能力实行强制权力的独裁主义的国家;软弱的公民社会,这样的社会缺少抵制这些计划的能力。② 这类重新设计农村生活和生产的大规模的努力往往被描述为"文明化的过程",斯科特指出这实际上是社会驯化的过程③,他强调国家的理性化设计忽视社会或地方的生态、地方知识以及人们的生活实践。④ 乡村民众被裹挟进这一巨大的史无前例的社会改造工程中,建基于自给自足的小农经济基础上的家族主义传统遭到重创,原有的建立于血缘与地缘基础之上的人情网络关系遭到破坏,中国农村社会由以家庭为中心进入以国家、集体为中心的时期。个体的生命历程也发生了转变。

---

① 马维强.红与黑:集体化时代的政治身份与乡村日常生活:以平遥双口村为中心的考察[J].开放时代,2011(8).
② [美]詹姆斯·C.斯科特.国家的视角 那些试图改善人类状况的项目是如何失败的[M].王晓毅,译.北京:社会科学文献出版社,2004.
③ [美]詹姆斯·C.斯科特.国家的视角 那些试图改善人类状况的项目是如何失败的[M].王晓毅,译.北京:社会科学文献出版社,2004.
④ [美]詹姆斯·C.斯科特.国家的视角 那些试图改善人类状况的项目是如何失败的[M].王晓毅,译.北京:社会科学文献出版社,2004.

第三章　集体主义取向与家族主义取向并存的童年观念(20世纪50—70年代出生人群)

一、以集体为中心的艰苦生活

1954年、1956年、1958年这三个时间节点频繁地出现在N村人与S村人的讲述中。乡村民众并不擅长确切时间节点的记忆,这三个时间节点记忆之准确与深刻是少有的现象,也说明了这三个时间节点对于乡村民众日常生活的深刻影响。翻开中国近现代史,这三个时间节点分别对应着农业社会主义改造的三个阶段,带有社会主义萌芽性质的互助组,高级农业生产合作社,人民公社。在乡村民众模糊的时间序列中,这三个时间节点格外分明,它们切实关系到农民安身立命的土地生活。

1953年9月24日,中共中央正式向全党和全国人民公布了党在过渡时期的总路线,提出"要在一个相当长的时期内,逐步实现国家的工业化,并逐步实现国家对农业、对手工业和对资本主义工商业的社会主义改造"。在农业社会主义改造中,即把以生产资料私有制为基础的个体农业经济改造为以生产资料公有制为基础的农业集体经济,中国共产党采取了三个互相衔接的步骤和形式:首先组织带有社会主义萌芽性质的互助组,接着发展以土地入股、统一经营为特点的半社会主义性质的初级农业生产合作社,然后再进一步建立土地和主要生产资料集体化的、完全社会主义性质的高级农业生产合作社。①

N村于1954年开始实行互助组,成立一年之后由于种种原因没有"上一伙去",自动解散了。S村的情况有所不同,S村于1953年开始实行互助组,然而由于1954年罕见的洪灾,人们纷纷逃难,房屋、田地、财产几乎被一扫而空,直到数月后洪水退去才返回家园。在中央1953年《关于发展农业生产合作社的决议》的推动下,至1956年,N村所在的临沂全区有94.4%的农户加入了初级社②,1955年夏季以后,N村所

---

① 资料来源:http://baike.baidu.com/view/218943.htm。
② 参见临沂市情资料库·临沂地区志·农业·农业生产关系变革·农业社会主义改造:http://sd.infobase.gov.cn/bin/mse.exe? seachword=&K=bg&A=1&rec=154&run=13。

在的洪湖县加入初级社的农户占全县总农户的68.7%①,N村所在的临沂地区与S村所在的洪湖县几乎是在同时转入创办高级农业合作社的高潮阶段。1956年底临沂全区共建高级社11 560个,入社农户达139.89万户,占全区总农户的96.4%②,1956年10月,洪湖县高级社发展到521个,71 945户,已占全县总农户的97%。③

1958年,在时间节点的编码过程中,是频次最高的年份,也是N村与S村村民最为频繁提及的年份。与1958年相关的编码事件,有"吃食堂""大跃进""起祖坟""搞集体""孩子出生",除了最后一个事件编码与个体生活有关,前四个编码都指向中国社会改造工程的特殊形态——人民公社。

1958年,中共中央先后发出《关于把小型的农业合作社适当地合并为大社的意见》与《关于在农村建立人民公社问题的决议》,在全国范围内开展人民公社化运动。《临沂地区志》与《洪湖县志》均记载,仅仅20天,两地均掀起了大办人民公社的热潮,实现了公社化,随后掀起"大跃进"运动。如果说农业合作化摧毁了农村社会旧有的土地关系与生产关系,那么国家借助强制政权推行的统购统销的计划经济政策则摧毁了农村社会的市场网络以及相应的经济组织。1953年10月16日,中共中央发出了《关于实行粮食的计划收购与计划供应的决议》,从此开始实施中央高度集中统一的粮食管理体制,以计划购销代替自由贸易。后来,统购统销的范围又扩大到棉花、纱布和食油。乡村民众日常生活的各个方面被纳入计划,处于高控制之中。

"大跃进"运动以及牺牲农业以发展工业的发展战略导致了1959年至1961年的全国性粮食饥荒。《临沂地区志》详细记载了由于1958年全民大办钢铁导致农民主食地瓜丰产不丰收的情况,以致

---

① 洪湖市地方志编纂委员会.洪湖县志[M].武汉:武汉大学出版社,1992.
② 参见临沂市情资料库·临沂地区志·农业·农业生产关系变革·农业社会主义改造:http://sd.infobase.gov.cn/bin/mse.exe? seachword=&K=bg&A=1&rec=154&run=13。
③ 洪湖市地方志编纂委员会.洪湖县志[M].武汉:武汉大学出版社,1992.

第三章　集体主义取向与家族主义取向并存的童年观念(20世纪50—70年代出生人群)

1959年的粮荒。① 对于极度饥饿的记忆成为经历集体化时代以及集体化时代出生人群的集体记忆。

> 那时候咱中国的情况就是一穷二白的国家,生活很艰难……俺都饿着肚子上学。勤工俭学,半日劳动半日学习,在学校里一个大院子,临沂十中呢,在那里边种了一块胡萝卜,也种白菜,也种萝卜,姓张的那个老师都饿(成)什么样啊,他是临沂(市)的,饿得睡不着觉啊,胡萝卜缨(胡萝卜秧),能(弄)点点,洗得干净的,找热水一烫,装点盐,就吃那个。省点个饭票,省点个布票回家好给小孩。就困难(成)那样啊。现在这些青年糟蹋这些东西,俺都怪疼得慌,俺这样的可会过了到现在,不舍得糟蹋,因为我们经历过这些苦,不能说了都。(VNF1942-7.7)

在集体化时期,不仅人们的吃、穿、用受到严格的计划与控制,人们的迁徙自由也受到严格控制。1958年1月,以《中华人民共和国户口登记条例》为标志,中国政府开始对人口自由流动实行严格限制和政府管制。第一次明确将城乡居民区分为"农业户口"和"非农业户口"两种不同户籍,限制农业人口向城市的流动,即便是村与村之间的走动也受到严格限制。

集体化之后,国家权力几乎无所不包地全面控制了农村基层的社会生活,"农民被统合进政社合一的国家组织中,成为'国家农民'"②。

---

① 1958年,全区共种地瓜590万亩,占秋收作物面积的42.3%。由于开展创高产"大跃进",加大施肥量,致使地瓜获空前丰收。后来由于全民大办钢铁,青壮年几乎全部调去从事炼铁和运输生产,村里剩下的尽是老弱、儿童,加之缺运输工具,大批地瓜冻在地里。至11月15日,气温下降,地瓜发生霉烂。仅郯城、临沂、沂水、莒南等7个县就有1亿公斤的地瓜变质,2 750万公斤的地瓜腐烂。主要原因是收获晚,受了冻;收的粗,受了伤;窖内温度过高,储藏量过满;发生了黑斑病感染;等等。加上连日阴雨,埋在地里的和切好未晒的地瓜仍在继续霉烂。群众反映说:"今年地瓜大丰产,可惜没有大丰收。"地瓜是区内当时群众的主食,大量地瓜变质和腐烂,是导致1959年全区人民生活困难的重要原因之一。参见临沂市情资料库·临沂地区志·大事记(1950—1959):http://sd.infobase.gov.cn/bin/mse.exe?　seachword＝&K＝bg&A＝1&rec＝13&run＝13.

② 张鸣.为什么有农民会怀念过去的集体化时代?[J].华中师范大学学报(人文社会科学版),2007(1).

"在政社合一体制下,国家权力对乡村的整合、动员与汲取资源的能力达到了历史上前所未有的规模和深度;每个村民不管是通过党支部还是生产队长,都直接感受到了国家的权力。"①张乐天在人民公社研究的里程碑式的著作《告别理想》中鞭辟入里地分析道:"人民公社建立在自然村落的基础之上,自然村落对于公社具有双重意义。自然村落的天然的稳定性为公社的稳定提供了必要的条件,自然村落的离心倾向却又时时威胁着公社的生存。因此,公社需要为自己的存在提供理由,为自己的发展呐喊。公社需要把平淡的日常生活纳入政治的轨道,需要接二连三地开展阶级斗争。一句话,公社需要以领袖崇拜为中心象征的、具有超经济强制力的、足以有效地规范农民行为的意识形态。这种意识形态可以被看作一种特殊的文化,它从上面输入到村落中间。"②

"从上面输入到村落中间"的特殊意识形态,一方面是先验性的政治关系,它成为压倒自然村落固有的血缘、地缘关系之上的存在;另一方面则是中国共产党推行的集体主义思想,基于走上社会主义集体化道路的需要,中国共产党力图改造农民的小农思想与私有观念,提升农民的共产主义觉悟,把农民塑造成社会主义新人。"针对这一需要,毛泽东认为必须把广大农民培养成为毫不利己、专门利人,有思想、求奋斗、轻物欲、绝私利的全面发展的新人。"③1957年《人民日报》发表社论《用集体主义教育农民》,提出"党的任务是要不断地加强对农民群众的集体主义教育,一步步地克服他们从旧社会带来的利己主义和小生产者的散漫性",并把改造农民的旧意识看作是长期艰苦的斗争。

建基于小农经济基础之上的家族主义思想在集体化时代被视作旧的、需要批判的封建思想予以打击,集体利益高于个人利益、家庭利益,人们对于初级群体的忠诚被改造为对于次级群体的忠诚,加强对于党和国家的认同教育。"国家将个人从个体——祖先的轴线上抽离出来而

---

① 谢淑娟.论人民公社体制下的村庄经济——以解读《通知》为中心[J].中国经济史研究,2006(2).
② 张乐天.告别理想:人民公社制度研究[M].上海:东方出版社,1998.
③ 运迪.中国共产党集体化时代农民教育思想述评[J].前沿,2011(22).

第三章　集体主义取向与家族主义取向并存的童年观念(20世纪50—70年代出生人群)

嵌入在个体—党和国家的轴线上。个体脱离了祖荫,但必须成为模范公民雷锋所说的革命机器上的一颗永不生锈的螺丝钉。"① 为了实现这一目标,国家采取了多种教育手段。集体化生活是培养农民集体生活习惯、提升集体主义思想觉悟的重要方式。除了生产与生活的教育,还进行共产主义理想教育。最为直接的方式就是搞讲话、开会。在不断地开会与讲话中,一个美好的光明的未来在人们的头脑中不断升腾。

> 1:俺小的时候,上初中的时候,说实行四个现代化,点灯不用油,耕地不用牛,走路不小心,苹果碰破了头。
> 2(1的老伴):那都是搞讲话讲的。
> 1:讲话讲的,那时候还没开始。楼上楼下电灯电话,吃小包子喝牛奶,你看小日子拽不拽? 我到这(现在)都想着。哈哈。都是社员开会的时候讲话讲的。(VNF1942-7.7)

此外,在土地革命、划成分、阶级斗争的过程中,不断的政治干预和阶级斗争氛围使得农民的生活保持着一种政治性的紧张状态。这种对于政治的敏感与紧张状态直至今天还在乡村民众的头脑中挥之不去。在访谈的过程中,涉及这一特殊的历史岁月,很多民众总是欲言又止,不时地表达着对于政治正确的顾虑。

> 我觉得我现在就是攀了高枝了,我小的时候都去要过饭。上山前第一回,上铜山第二回,第三回上了石头岭,我还记得是统购统销的那年。刚解放二三年,别写这个。(VNF1942-7.7)

在集体化时代,乡村民众的生活发生了彻底的变革,由原先以家庭为单位的生活迅速转变为以集体为中心的生活。在传统社会,家庭是所有社会活动的中心,家庭不仅仅是经济单位,更是政治与社会文化的

---

① 闫云翔.中国社会的个体化[M].陆洋,等译.上海:上海译文出版社,2012.

单位。进入集体化时代,家庭的这一中心位置由集体取代,确切地说被生产队所取代,生产队替代家庭,成为新的社会单元,发挥着经济单位、政治与社会文化单位的作用。自此,乡村民众开始了"长在生产队里"的艰苦岁月。

  1:现在也就穿的孬点(不好),吃的孬点不来。这一分地,不下胡(下田)啊。你哪有看孩子的空啊。以前就指着长生产队里。不干活不给吃。到了他二叔那么大了,就不挨饿了。有地瓜子了什么的。(VNF1941-7.3)

  集体化生活同时打破了传统社会的家族主义文化,人情网络的运行也遭到破坏。《南方周末》一篇报道指出,划阶级成分可以说彻底变更了农村的社会关系和社会结构。以宗族、学识、财产、声望为根基的旧的乡村秩序被"阶级"这个新概念颠覆了。划阶级成分是对所有农民个人生活和思想的一次介入,它破天荒地在农民的头脑中,将人与人的关系分出"敌、我"界限的阵营,改变了每一个农民看待社会与个人的方法。[①] 集体化时期全国范围内的殉葬改革,包括土葬改火葬与平坟运动,对于乡村民众的家族主义传统与观念世界不得不说是一次彻底撼动。1950年颁布的《婚姻法》以及1955年颁布的《婚姻登记办法》使得原本属于百姓家事的婚姻成为国家的事情,个体与国家的关系在"只知有家,不知有国"的底层民众的观念中起了波澜。"文革"时期推行的"破四旧"运动使得"反封建"的概念深入人心,在访谈中即使是文盲也极力撇清自己与"封建"的关系。

  人情网络的维系是乡村民众日常生活的重要方面,而作为外来嵌入制度的公社[②]则彻底打破了乡村民众人情网络的运行。以生产队为单位的公社生活使得个体紧紧地束缚在土地之上,"日头还没出就上

  [①] 叶匡政.土改学——划阶级成分[N].南方周末,2007-09-13.
  [②] 张乐天在《告别理想:人民公社制度研究》中对于公社作为外部嵌入制度与乡村传统之间的张力进行了出色的论述。

第三章　集体主义取向与家族主义取向并存的童年观念(20世纪50—70年代出生人群)

工,日头落了就下工,还把夜班一开,夜晚还要搞个半夜",再加上不间断的大会小会,农民没有一刻"得闲"的工夫。家庭的生产功能与社会文化功能几乎缺失,农民没有时间、没有精力也没有物质基础来维系人情网络。村里的红白喜事、诞生仪礼、生日寿辰能省则省,即使参加也要向队里打报告,亲戚之间的礼节性互访也降至最少。

阎云翔对集体化时期农村生活的根本变革进行了鞭辟入里的分析。

> 在传统中国社会,个体深深嵌入在家庭网络和亲属关系中,并被它们所界定;在久远的宗族脉络中,个体仅仅代表祖先与后裔之间的一个临时点。新中国成立以后,个体被国家从宗族和社区的权力中解放出来,然后又被重新嵌入社会主义大家庭的再分配系统中,由此每个人属于国家在政治上控制和经济上管理的组织——农村的集体或城市的单位。①

以生产队为单位的集体化生活,在社会关系上,先验性的政治关系成为乡村社会压倒性的关系;在思想上,集体主义思想不断地侵蚀着乡村民众的家族主义传统;在经济生活中,不断地土地劳作成为人们的日常生活。在集体化时期,国家与集体成为超越家族的新的意识形态进入人们的视野。

> 大河里没水,小河里干。国家要是穷了,咱老农民还有什么?国家有,咱老百姓就有了。(VNM1950-7.4)

二、"看不见"的红色童年

50—70年代的童年生活与三四十年代的童年生活有其延续性与共性,诸如对于饥饿的体验、对于承担劳动的苦涩记忆、对于游戏时光

---

① 阎云翔.中国社会的个体化[M].陆洋,等译.上海:上海译文出版社,2012.

的怀念。然而，这一时期的童年生活在集体化的背景下也展现出新的特点。在这一时期出生并成长起来的乡村民众度过了独特的童年生活。这一独特，有无人照管、"看不见"的苦涩，也有懵懂激情的红色记忆，更有疯狂玩耍的游荡岁月。

在以粮食生产为纲、以阶级斗争为纲的集体化时代，成人全天候地卷入抓革命、促生产的热火朝天的运动当中，乡村的孩子们基本上处于"少人管，无人问"的状态。生产队代替家庭成为人们生活的中心，在集体化时代，家庭的抚育功能被剥夺了，底层乡村社会却没有建立起承担抚育功能的体系，没有承担起抚育孩子的责任。即便有记载在农村会举办季节性的幼儿园，但是在N村与S村则是直到80年代才出现了育红班与幼儿园。生产与阶级斗争是人们生活的主题，孩子似乎被整个乡村社会遗忘了，童年这一特殊的人生阶段看不见了。这一时期的童年生活，尤其是早期童年生活陷入比以往更为悲惨的境地。

在"天天突击搞生产"的年代，除了吃饭与睡觉，成人们时时刻刻都在土地里劳作，需要照料的幼儿成为人们生活中的难题，尤其是没有老人照顾的家庭。不出工在家照顾孩子，就没有工分，没有工分就没有饭吃。如果孩子无人照管，又生怕孩子出事。孩子出事是概率问题，而没有饭吃则是大事。于是人们选择了出工，并想出各种方法来解决孩子照管问题。最简单的方法就是把孩子撂在家外边。

> 我跟涛说，我对你待遇多好啊！（他说）那俺姥娘对你待遇不好吗？（我说）你姥娘对我待遇不好，俺是在（河）沿上浑水里长大的，摔着长大的……以前俺真是少人管、无人问的。以前俺家屋后边就是（河）沿，（河）沿都让俺姊妹四个爬得秃溜滑，四个姑也没有看的，俺这些姑对俺娘印象也不好，因为俺娘一来拾了俺姊妹仨，俺奶奶跟俺爷爷都重男轻女，俺婶子一来拾了个小金瓜，偏心偏得那个。俺姑来日子①了，来衣裳

---

① 指定亲，按照N村习俗，定亲需要男方为女方买几身新衣裳。

第三章 集体主义取向与家族主义取向并存的童年观念(20世纪50—70年代出生人群)

了,俺姊妹站门口来,俺姑都光瞪俺。(1/VNF1969,VN五人访谈-6.30)

乡村社会是熟人社会,加之当时的政治氛围,撂在家外边的孩子是安全有保障的,当天气太热或者太冷时,孩子则被锁在家里。

> 那(时候)孩子基本上不像现在的小孩被看得那么重,有的父母亲没有爷爷奶奶照顾的,就把他放在家里,用一个烂锁把那个孩子关在家里,那时候也不管你有没有水喝,有什么的。(VSM1962-7.22)

被锁在家里的孩子,哭了没人哄,饿了没人喂,拉了没人管,人们不胜唏嘘地提到孩子随手抓鸡屎往嘴里塞的情况时有发生。由于无人照料,总会有一些惨剧不时发生。

> 到了往下(以后)热了,她把她那个小孩你说搁哪里啊?搁屋里锁着,在屋里,她二闺女在石灰里爬,在石灰里尿了,把肚皮整个的烧没了。到家来望望,那个哭的,疼死了。你说疼吧?没人看,也没奶奶也没爷爷,你说多可怜啊。(VNF1941-7.3)

为了避免惨剧的发生,有些家长则用绳子把好动的孩子拴在诸如床腿上等地方。很多孩子的童年是被拴住的。由于"少人管,无人问",给年龄稍大、再也拴不住的孩子们带来了整日游荡玩耍的充分自由,相比三四十年代出生的孩子们,集体化时代出生的孩子们享有更多游戏的时间与空间。当然,劳力少的家庭里上十岁、十几岁的孩子还是免不了劳动,也有很大一部分孩子开始走入学堂,但是由于学业压力小,整体而言,整个集体化时代出生的孩子们玩的时间更多,玩的花样更多,出生于这一时期的成人对于玩的记忆也更深刻鲜明,在游戏体验上也更痛快尽兴。

> 生活上比现在差多了,但是要说玩呢,比现在有意思。都上沂河,又是洗澡,玩的多,人多,这现在小孩就好像他不跟他,他不跟他样(彼此不来往,关系不亲近)。捞鱼摸虾。(VNM1975-7.11)

乡土社会的孩童游戏,由于更多地来源于自然环境的馈赠,因此,能历经世代的转变而流传下来。三四十年代的孩子们热衷玩的游戏依然是五六十年代孩子的最爱。诸如钓鱼捉虾、游泳滑冰,又如女孩的游戏跳房子、拾石子,再如男孩子的游戏打陀螺、摔钱锄、打腊门、打拐等等。新的游戏花样也涌现出来,女孩子的游戏踢毽子、跳绳在 N 村基本上是五六十年代才出现。① 也出现了一些新鲜的玩具,诸如正月十五蒸面灯,节庆的时候,大人总是有些空闲,有些有心又手巧的大人会用面粉给孩子蒸一盏面灯,让孩子点着玩,有各种形状的,诸如小兔子、龙、老鼠、牛等。面灯里的莹莹光辉点亮了孩子的童年。

问及人们小时候都玩些什么,大多乡村民众只是一笑,"哪有什么好玩的","就是憨玩罢","都没有些名堂",但是一旦打开话匣子,记忆中的游戏就奔涌而出。

> 小时候玩的花钱买的东西没有,到了十二三,到了平平这么大了,比平平还小,八九岁的时候,小男孩都玩洋火枪,就是铁条子弄的,当顶装上车链子冒上的,一节一节的车链子弄出来,弄上个长针,头上装上个洋车帽砸上,把洋火杆插进去,一扳,啪的一下就响。就是现在小孩玩的小手枪,就是自制的。那时候我搁在家里,让人家给偷去了,何哭(使劲哭)啊,疼得我啊。那时候也玩数星星,翘着腿的过去了,又是什么什么过去了,让你猜猜是谁,你要是猜准了,就开始蒙他眼了。还玩追个追,就是五六个人、七八个人,人越多越好,十个人才好

---

① 踢毽子都还不多,都跳房。跳房,画上杠,跳过来跳过去,你的我的,就那样。(VNF 1962-7.1)

第三章 集体主义取向与家族主义取向并存的童年观念(20世纪50—70年代出生人群)

咦。都围一圈,必须是晚上,这个东西都是晚上玩,拿谁的一双鞋,都腿并着腿,当央(中间)蹲着一个人,拿鞋传,追个追呢。拿着鞋,你传给我,我传给你,叫当央蹲着的人去摸那个鞋,与丢手绢不一样,丢手绢是围着外边跑,追个追,那可玩疯了。他要是上你那里去摸了,我啪地搊(打)他一鞋底,赶紧再丢给另外一个人。我一搊,他还以为在我这里,其实我早就传给你了。还有的不敢搊,怕被逮着了,要是他反应快,就唰地一下被逮着了。你就得上当央挨搊。有的玩一夜,人家一下也不挨搊,有的玩一夜,被逮进去多少回。搊得后背通红。可好了。现在这些小孩都不会玩了。还有骑马打仗。骑马打仗,两个人一伙,三个人一伙,两个队,两个人并着肩,一个人骑我一个肩膀子,骑他一个肩膀子,那头也是这样的,这两个人在上边打,底下找脚踢。哈哈。有的会玩的,叫低头低头,使劲跑跟前,他不掏,那个光忙着掏去了,叫一下子逮着给掀起来了。有的能摔得何咢。现在没有玩的了,稀脏脏。以前都是薄土缸烟(灰尘满天)的,都呛人。那时候也玩摔小泥枪,好去挖那种乌黑的泥,晒干了就像石头一样。还有摔娃娃,用黏泥做的,像碗一样的,看谁的娃娃摔得响,炸的口子大。对方把拿一块泥巴给你补上,直到你的泥输没了。有的弄得太湿了,那不成个。哈哈。想想以前那个好玩啊。那时候同龄的人也多啊。像我这么大的,俺那边就好几十。北头的不敢上南头玩,南头的不敢上北头玩。好几伙子光打仗。(VNM1975 - 7.11)

数星星、追个追、骑马打仗、小泥枪、小火轮、滚铁环……在孩子们无穷的智慧下有无穷的游戏发明出来。其中有一个游戏几乎是每一个集体化时期出生并成长起来的孩子的共同记忆,即在夜晚捉迷藏,N村叫藏蒙蒙,S村叫躲猫猫。在无数个没有电灯也没有电视的夜晚,成群结队的小孩子们围着村庄捉迷藏,欢乐地疯跑着,以对抗沉闷的无聊的漆黑的夜晚。

　　60年代末以及70年代出生人群的童年记忆中有格外亮丽疯狂的一笔,追看露天电影,或者去乡镇电影院逃票看电影。70年代初,为了解决我国农村电影放映工作的落后局面,国务院下发了《关于认真做好农村电影发展工作的意见》,成立公社放映队,以丰富农村人民的精神文化生活。这对于那个文化娱乐活动相对贫乏的时代来说是一个福音,电影似乎点燃了孩子们的所有激情,遇上村里或镇里放电影,不论大人小孩都会奔走相告,即使是相隔十几里路孩子们也会不怕辛苦地追着看,为了看电影,再黑的路也不怕。如果镇里电影院放电影,孩子们总是想着法儿逃票挤进去,一边担惊受怕一边看得兴致勃勃。访谈中的人们很少会讲述所看电影的具体内容,只是不断地描述看电影时的兴奋与激动。

　　　　俺那边有电影院,那时候俺小,七八岁,俺就跟那些小孩都上大礼堂,那不是镇嘛!俺吃完饭,有一个专门放电影的大礼堂,吃完饭俺就去了,人不是得卖票吗?两个大栏杆,俺是小孩,看到这几个大人没小孩,他将走进去,俺拽他衣服就进去了。那时候是为了看什么电影来着,为了看电影,会有提前去放电影的,收拾电影什么的,俺就从大门进去,几个小丫头一块蹲在厕所里,非等到上人了有人上厕所了俺再出去。那时候真热乎啊。(2/VNF1974,VN五人访谈-6.29)

　　谈及童年的总体感受,在集体化时代出生人群的眼中,因为物质生活条件的改善,他们的快乐体验要比其父辈多得多,而由于童年的"无人管、无人问",他们的快乐体验也要比现在的孩子多得多。

　　　　我们那时候的童年还是快乐一点,那时候没有什么作业啊什么的,那时候没有近视眼,我们那个班把高中读完都没有戴眼镜的。我们那时候的童年是无拘无束嘛,没那么多作业

第三章 集体主义取向与家族主义取向并存的童年观念(20世纪50—70年代出生人群)

啊,什么东西的。像他们这一届的,今天竞赛啊,明天考试啊。我们那时候就是一次考试,年终考试。平时把作业交给他了,改呀不改啊我们也不知道。反正到考试那一天考了个60分就行了。(VSM1962 - 7.22)

在讲述的过程中,集体化时代的出生人群纷纷表达着对于过去童年生活的留恋与怀念。在物质匮乏、文化娱乐活动相对较少、一元化的意识形态的环境下,孩子们充分发挥自己的智慧找乐子,在村庄里与成群结队的伙伴一起度过皮疯麻辣的红色童年。

第二节 乡村民众观念中的生育、抚育与教育

进入集体化时期,处于育龄期的乡村民众大多是三四十年代生人,其生育、抚育与教育的行为与观念基本上延续着传统。而出生于这一时期的乡村民众,他们的生育、抚育与教育观念在延续传统的同时,也在发生着改变。这一转变与社会的变迁有关,也与"由上面输入到村落"里的特殊意识形态有关。这一特殊的意识形态强调集体主义思想,强调对于国家与民族的认同,也强调国家的强制权力。

一、生育与生育观——"生孩子是国家的事情"

在传统社会,生育是自然的事情,是"两个人之间的事情",更是关系到家族绵延的事情,新中国成立后,伴随着1950年《婚姻法》的出台,70年代计划生育政策的推行,这一自然的无法计划的事情变成强制的有计划的事情,这一个人与家族的事情也变成国家的事情。

集体化时期是我国人口的生育高峰期,以N村所在的临沂为例,新中国成立后出现两个生育高峰期,第一次人口生育高峰从1950年始,区内人口自然增长率逐年上升,1955年出生率达41.04‰,自然增

长率由 1950 年的 21.08‰ 升至 29.08‰。第二次人口增长高峰始于 1962 年,是年人口出生率猛升到 47.29‰,自然增长率为 35.32‰,此次高峰一直持续到 1972 年。[①] 集体化时期出现生育高峰的原因很多,已有诸多学者进行了探讨,研究者在此关注的是,生育高峰的出现事实上说明这一时期的人们还基本保持着传统的生育模式,多子多福的生育观念仍然盛行。由于此阶段的育龄妇女基本上是 20、30、40 年代出生的,受家族主义传统观念以及社会政策导向的影响[②],传宗接代、多子多福的生育观得以践行。

1950 年新中国第一部《婚姻法》公布后,男女青年开始按规定年龄登记结婚。延续千百年的幼订婚、早结婚的旧习俗开始被破除。到 70 年代,国家开始推行计划生育政策,生孩子也需要国家颁发的准生证明。随着计划生育政策的实行,以及国家对于优生优育、晚婚晚育的宣传教育,乡村民众的结婚年龄普遍提高[③],生育孩子数量也发生了明显的变化。[④]

在国家计划生育政策的干预下,结婚生子本来是自然的事情,却变成了受国家干预、需要理性计划的事情。特别是 80 年代计划生育政策的严厉执行,处于育龄阶段的人群正是 50、60 年代出生的人。这一时期,国家通过教育宣传,并动用国家机器试图以优生优育的文明生育观来改造封建落后的传统生育观。这一时期是乡村民众的传统生

[①] 参见临沂市情资料库·临沂地区志·人口民族·人口:http://sd.infobase.gov.cn/bin/mse.exe? seachword=&K=bg&A=1&rec=102&run=13。

[②] 新中国成立后我国的人口发展基本处于自发状态,"大跃进"时期提倡人多力量大,有人指出 20 世纪 50 年代的社会政策实际上起到了鼓励生育的作用。诸如农业合作化的自留地部分分配按家庭人口多寡而定,国家、集体对于因人口多而造成的生活困难给予补助,严格限制人工流产及禁止绝育等。见马瀛通.我国三次人口生育高峰的形成与比较[J].南方人口,1989(1).

[③] 20 世纪 70 年代,临沂地区结婚年龄一般为男 25 周岁、女 23 周岁左右。1982 年人口普查时,全区 15—24 岁男性早婚率为 10.86%,15—22 岁女性早婚率为 6.6%。1981 年,全区育龄妇女生第一胎的平均年龄为 25.58 岁。见临沂市情资料库·临沂地区志·人口民族·人口:http://sd.infobase.gov.cn/bin/mse.exe? seachword=&K=bg&A=1&rec=103&run=13。

[④] 以临沂地区为例,在 20 世纪 60 年代以来的近 30 年间,育龄妇女生育率下降了 70 多个千分点。新中国成立前平均每一名妇女产婴数在 5 个以上,新中国成立后逐年下降,80 年代一直稳定在 2.24 个水平上。见临沂市情资料库·临沂地区志·人口民族·人口:http://sd.infobase.gov.cn/bin/mse.exe? seachword=&K=bg&A=1&rec=103&run=13。

第三章　集体主义取向与家族主义取向并存的童年观念(20世纪50—70年代出生人群)

育观念与国家计划生育政策的激烈对抗时期,最为激烈的矛盾主要在于国家的计划生育政策压抑了乡村民众基于传宗接代的观念想生男孩的愿望,特别是那些没有生育男孩的家庭。乡村民众切实体验到国家权力对于个人生活的强制性,并以特殊的方式与之斗争。人们的传统生育观念如此根深蒂固,以至在计划生育推行的过程中发生诸多事故,最严厉的时期出现了不少小黑孩、弃婴、送婴的现象。

> 那是(被)政府逼得没有办法了才这样做。他要把你抓走么,人家只有把那小孩丢在市场上,别人捡么,那时候丢小孩的很多。现在有很多家庭的小孩都团圆了,别人都把她放在亲戚家里养大,再就是送给别人缺孩子的。一个女孩的话,别人有两个男孩或者一个男孩就不生了,就送给人家了。(VSM1962-7.22)

由表3-1可以看出,1961年、1964年、1981年、1985年4个年度的统计资料表明,临沂市出生婴儿中男婴比例呈上升趋势。这一上升趋势与70年代开始实行的计划生育政策有着直接的关系,在计划生育政策格外严格的80年代中期,男女性别比例更是高达1.22∶1。

表3-1　临沂地区部分年份出生婴儿性别比例表①

(单位/个)

年份	出生婴儿数	男婴	女婴	男女婴性别比例
1961	170 857	88 425	82 432	1.07∶1
1964	264 220	135 841	128 379	1.06∶1
1981	199 258	103 906	95 352	1.09∶1
1985	156 352	85 882	70 470	1.22∶1

在这种激烈的斗争中,在文明生育观的洗礼下,人们深刻地意识

---

① 资料来源于临沂市情资料库·临沂地区志·人口民族·人口：http://sd.infobase.gov.cn/bin/mse.exe? seachword=&K=bg&A=1&rec=103&run=13。

到,结婚生孩子不再是私人的事情,也是关涉到国家的事情。生育不再是自己天然的权利,孩子也不再是属于父母的私有产品,国家对于个人生活的控制无孔不入,孩子理所当然也是属于国家的。

> 现在有小孩,计生办里一个季度去一回,查查弄弄,现在又换了办法了,月月去,不是有放环的吗,怕又抬了,这回兴(提倡)抬二胎了。现在一个月一进站,超过两天就罚200。结婚就进站,没结婚的成了亲的也进站,登了记就得给大队里说,不给说,就罚钱。这都是没办法治的事。(VNF1954-7.7)

国家推行的计划生育与优生优育的政策在底层乡村推行时遭到乡村民众的抵抗与改造,而乡村民众所持有的传统生育观念也在慢慢发生变化,乃至消解。在不断变化的社会生活环境下,传统生育观念与国家倡导的文明生育观念相互结合,使得乡村民众的生育观念呈现新的特征。

这一新的特征主要体现于人们对于初生儿的性别喜好发生了变化,虽然仍然受到传统重男轻女观念的影响,但是女孩的地位开始提升。一些家庭也开始接受只有女儿的现状。传统的民间风俗在新的社会风气与文化下也慢慢发生了变化,从中可以窥得人们生育观念的变化。以诞生仪礼为例,在N村生了孩子都会在房门前挂红子。按照传统,男孩会挂弓和箭,女孩只挂弓,不挂箭。大概从80年代开始,生了女孩也开始挂起箭来。

> 出红子人家就知道这家子是生小孩了,知道是小男孩小女孩了。男孩吧,就挑上弓箭,小女孩就光插上个明钱,顶上块布就算完了。小女孩只有弓,没有箭。现在男女都一样了,也有弓也有箭。也有书本子也有蒜。(VNF1941-7.3)

在旧时,男孩为出生12天之后送米糖,女孩为9天。现在不论男女一律12天。

第三章 集体主义取向与家族主义取向并存的童年观念(20世纪50—70年代出生人群)

> 1:没年(以前)重男轻女,小丫头就是9天送米糖,小小子12天,现在你望望男女平等了吧,都是12天了。每年就得分开。
> M:那从什么时候开始小丫头跟小小子都是12天的?
> 1:也就从你(1986年生)以后吧。我来的时候都还不行。从坤(1991年生)那时候开始逐步地男女平等,小丫头、小小子同一天送米糖。(VNF1954-7.7)

家谱的记载也发生了变化,在旧时家谱一般只记载家族出生的男性,女性不上谱。新中国成立后,随着女性地位的提升,特别是计划生育的实施,独生子女增多,人们意识到女孩同样是家庭的成员,不满于原有只登记男性不登记女性的续谱方式,因此,女性开始在家谱中出现。

> 俺那个家谱一开始弄的时候是光弄男的,后来咱姓张的各个地方又提出意见,因为都是独生子女,那人家也是这家子的人口啊,又添的。就这么个事。家谱上也有女的了。要是人家没有小男孩的,你不给人家弄,行吗?我去弄的,弄了好几个月。(1/VNM1939,2/VNF1942,VN两人访谈-7.9)

民间风俗的变化反映着人们生育观念的变化,这一变化受到多方面因素的影响。首先得益于国家层面的教育宣传。在传统观念中,儿童是属于家族的存在,人们强调家族血脉的绵延,儿童与童年的意义是以家为本位的。而在现代国家宣扬的生育文化中,在集体主义意识形态的导向下,国家替代了家族的地位,儿童首先成为属于国家的存在,以国家为基点来衡量儿童的价值,则消解了男孩女孩的性别不平等。不论男女,儿童都是祖国的花朵,国家的接班人,民族的希望。

> 女孩男孩都是祖国的花朵
> 女孩男孩都是民族的希望
> 女孩男孩都是未来的接班人

> 男孩女孩一样强,长大都能做栋梁
> 生男生女同样好,儿女都是传后人
>
> ——农村计划生育标语

单纯依靠国家意识形态的宣传并不能撼动乡村民众根深蒂固的传统生育观念,能否深入乡村民众的观念,进而移风易俗,还要与日常生活中民众的利益诉求相契合。真正推动民众观念变化的正是关切到民众切身利益的日常生活层面的变化。例如养老保障机制的变迁。农村的养老保障体制刚刚开始起步,而50—70年代的子女有一部分已经走出农村,进入城市保障体制。这一变化促进了乡村民众传统观念的改变。一位出生于60年代具有高中学历的男性敏锐地看到了这一点,指出社会福利好之后,生男生女无所谓。

> 传统的观念是生男孩好,其实无所谓。要说传宗接代还是生男孩好,这是社会制度决定了这些。孔老二的思想,三从四德,不就是重男轻女了。要是从社会发展的方向来说,就无所谓了。以后都生一个,光生男的不生女的,不就完了吗?现在社会福利好的,那不那么多大学生选择不要小孩。
> (VNM1963-7.1)

而另一位没有读过书的60年代的女性也同样意识到了这一点,提到对于"吃地"的"庄户准儿"来说,还是生男孩好,老了有依靠。要是"吃公家"的就无所谓,老了有退休金,没有养老的顾虑。

> 小女孩再多是人家的人,俺大伟罚了1500,这现在还是拾小男孩好,小男孩小女孩吃公家的就无所谓了,就是这样的庄户准儿。吃公家也是想要小男孩,就是没有办法。那景其他闺女,人家在梅部,在王店子教学,他就生个小女孩,长得那老高,才将十几,十三还是十四,俺拉闲呱的,他

第三章 集体主义取向与家族主义取向并存的童年观念(20世纪50—70年代出生人群)

娘说你给打听打听再拾一个小孩。说他儿说,你自己有儿,我把你送胡里,翠翠上学都是第一名,翠翠要在家里就在家里,不在家里我到时候有退休金,我不用掉在庄户里,吃地。人家就这样说的。

M:吃地?

1:要种地不就得吃地吗?要是吃公家不就都一样吗?要是蹲家里这样的,学俺这样的,不能干不就毁了吗?(VNF1962 - 7.1)

正是由于对于"不能干就毁了"的担忧,人们希望养儿防老,养女之所以不能防老,主要在于在过去的乡村社会,嫁出去的闺女如泼出去的水,女儿很少有机会回娘家,贴补娘家的生活,照顾父母的饮食起居。如今随着婆媳关系的逆转,婆家与媳家地位的变化,嫁出去的闺女也可以回来照顾老人。人们慢慢发现女儿是"贴心的小棉袄",女儿比儿子更细心、更体贴。这也在一定程度上导致人们重男轻女的观念发生变化。

1:要是以前那个时代还不是说这个女孩读了书了也没有用,总是嫁到别人家去的,是不是的呀?不读书也是嫁给别人,读书了,你又花钱了,还是嫁给别人,起不了作用,白花钱。

M:起不了作用指的是不能对自己家里有贡献,是吧?

1:嗯,就这个事。现在的女孩的话,就有贡献,是不是滴呀?像你以后读书工作了有钱了的话,你照样可以给爸爸妈妈钱。(VSF1949 - 7.22)

在乡村民众的生育观念中,生孩子是国家的事情,并不是说生孩子不是自己的事情,不是家庭的事情,而是在这一时期,生孩子是国家的事情这一从未有过的观念开始出现在人们的意识中,并随着社会生活的变化,与传统的生育观念相互作用、纠葛并不断地变化。①

二、抚育与抚育观——由"拉哺"转向呵护

集体化时期出生的人群经历了"无人管,无人问"的红色童年,他们的子代基本成长于集体化时代末期与后集体化时代。由于这"无人管,无人问"的苦楚,由于这"不能拉了"的痛苦,使得乡村民众竭尽全力为孩子创造良好的生活环境,不能让孩子再"遭罪"。随着社会生活的变迁,乡村民众从其幼时习得的抚育观念在新的社会背景下发生了变化,最为显著的变化即从"拉哺"向呵护的转变。在三四十年代出生人群的观念中,孩子拉哺大了就行了,没有条件也没有能力对孩子进行精心的照顾。进入后集体化时代,一方面随着社会生活条件的提升,人们有能力为孩子付出更多的时间与精力;另一方面在现代观念的影响下,尤其是国家优生优育政策的引导与计划生育政策的控制,使得子女数量变少,在50—70年代出生人群的观念中,孩子的成长得到越来越多的重视,人们对孩子投入更多的关心与爱护。

> 现在小孩什么都不用管,这么大的了,老的还是不放心,骑个车还是不放心,小时候谁管你来。随你跑啊,你晚上不家来也没人管你。这个出去了一会,就得找找,上哪里去了。心里想着去找啊,那时候谁找你啊,没人管你,晚上玩够了就家来了。(VNM1973-7.8)

这位"70后"的父亲对比小时候的无人关心,谈起自己对孩子的诸般不放心。这一"不放心"表达了成人对于孩子的爱护与牵挂。而下面一位有着三个孩子的"50后"母亲由于大儿子出生时特别瘦弱,因此一直呵护有加,六七岁了还嚼着东西喂他,长大了也不舍得让他干活。而

---

① 诸如人们理想的生育孩子的数量已经发生了变化,20世纪50—70年代出生人群普遍希望有两个孩子,一男一女,这实际上体现了传统生育观念在新的社会条件下与现代生育观念的新型结合。

第三章　集体主义取向与家族主义取向并存的童年观念(20世纪50—70年代出生人群)

孩子因为懒惰不干活,被打了一顿她至今还记在心头。

> 他刚出生的时候瘦,小,他下生的时候才刚3斤,六七岁了我还嚼着东西喂他。他光跟着他爷爷在临沂帮忙,家来俺都不舍得叫干活。因为不给我拔稻地里草,叫我揍了一老顿。(VNF1956-6.30)

50—70年代出生人群对于孩子呵护态度的转变,也体现在人们对于孩子内心感受的记忆。在30、40年代出生人群的讲述中,人们对于自己孩子童年往事的记忆大多局限于孩子的外显行为,很少触及孩子的心理感受。诸如对于孩子闯祸、饥饿、调皮的记忆。而50—70年代出生人群开始关注孩子的内心世界,体会孩子的内心情感。

> 天来嘴巴不是那样吗(兔唇)?就带去医院,天天雾景头里(凌晨)早去。我忙得了不得,我种了好几亩西瓜,时来就哭。那时候也就三岁半,我就说了,咱忙得了不得,还得喂猪,还有那老些地。我就给时来说,你哭你哭是的,您爸爸带你弟弟走了,你再哭,我就走,我说。我看你怎么弄。天天也不哭了,天黑了爬床上就睡觉了。过了好几天他说什么,妈妈了,你跟俺爸爸说,让他带俺弟弟回来,你说来不哭了。那时候正好三岁半。真喜人。(VNF1964-7.1)

> 那时候她也就两三岁吧,我看她一下午光蹲地上玩什么。我过去看看,手里逮着一个蚂蚁玩,我问她干什么呢,她说她研究研究这个蚂蚁。你说,喜人吧,她说研究研究这个蚂蚁。要不我说来,这小孩将来有出息,就供她上学,这回不上出来了嘛!(VNM1953-6.30)

> 当时一中的录取通知书送过来的时候我们还在搞双抢,他报名的时间也抓得很紧,那几天我们就抓紧时间搞双抢,他也帮着插秧,帮着把秧插完就去报名了。我觉得他那个时候就很

懂事了。因为要是像别的小孩13岁、14岁的话，根本就是什么事都不管，不考虑任何事情，因为他到那时候就有一个理想了，他自己心目中有个理想，只是没有表达出来。(VSF1962 - 7.15)

三岁半孩子对于亲情的渴望、两三岁孩子要研究蚂蚁的志向、十三四岁孩子心中的理想，被关注孩子的父母们敏锐地捕捉到，给予细心呵护，并在心中留下了持久的印象，直到十几、二十几年后他们还津津乐道。人们慢慢觉察到孩子也具有自己的内心世界，并不是全然无知的被动个体。

与此同时，人们的断奶观念也发生了变化。在过去，哺乳是一个自然的过程，断奶也是一个自然的过程。在人们的观念中，并没有孩子何时断奶的意识，只是顺其自然，有的由着孩子喝，甚至喝到了五六岁，有的随着怀孕，自然也就断了奶。在50—70年代出生人群的观念中，科学哺乳、科学断奶的意识开始出现。孩子的断奶时间逐渐提前，断奶首次有了科学的时间节点。当问及人们为何过去断奶时间普遍偏晚时，人们给出的答案涉及两个方面：一是由于生活条件落后，没有比母乳更适合孩子的食物；二是由于当时的哺乳观念还不"科学"。

在那个时候还不科学，那个时候也没有零食，没有牛奶。根据这个时代不同，所以说不科学了，没有零食，也没有牛奶，只能吃人奶了。那个时候哪里有钱去买这些了。(VSM1953 - 7.22)

在三四十年代出生人群的观念中，哺乳时间越长，孩子得到的营养越多，长得也就越壮实。而在50—70年代出生人群的眼中，人们的观念逐渐转变，哺乳时间并非越长越好，随着时间的推移，母乳变得越来越没有营养。

有的人说奶是好东西，有的小孩不掐奶就不肯吃东西，就

第三章 集体主义取向与家族主义取向并存的童年观念(20 世纪 50—70 年代出生人群)

跟吸大烟一样,就光吃奶。这现在小孩有的不到一岁就掐奶。掐了奶肯吃饭,光喝那点奶,没有什么营养。有的老的吧,给小孩喝的时间长,给你说可别给掐啊,其实奶也没什么营养。你不掐,他不吃饭。喝奶时间长了也不科学。(VNF1964 - 7.1)

这一"科学"的哺乳观念是如何进入乡村民众的视野呢?这一科学知识向乡村民众的扩散经由了怎样的路径?又如何获得了"科学"的名义?七十年代甚至八十年代出生的孩子有很大一部分断奶时间仍然较迟,说明在 50—60 年代出生人群的观念中,传统断奶观念仍然占主要地位。在访谈中,推动人们断奶观念发生变化的有两条线索,其一为现代医院医学知识的输入,其二为电视、出版社等大众传媒与学校等传播知识机构的影响。

那时候我有病,我上人民医院看病,浑身稀酸、难受,说这小孩多大了,我说五六岁了,说喝妈吧?说喝。说哎呀那么大了还叫他喝。说奶就跟血一样,你的油水全叫他喝了,说白给他喝了。家来我就给他掐了。(VNF1942 - 7.7)

这位出生于 1942 年的乡村女性,最小的孩子出生于 1975 年。80 年代初她在临沂市人民医院医生的建议下,意识到需要断奶的"科学"观念。专业化的医学知识作为一套超越于乡村民众日常生活与知识经验的话语与实践,顷刻之间击溃乡村女性旧有的抚育观念。"医院""医生""医学知识"由于自身的专业性凌驾于乡村民众本土的经验与知识之上,在乡村民众的观念中进行着科学知识的再生产。

1:以前老年人都说喝时间长了好,身体壮。俺家小孩能喝的都喝到四五岁。现在年把就都给掐了。
4:电视上科学说喝奶就 6 到 8 个月,才标准咪。顶多 10 个月。

1:那喂什么啊？

4:喂饭啊，奶粉啊。

1:买奶粉不得钱嘛，咱老百姓根本不行。

4:现在小媳妇哪有喂多的，喂1年就不喂了都。顶多是1年半，有的10个月都不到。（1/VNF1945,4/VNF1960,VN 六人访谈-7.4）

以上二人的对话围绕断奶时间的长短，1为40年代生人，坚持认为较长的哺乳期对孩子比较好，4为60年代生人，坚持认为较短的哺乳期好。前者的理由来自老年人的传统知识，后者的理由则来自电视上的科学知识。两人的争论最后没有形成一致的意见，仍是各持己见。在4/VNF1960看来，"电视上科学说的"是标准，她把"电视上说的"等同于"科学的"，也等同于"标准的"，进而摒弃了"老人说的"本土知识。在其观念中，"电视上科学说的"具有不证自明的正确性，表现出了对于上辈流传下来的传统知识的否认与背离。基于科学的现代的抚育观念逐渐开始占据上风。

人们对于断奶时间长短的关注及其观念的变化实际上也是人们呵护孩子的体现，在三四十年代出生人群的观念中，断奶是自然的事情，同时也意味着断奶是不经过思考、不加关注的事情，集体化时期出生并成长起来的乡村民众，在历经集体生活的洗礼、现代观念的激荡后开始关注断奶的"科学"时间，体现了人们对于儿童的关注与呵护。

三、教育与教育观——对学校教育的重视

中华人民共和国成立，摧毁了封建的社会秩序，乡村社会与国家之间建立了新的联系。国家通过对土地所有制等经济制度的改造和意识形态的动员，建立了以集体经济为基础的"集权式乡村动员体制"，国家行政权力冲击甚至取代了传统的社会控制手段。[1] 伴随这种"政权进

---

[1] 于建嵘.岳村政治：转型期中国乡村政治结构的变迁[M].北京：商务印书馆，2001.

第三章　集体主义取向与家族主义取向并存的童年观念(20世纪50—70年代出生人群)

村"进程的,则是正规建制的教育机构进村。[①] 新中国成立伊始,国家倡导改造旧教育、建设新教育,对旧有的乡村教育进行了接管和改造,确立了"民族的、科学的、大众的"方针,确定教育为工农服务的方向,改革课程和学制,旨在培养"有社会主义觉悟的有文化的劳动者",乡村教育的现代化进程由此开始,并推动着人们教育观念的变迁。

现代学校教育进入S村与N村村民的视野是在新中国成立初期的20世纪50年代。1951年,S村成立了第一所乡村小学,在私塾里读书的孩子们开始在新学校里读"新社会的书"。由于1954年遭遇了25年罕见的大水,校舍被冲毁,于1955年重建。而在N村,由于村庄规模较小,第一所现代乡村小学迟至1958年才成立。这一乡村小学的成立可以说是借了1958年"大跃进"刮起的"东风"。

> 1958年,受"大跃进"运动的影响,区内小学发展过快。当年底,全区公办小学达10 114所,在校学生709 774人。[②]

而在之前的1957年,全区公、民办小学5 980所,在校学生410 099人,仅仅一年,学校数量增加了一倍多。N村小学正是"区内小学发展过快"的产物。为了彻底完成社会主义革命,为了适应社会主义建设的需要,1956年9月,中共八大的政治报告提出"文化革命"的任务,要求十二年内分区分期普及小学义务教育。1958年,中共中央、国务院《关于教育工作的指示》提出多快好省地普及教育,将党的教育工作方针确定为教育为无产阶级的政治服务、教育与生产劳动相结合,并把普及小学义务教育的目标进一步提前,"全国应在三年到五年时间内,基本上扫除文盲、普及小学教育、农业合作社社社有中心和使学龄前儿童大多数都能入托儿所和幼儿园的任务"。教育界的革命由此掀起。

在乡村民众的记忆中,这即毛泽东提出的"三里不要空白村"。

---

① 熊春文."文字上移":20世纪90年代末以来中国乡村教育的新趋向[J].社会学研究,2009(5).
② 资料来源:http://sd.infobase.gov.cn/bin/mse.exe? seachword＝&K＝bg&A＝1&rec＝621&run＝13。

> 那时候庄上没学校,要去塘崖上。等到五八年搞普及的时候,毛主席说的三里不要空白村。别管庄多大,三里之远就必须有学校,为了方便学生。(VNM1947-7.6)

"三里不要空白村",即在每个村庄建立一所民办学校,这一目标早在1950年即已公开宣称,这一宣称意义非同寻常,它标志着中国历史上第一次由政府宣布在最低一层的村庄普遍建立正规的现代教育组织。① 作为现代性生成的重要组成部分②,现代学校在底层乡村的确立也标志着乡村现代化进程的启动。

N村的第一所现代小学由一位1939年出生的高小毕业生③举办。新成立的小学面临诸多问题。首先是物质资料的匮乏。新建立的学校甚至没有固定的校舍,只在闲置的房屋里上课,也没有课桌椅。孩子们需要从家里抱着板凳来上学,放学后再抱回去。没有纸张和铅笔,最初在红盆底上用粉笔写字,再后来用粉笔在石板上写字。再到后来写作文的时候用粉笔在石板上写,写完之后,再誊写到本子上。

> 那时候是黑屋子、土台子呢,哪有正经辗儿(正经地方),也有在牛栏教过,在徐泽芳的锅屋里教过。这换那换的。一眨开始,我教的那些小孩,找个盆底子,找个红盆,买根粉笔,后来又发展到石板,破的石板渣子磨磨,磨得许尖(很尖)再使。作文呢,就在石板上写,写完呢就再朝本子上抄,就这样治的。(VNM1939-8.1)

与当时全国师资水平偏低相一致,N村的师资条件也相当落后。从1958年至1976年,这18年间仅有一位高小毕业的教师。由于物质资料的匮乏与教师资源的有限,N村的小学只能是"初小",只有一年级

---

① 熊春文.“文字上移”:20世纪90年代末以来中国乡村教育的新趋向[J].社会学研究,2009(5).
② 王铭铭.教育空间的现代性与民间观念:闽台三村初等教育的历史轨迹[J].社会学研究,1999(6).
③ 20世纪50年代,小学曾分为初小与高小,初小为小学1—4年级,高小为5—6年级。

第三章　集体主义取向与家族主义取向并存的童年观念(20世纪50—70年代出生人群)

到四年级,四年级结束时通过考试的学生则需要去其他村上高小,即五年级和六年级。当时入学的孩子已经按照年龄以及文化基础进行了简单的年级划分,由于 N 村迟至 1958 年才开始开办第一所小学,因此此时入学的孩子大多十几岁,年龄不等。又由于当时入学的孩子数量相对较少,所有孩子加在一起也才够一个班额,因此 N 村小学的教学组织方式为一种特殊形态的班级授课制——复式教学。即在一个班级内有不同年级的学生,教师则轮流给不同年级的孩子上课。

> 最早就是景润老师自己,教复式班,这一个屋子里吧,这五六个人是一年级,那七八个人是二年级,还有的三复式的,还有三年级的几个人,教完这边转过头来教那边,都在一个屋里。(VNM1947 - 7.6)

N 村小学逐渐"正规"始于 70 年代。70 年代初,N 村又增加了两名民办教师,"大张老师"与"小张老师",70 年代中期则来了一位公办教师,任教五六年之后即退休,教师多了,学生也多了,也有了专门的校舍,复式教学模式废弃,真正意义上的班级授课制开始实行,随着制度体系的进一步完善,N 村小学慢慢走上了正规的发展道路。

关于课程内容,1958 年同样是一个时间节点,1958 年之前为带有现代教育特征的语文与数学两门科目,而 1958 年在国家提倡勤工俭学之后进行半工半读的课程模式。虽然 N 村直到 1958 年才开办乡村小学,但是邻村,诸如塘崖、薛庄均在 50 年代初即已开办乡村小学。1958 年之前的课程内容则可以通过 N 村当时到邻村读书的老年人的回忆获得。1958 年之前的教学内容,废除了经书诵读,主要为语文与数学两门科目,教材内容则按照难易程度进行划分,循序渐进进行教学。在乡村民众的回忆中,当时的语文教学密切联系乡村社会环境,并以浅显易懂的儿歌形式进行,朗朗上口,很受孩子们的喜爱。乡村民众至今还记得第一课的生动内容。

1：第一本书上第一课"小三到哪里去?"第二课是"大娘我上你家去"。

2：俺上学的时候第一课就是"开学了"。第二课是"我们上学"。

1：大羊小羊的那课也挺好的。

2："大羊大,小羊小。大羊领着小羊山上跑。"那是早几年,小树比我大七岁,新中国成立之后,开学上的。我也是十二三上学。(1/VNM1939,2/VNF1942,VN 两人访谈)

1958 年 1 月,共青团中央发布了《关于在学生中提倡勤工俭学的决定》,乡村小学开始进行半日劳动半日学习的教学方式。下半年,由于当时片面理解毛泽东提出的"教育为无产阶级政治服务,教育与生产劳动相结合"的指示精神,开始组织学生开挖矿石,大炼钢铁,在劳动时间和劳动强度方面失去控制,打乱了正常的教学秩序。而到了"文革"期间,小学教育则遭到严重破坏。学制由 6 年改为 5 年;教材被任意删改;工(耕)读小学全部下马;1968 年,把公办小学全部下放到大队来办。[①]

1978 年,教育部颁布了《全日制小学工作条例(试行草案)》和《小学生守则》,从此小学教育走上了健康发展的轨道。

伴随着现代学校教育在 N 村的生根发芽,N 村的扫盲运动也搞得轰轰烈烈。扫盲运动是新中国成立初期,由中国共产党领导的主要面向社会下层的群众运动,旨在提升人民的文化素质,巩固人民民主政权,发展社会主义经济。扫盲运动实际上是基于国家政权推动的对于乡村民众的政治改造、文化改造与思想改造,即以先进的社会主义文化与政治意识来改造乡村民众愚昧的、落后的、封建的思想观念与意识形态。

1950 年 9 月 20 日,全国工农教育会议召开,确定开展扫盲教育,

---

① 资料来源：http://sd.infobase.gov.cn/bin/mse.exe? seachword＝&K＝bg&A＝1&rec＝621&run＝13。

第三章　集体主义取向与家族主义取向并存的童年观念(20世纪50—70年代出生人群)

明确工农教育的基本任务,即一方面是根据各地区实际,有计划有步骤地开展识字运动,逐步减少工农群众中的文盲;另一方面是进行工农干部的文化教育,培养工农知识分子。工农教育的方针是,以识字和学习文化为主,同时进行政治时事和生产技术的学习。[①] 具体的扫盲方式则以冬学、举办识字班、业余学校为主。新中国成立伊始,教育部发出《关于开展一九四九年冬学工作的指示》,要求在全国农村普遍推行冬学。1952年5月24日,我国开展大规模扫盲运动,扫盲运动的高潮一直持续到50年代末。《临沂地区志》对于这一时期扫盲运动的发展进行了详细的记载。

> 从新中国成立到1957年,全区共扫盲272 062人。1958年"大跃进"中,农民教育曾提出"奋战百日,基本扫除文盲,实现无盲县"的口号。三年困难时期,全区农民教育基本处于停顿状态。1963年后又逐步恢复,并在扫盲班的基础上,创办了一批业余小学和业余中学。1965年,全区参加各种业余学校学习者793 519人。1963—1965年,各类业校共毕业113 497人。"文革"前期,区内农民教育停办。1972年后虽办了一批政治夜校,但多以学"语录"、开展"大批判"为主。1978年10月,国务院下发234号文件,对个人脱盲标准、单位非盲率均作了规定。地区成立了工农教育委员会,加强了对扫盲的领导。至1979年6月,全区共扫除青壮年文盲1 512 009人,加之原有脱盲人数、社会知识青年和在校学生,全区青壮年非盲率为总人数的86.27%,达到了国务院规定的非盲率85%的要求。[②]

---

① 张莉.新中国扫盲运动与国民改造:以江苏省20世纪50年代扫盲运动为中心的考察[J].江苏地方志,2009(5).
② 参见临沂市情资料库·临沂地区志·教育·农民教育:http://sd.infobase.gov.cn/bin/mse.exe?seachword=&K=bg&A=1&rec=626&run=13。

童年观念的变迁：基于乡村民众的视角

扫盲运动，在乡村民众，尤其是乡村女性的记忆中有着深刻印记。通过冬学与识字班，乡村民众不仅认字了，也"明理"了，扫盲运动，对于乡村民众来说，不仅是文化启蒙，更是政治启蒙，在以识字为主要形式的教育下，知识、教育、国家、集体、共产党的观念开始深入乡村民众的头脑中。

随着现代学校教育在N村的确立与发展，随着50年代的扫盲运动[①]，乡村民众的观念发生了根本性的变化，不仅实现了经济上的翻身，也实现了"文化上的翻身"。再加上改革开放、家庭承包联产责任制以来农村与城市社会生活、政治经济的巨大变化与冲击，人们的教育观念与教育行为也发生了显著的变迁。如果说三四十年代出生人群对于读书的认识与意识相对比较粗浅，那么50—70年代出生人群则开始重视读书，重视学校教育在孩子成人过程中的重要作用。在乡村民众的观念中，现代学校教育并非一开始即具有毋庸置疑的正当性，而是在乡村社会的境脉中不断地与乡村民众的本土观念进行博弈互动。

（一）"上学上傻了"

"上学上傻了"，是N村人对于学生的典型评价。这一评价透视着乡村民众对于现代教育的认识。上学，即为了学知识、长学问，为何在乡村民众的眼中，读书反而读傻了呢？

> 现在有些小孩上学都上傻了，连个话也不会说，见个人也

[①] 事实上在抗日战争时期，临沂地区即陆续开展了以冬学（夜校）、识字班（午校）、常年民校为主要形式的民众教育。冬学运动，既是群众性的文化翻身运动，又是群众性的政治教育运动。时间一般从11月至翌年2月。文化学习与政治教育相结合是冬学的办学方针。冬学运动强调生产、战争、认字三者密切结合，明理第一，认字第二，根据地各个时期的中心工作，如建军、建政、反"扫荡"、双减、大生产运动、土改等，多是通过冬学贯彻发动的，斗争实践使冬学成为群众运动的一个有机组成部分。冬学的组织形式以夜校和识字班为主。上夜校者多为男性青壮年农民，中午到识字班学习者多是青年姑娘，久而久之，"识字班"便成了沂蒙山区根据地内青年姑娘的代名词。其办学形式因地制宜，灵活多样，除了组织冬学（夜校）、识字班（午校）外，还有儿童班、大嫂班和老头读报组等。冬学运动提出了"以民教民"，要求做到"每个识字的都能教人，每个不识字的都有人教"。实践中，群众创造了许多行之有效的学习形式，如夫妻、兄弟姐妹互教互学、识字岗、识字牌、黑板报、见物识字等。参见：http://sd.infobase.gov.cn/bin/mse.exe?seachword=&K=bg&A=1&rec=626&run=13。

第三章　集体主义取向与家族主义取向并存的童年观念(20世纪50—70年代出生人群)

不吱声。(VNF1964-7.1)

上学上傻了就是什么都不会干,不懂人情世事。(VNF1967-7.9)

非常幼稚,老师教的一套不适用。老师教的一套的话,在社会上就像是人工饲养的动物一样的,不适应大自然。是这样了,太单纯了。老师教育教傻了,特别是胆子小一点的。老师教的一套都是太正面了,他没有告诉你怎样认清这个社会,社会上还有丑恶的东西。(VSM1963-7.21)

乡村民众评判孩子"傻"和"聪明"的标准是什么呢? 在访谈中,我们发现,人们眼中的评判标准,不是学业成绩,不是先天的智力水平,不是超越于地方的普遍性知识,而是待人接物与做事的能力,是对于乡村社会文化与人情的恰当体悟与反应。这种体悟与反应可以看作是一种缄默知识,这种缄默知识只能在面对面的日常实践中获得,是浸淫在日常生活中不自觉地形成的态度、观念、行为与性情倾向。诸如在面对不同关系的人与不同的情境时,如何"讲场面话",诸如对于人情世事的通晓,再如对于体力劳动技能的敏感性,等等。然而,现代学校把孩子区隔起来,分离于一般社会和传统社会的地方性知识之外,依顺民族国家提供的普遍性知识形成鲜明(explicit)的学制规则和学究等级(pedagogic hierarchy),这些规则和等级的强化,致使儿童不断地被分离于社区共同体之外。① 借用布迪厄的场域概念,在学校场域中所形成的特定惯习,当遭遇乡村文化时,却显得格格不入。又由于学校场域与乡村场域的断裂,乡村的孩子们在获得地方性知识时便具有了某种局限性。

可以看出,乡村民众评判孩子是否"傻"的标准与学校教育体系内对于孩子的评价完全是两套系统。学校教育系统对于孩子的评价以学业成绩与纪律表现为主,侧重于超越于地方的普遍性知识与技能、理性思维能力的考察。而乡村民众的评判则以扎根本土文化网络的地方性

---

① 王铭铭.教育空间的现代性与民间观念:闽台三村初等教育的历史轨迹[J].社会学研究,1999(6).

知识为主要参照。两套评价系统实际上代表着两个不同的文化世界，二者之间的差距与矛盾导致乡村民众对于现代教育的反思。

　　乡村教育的现代化进程并不是源自乡土社会内在的需求，而是在国家现代化进程的推动下进行的。现代小学所构筑起来的世界是不同于乡土社会的，它在村落中成为一种异文化。这个世界由规范的知识、正统的思想与正当的情感所构成，它来自国家、来自城市、来自看不见也摸不着的文化传承，而乡土世界则是现代教育进入之前已经存在的世界，它代表着一种朴素的、乡野的、未经文化体系系统改造过的思想、情感、智慧与思维方式①。如果把前者看作现代理性的世界，代表着现代理性的意识形态，后者则可看作传统的非理性的世界，代表着乡野文化。这两个世界的关系，正如李书磊在《村落中的"国家"——文化变迁中的乡村学校》中所指出的文语与口语的关系一样，实际上是一种教育与被教育、改造与被改造、合法与不合法的关系。正是在这一教育、改造的过程中，现代小学实际上充当着国家意识形态与现代理性意识形态在乡村渗透的触角。

　　这一渗透过程其实是国家意识形态对于乡土社会的规训过程。从广泛的视野来看，现代学校的确立是现代性生成的重要组成部分。在西方，现代学校在现代性的建构中所起的作用，在于通过确立具有鲜明组织和训诫规则的空间，来促使社会化中的主体分离于传统社会的"地方性知识"体系之外，与现代社会的"抽象体系"实行整体结合，在主体的生命历程中造就学究型权威与个体安全感。② 现代小学把孩子从乡土世界的文化中分离出来，禁锢于封闭的学校空间之中，使得孩子习得现代理性的"普遍性知识"，成为社会的建设者与接班人。这一建设者与接班人，更多是对于城市文明的建设，是对于超越于地方的国家事业的接班。在福柯眼中，现代学校是彻底的规训机构，被规训的孩子们被"去朴素""去乡野"，在面对鲜活的乡野文化时无所适从，进而被乡村民

---

① 李书磊.村落中的"国家"——文化变迁中的乡村学校[M].杭州:浙江人民出版社,1999.
② 转引自王铭铭.村落视野中的文化与权力:闽台三村五论[M].北京:生活·新知·读书三联书店,1997.

众视作"读傻了"。

这一"读傻了"的讥讽与嘲笑,即乡村民众对于现代教育的不认同。他们认为学校知识与学校教育把孩子"教傻了",使得孩子"五谷不分""四体不勤",只看得见美好,看不到丑恶,在把孩子从乡土生活中推开的同时,也把孩子推向不确定的未来。

(二)"砸锅卖铁也要供孩子上学"

> 只要考上试,砸锅卖铁也要供应小孩上学。考上不就有出息了嘛?不用学咱样,一辈子刨磕了头子(刨土)。就能吃公家饭了,不用出力了,坐办公室,淋不着,晒不着,不就有地位了吗?(VNF1963-7.9)

"砸锅卖铁也要供孩子上学"是N村人表达对于支持孩子读书的决心和魄力。只要孩子能继续上学,哪怕把全家吃饭的家伙砸了去卖废铁也不足惜,形容人们倾其所有、不计后路地支持孩子上学。这是50—70年代出生人群对于支持孩子读书的宣言。这一宣言,充满着毅然决然的勇气与破釜沉舟的魄力,人们倾其所有供应孩子读书,只因人们坚信如此做是正当的也是值得的。

这一宣言我们可以看作是现代学校教育在乡村社会的彻底胜利。来自国家、来自城市的现代普遍性知识具有至高无上的权威,成为人们追逐的目标,人们坚信,通过拥有这些知识就能够改变在土地里讨生活的贫困命运。这一方面是传统社会"学而优则仕",借读书而进身观念的遗留,另一方面则是由于在城乡二元体制的现代社会,读书,尤其是读大学,成为农村人阶层流动的唯一出路。

> 一个大主题是错不了的,学而优则仕,改变命运的唯一出路是学习先进的知识,赶超人家的思想。你只有从上层建筑到经济基础,要从地位上来讲,三六九等人,那些绅士高层人

士是经过高智商好的培养才出来的。你从农村要成为一个上层建筑人物,是非常非常困难的。你说你通过什么台阶上去?这就跟一个锅扣着这些人一样,谁能把锅顶破,就出去了。就那么简单。就看你怎么样,人就是一个大群体,这一群体都在这一个环境之下,谁个能出类拔萃谁就能上去了。贵族,贵族也是经过努力成为贵族的。要是再划贵族的话,学你们这个档次的不就成贵族了吗?它是这个意思。你看看这个人就像草一样,一茬一茬,要是想成为挺拔的人,就得发扬树的精神,树能撑百年,草能撑百年吗?你要想留在这个社会上,就得变成一种精神。毛泽东永远不会磨灭,成为一种精神存在。你要是想成为伟大的人,就得创造出奇迹来。就是那样,你有时细想,培养一个人不是一代人的努力能实现的,要几代人的努力。就毛泽东来讲,他母亲的品德非常高,但是他接触的人群从他的思想也是一步步地形成,他要是不搞社会调查,要是不是为了大家伙做这个事,一个是自己有本事,一个是有这个心,你不就成为这样的人吗?(VNM1963-7.1)

以上是一位60年代出生具有高中学历的乡村男性对于读书的看法。在他看来,学而优则仕,改变命运的唯一出路是学习"先进"的知识,要想顶开扣在农村人头顶的"锅",只有通过读书。书读好了,才能成为"上层建筑"的人物,才能在社会上有地位,变成新的"贵族"。在这位乡村男性的讲述中,根深蒂固的传统等级观念,经济基础与上层建筑的现代观念,毛泽东时代的意识形态,诸种观念形成了一种复杂奇特的有趣组合。这一组合其实展示了现代观念与乡村民众自身观念某种方式的融合。

"砸锅卖铁也要供孩子上学"可以看作是对于学校教育的重视,对读书价值的认可,代表着现代教育观念。这一现代教育观念之所以能深入乡村民众的内心还在于这一观念与乡村民众的传统观念相契合。诸如人们相信先苦后甜、苦尽甘来的生活伦理,只要历经艰辛、不辞辛

第三章 集体主义取向与家族主义取向并存的童年观念(20世纪50—70年代出生人群)

劳一定可以收获"甜蜜"。"砸锅卖铁也要供孩子上学"正是契合了人们的这一传统观念,为了孩子读书,再苦再累都值得,因为人们相信,苦尽才能够甘来,暂时的痛苦终将换来子女的回报、家庭的幸福。因此,人们全力为孩子创造学习的条件,期待他们能够通过读书而实现自己命运乃至家族命运的转变。

人们满腔豪迈地说着"砸锅卖铁也要供孩子上学",是因为人们相信,通过读书能够改变孩子的命运,能够跳出农门,把读书看作是打破城乡壁垒、实现阶层向上流动的唯一途径。然而,随着现代社会的变迁,城市生活成本的提高,学费贵、就业难、房价高,使得农村孩子即使读了书也难以在城市扎根,生活得体面。砸锅卖铁来供孩子上学是否值得,已经在悄悄地发生变化。在访谈中,70年代出生人群已经很少有人表达着类似的豪言壮语,对于读书改变命运的观念不再盲目迷信,而是开始从多方面来衡量孩子读书的成本,做出理性的决策。

> 萱萱没考上高中还光想上。复习还行吗?花钱再去上人家说跟不上啊。复习的话还得花钱,要交一万零八百,分开外(此外)还得交伙食费,五千不是几千的。这么坑人呢我说。我问了小张老师的二儿,他说就怕是跟不上,人家收的是650,她考了580。我怕她上了半截再不想上了,浪费钱吗不是。我想着让她学会计,要不然学医生也行啊,上小中专,我又觉得时间太长了,得五六年。说上卫校学不着东西,就得上小中专、大中专,才能考医生资格证。那得六年行事了(那要六年还了得),花钱倒不多,得二十三四了,多大了啊。这个也不包分配,自己找找不着。学会计我又怕找不到正经地方,怕是坑人的。现在都是个人办的技校,不知道哪个是好的。人家肖行的那个考了清华大学来。人家怎么考得那么好啊?你要是上不了学,在家里干什么啊?出去咱也不放心,才十六七。太小了。(VNF1972-7.3)

萱萱的妈妈出生于1972年,初中学历,研究者访谈期间正值暑假,萱萱由初中升高中,由于分数不够没有顺利升入高中,萱萱妈妈在纠结是让萱萱复读一年继续考高中,还是进职业学校学一门专业。萱萱妈妈考虑的因素有很多,萱萱本人的意愿,萱萱本人的学习能力,萱萱本人的年龄,复读一年的经济成本与机会成本,高考的可能成绩,职业学校的类型,职业学校就读的年限,将来的就业情况,就读职业学校的经济成本、时间成本与机会成本,所有这些因素导致萱萱妈妈难以做出选择。可以清楚确定的是,萱萱妈妈不再是抱着"砸锅卖铁也要供孩子上学"的决心,而是谨慎地计算着这一万零八百是否值得投入。当然这也与萱萱是女孩有关,在萱萱妈妈的意识中,女儿如果读完书到了二十三四岁,就有可能错过出嫁的理想年龄,女儿出嫁是比女儿读书更为重要的事情。

在现代教育观念的影响下,人们不仅重视学校教育,也开始重视对于子女教育的方式与方法。50—70年代出生人群仍有很大一部分以打骂的专制主义方式对待孩子,然而人们逐渐意识到简单粗暴的体罚并不能解决问题,随意骂孩子的现象也逐渐减少。

在N村有句俗语,是家长经常教育孩子的,所谓"一等人,加眼教,二等人,加话教,三等人,加八棍子教"。一等的好孩子能察言观色,看到家长训斥的眼色就知道哪里做错了,能马上改正。二等的好孩子,骂几句就听话了。三等的孩子眼神教育与口头教育都不管用,只有挨打了才肯听话。看到父母眼色即知道自己错了的自觉的好孩子毕竟是少数,人们更多采用说服教育的方式。"动之以情,晓之以理",是一些家长奉行的教育方法。

> 小时候主要的就是父母亲对小孩不要嘴里面骂骂咧咧,对他们要有一点关心,要有个说服教育。打也不是能解决问题的,他们小时候的问题蛮多,经常问这样的问题,那样的问题。我都尽量告诉他们。(VSF1962-7.15)

第三章 集体主义取向与家族主义取向并存的童年观念(20 世纪 50—70 年代出生人群)

教育孩子不仅要注意语言,还要把握时机,"摸清门路",在适宜的时机下对孩子进行说服教育。而进行说服教育时,则要"顺着孩子的毛摸",顺着孩子的脾气和心情进行交流,善于与孩子进行情感沟通。

> 丁丁跟他爸爸就好像不合一样,丁丁跟我拉呱就很长,跟他爸爸没话说。不知道怎么(回)事。男孩不是要给他爸爸沟通吗?丁丁要是想我了,就给我打电话,不给他爸爸打。他那个脸光拉着,他又不幽默,不会说,不跟他拉呱,俺三个小孩都跟我拉呱,不跟他拉呱,从小他也没领着出去玩过,都不理他。怕他也是。他光熊人(发火),不论时间地点的。瞅准时机再熊人也行啊,他不管那些。(VNF1967-7.9)
>
> 你要顺着她,怎样都行,你要是逆着她的毛,她就说对着你干,气死你。说她的时候就得顺着她的毛,要不你得气得难受。(VNF1972-7.3)

人们不仅注意到教育孩子的时机,还注意到随着年龄的不同,教育方式也应当不同。孩子小的时候可以打,可以骂,但孩子年龄慢慢大了,有了自尊心,则不能采用粗暴的打骂方式,而应当以说服教育为主。

> 4:你小的时候拿着小的方法教育,你要是真到了十几岁,到了十五六,说实在的,你就是打都不能打了。小时候你不听话可以揍,你要真是上了十五六,你要是一说就到了掉眼泪的情况下,你就不能打了。
>
> M:为什么不能打了?
>
> 4:因为搁咱心中他已经就给长大了一样。有自尊心了。你也得看什么样,要是真正的惹你生气,你也挡不住(打他)。(4/VNM1962——VN 五人访谈-6.29)

50—70年代出生人群相对于三四十年代出生人群来说,在观念上普遍对于学校教育更为重视,对于现代教育观念卷入更深,人们对于现代学校教育的认同并非是线性发展的,在具体的时段与情境下也会出现退行与反复。总体来讲,现代教育观念在乡村民众的头脑中是逐步深入的。人们也开始关注对于孩子的教育方式和方法,根据孩子本身的情感状态、脾气品性、年龄大小选择不同的教育方式。这一转变实际上反映了人们对于儿童本身情感状态与成长过程的关注,也反映着人们的儿童观念与童年观念已在发生变迁。

第三节 儿童观念

50—70年代出生人群的儿童观念在新时代背景下呈现出新的特点。从实然儿童的层面来说,人们意识到孩子人格的独立性,也意识到孩子是属于国家的存在,这无疑是受集体主义的国家意识形态的直接影响。从应然儿童的层面来看,人们对于理想儿童形象的设想集中于成就的儿童,孩子的学业成绩、未来成就成为人们关注的所有焦点。从"道德的儿童"到"成就的儿童"的转变,是多方因素合力的结果。

一、实然儿童:独立的消极儿童

相比于30—40年代出生人群,50—70年代出生人群开始意识到儿童是独立于成人的存在,儿童具有独立的人格,其人格与品性并非由父母的人格与品性决定,同时儿童具有自身独特的思想世界与生活逻辑,与成人不同。孩子是独立性的存在这一观念开始进入人们的意识。人们承认孩子的独立性人格,但仍然很少注意到孩子自主的积极能力,在人们的观念中,孩子仍然是懵懂、不知所谓、能力欠缺的,同时人们也很少关注儿童的成长过程本身,仍然把成人作为儿童生活的目的,儿童依旧是有待发展的消极儿童。因此,这一时段出生人群的儿童观念我们称之为独立的消极儿童。

当然,并非所有50—70年代出生人群的儿童观念都表现为独立的消极儿童,事实上,这一观念仍然具有群体差异,例如50年代初期出生人群更倾向依附性消极儿童的观念,而70年代末期更倾向独立儿童的观念,有的已经意识到孩子的积极行动能力。再如乡村中的读书人更明确地表达了对于孩子独立性的认识,而普通人特别是文盲仍然固守依附性儿童观念。因此,本节所描述的儿童观念特征是不同于前一阶段出生人群的新特征,并非50—70年代出生人群的普遍特征,事实上,在此时期,依附性消极儿童的观念仍然占据重要地位。

(一) 儿童的特性——独立于父母的人格

在对儿童特性的认识上,50—70年代出生人群相较30—40年代出生人群来说,有一个重大的转变。在30、40年代出生人群的观念里,孩子的品性遗传自父母,只要"底子"好,孩子就错不了。人们把孩子的人格看作是父母人格的延续。而在50—70年代出生人群的眼中,这种人格的延续被打破,人们不再相信孩子的品性完全由父母的品性所决定,人们逐渐意识到父母的教养方式决定孩子的品性。

> 你说小孩从小就坏是不是遗传啊?这个问题我也不明白。有的小孩他生性就坏,我试着(觉得)有,我试着有遗传,他爸爸妈妈那样,他也那样。可能是与教育有关。那个小涛(小声说)从小就坏,见小孩就打,你看他现在这个闺女啊,有点随爸爸,很唧唧(㗳嚅),怪聪明。他爹娘不会教育小孩。长大了好了。他那个小孩现在怪精。他到现在也不会教育,他谎言太多。(VNF1967 - 7.9)

对于乡村民众来说,很少就与自身不直接相关的问题进行专门的反思与追问,因此,他们讲述的过程也是思考的过程。以上这位60年代出生的乡村女性,面对孩子品性的问题,表示弄不清楚,首先认为是遗传自父母的品性，进而又否定自己的观点，提出可能与家庭教育有关。下面同样一位60年代出生的乡村女性，则认为是由于家庭教育导致孩子的品性，而遗传因素也会有影响。

> 咱在这边说，就是老李家，洋洋他弟弟，从小就那样，光打人、骂人。有的从丁点就怪坏，成天从小就骂人、打人，有的家长偷人（偷东西），小孩从小也偷人，俺过道里有个酒瓶也拿去。俺慧慧、洪涛跟德明，三个小孩，叫人家给骂得那么样，俺这三个小孩一句也没骂。到回来我恨的，说，人家骂你，你不会骂他吗？（他们说）你不是不让俺骂人吗？这不是跟家庭影响有关吗？这个呢，难说，有点个天生，也有家里遗传，家里教育的，有的呢，跟护窝子样，他家小孩打人一下，他觉得赚了相应（得了便宜），怪高兴。（VNF1963-7.9）

以上两位60年代出生的乡村女性访谈对象已经明确意识到孩子的品性与家庭的教养方式有关，也意识到并非全由父母的品性所决定，至于遗传与父母教养方式究竟是怎样的关系则处于模糊的状态。下面一位50年代出生的乡村男性访谈对象则明确表示孩子的品性更多由家庭教育所决定，只有少部分因素是"生成"的。

> 小孩呢，有30%的可能是生成的，有70%—80%的是家庭教育，一多半是家庭教育。他的性子是逐渐养成的，有的小孩如果说由他的性子的话，打比说我们的两个孙子，在家里把那个纸到处撕，把家里搞得乌七八糟，你由他性子的话，那他到一定的时候就不讲卫生，什么都不讲。你跟他讲清楚，那个垃圾要装起来倒掉，不能到处丢，再就是玩的泥巴脏，你就要都说给他听，你不说他就搞不清楚，不知道。一多半小孩都是大人教的了。按自己的性子，只占20%，教育80%。（VSM1957-7.23）

第三章　集体主义取向与家族主义取向并存的童年观念(20世纪50—70年代出生人群)

在这位访谈对象的观念中,孩子品性少部分是生成的,这一生成甚至与父母的遗传无关,孩子的品性大部分是家庭教育的结果。他甚至给出了精确的比例,家庭教育占70%—80%,生成因素则占30%。这一理性的数字表达无疑是学校教育规训的结果,这位访谈对象实际上为高中毕业,是村里少有的文化人。不仅有人认识到家庭教育方式会影响孩子的品性,也有人认识到家庭生活环境同样会影响孩子的性格,诸如有人认为,穷家小户的孩子,被圈在家里不能到处跑,增长见识,因此是憨头憨脑的,而有钱人家的孩子,家庭资本丰富,可以到处跑,因此会灵活一些。

> 从小家屋条件穷了的,小孩肯定遭业些,自然憨头憨脑,稍微好一点,家里有钱的,他就有那个关系,就到处跑啊,就灵活一些。(VSM1963-7.21)

由于人们否定了孩子的品性是由父母的品性决定的,同时否定了先天遗传的决定作用,因此,在人们的观念中,在人格上,孩子是独立于成人的存在,不再是父母的缩影,同时,孩子也不再是"秉性难移"的,而是可教的。这通过50—70年代出生人群对于孩子教育方式的关注、对于学校教育的重视即可看出。

孩子具有独立于成人的人格,还可从孩子日常生活的变化中寻找端倪。诸如儿童穿衣服的变化。如前所述,在三四十年代,男孩可以光屁股到十几岁。这固然是由于物质条件的限制,也反映了儿童尚未具有与成人一样的独立人格,成人需要"文明"着装,孩子则可逃离"文明"的束缚。这一文明的内核即羞耻观念,这一羞耻观念已经"惠及"孩子。

> 现在小孩丁点就知道害羞,以前像俺这些都长到八九岁都光腚。以前没有衣裳,现在小孩丁点就穿得板正的。(VNM1950-7.4)

再如 N 村孩子穿开裆裤年龄的变化,在六七十年代之前,包括六七十年代,孩子不论男女基本上是"七岁刹裆"。这同样有物质条件的局限,由于成人无法照顾周到,开裆裤可以方便孩子随时大小便。而到了当下,大人普遍给孩子两岁就"刹裆",有的"一岁多就穿实裆裤"。

2:那时候穿到六岁,五六岁。现在穿啊,有人护理他,有的三两岁就不穿了。

1:现在像岁把的小孩就穿实裆裤子了。

2:有人护理他,是吧?

1:像明子的小孩刚一岁,刚刚会走就穿实裆裤子了。

2:这是时代的变化,50、60、70 每隔 10 年生活水平就上去了。

M:那为什么以前穿开裆裤穿到五六岁,现在岁把就不穿了?

1:现在有人带了。

2:不是的,现在都富了。

1:不是富了,现在有人带他了,你像原来没人管。我们家的明子、亮子的话,他在摇窝里面摇,三四岁,自己翻下来摔着了,我们那时候都在田里面做事,哪有人来管他了。现在一点点大就有一个人专门带他,抱着他的,帮他大小便啊。坐在地下,如果穿个开裆裤的话,水泥地上也怕他烫着或者着凉,原来是个土泥巴。(1/VSM1952,2/VSM1953,VS 双人访谈- 7.22)

如以上两位 50 年代出生的被访者的讨论,孩子刹裆年龄提前,一方面是由于"富了",另一方面是由于有人专门护理,伴随着孩子"刹裆"年龄的提前,孩子的羞耻观念也提早出现了。这一羞耻观念并非来自孩子自身的意识,而是来自成人的建构。在人们的观念中,孩子与成人一样,也需要以衣蔽体,不再像以前一样毫无羞耻观念。在这个意义上,孩子具有了与成人一样的独立人格。诸如在访谈中,一位 60 年代

第三章　集体主义取向与家族主义取向并存的童年观念(20世纪50—70年代出生人群)

出生的乡村女性谈及前几天看到邻居抱着赤裸的儿子出来,不无讽刺地评论道"难看死了",而这个孩子还不到一岁。① "难看",在N村,意指丢人,不体面。事实上,60年代的孩子很多上十岁了还光着屁股满街跑,人们认为是再正常不过的事情,而如今不满一岁的孩子光着屁股则被认为是不体面的事情。这一体面与不体面,随着时代的不同被人们进行不同的建构。孩子的独立人格同样是成人建构的结果。

在认识到孩子具有独立人格的基础上,人们也逐渐认识到孩子与成人的本质区别,这一本质区别仍然关涉着孩子的未成熟状态。在三四十年代出生人群眼中,孩子的未成熟状态被解读为孩子具有与成人不同的超能力,同时也具有脆弱性,而在50—70年代出生人群看来,这一未成熟状态实则说明孩子具有与成人不同的独立世界,具有独立的生活逻辑与独立的思想。虽然乡村民众很少会使用"世界""逻辑""思想"等概念,但是在他们的观念里,已经有了这些概念的朴素认识与朴素表达。诸如以下两位60年代出生的被访者所提到的"那个",第一位被访者认为大人的话孩子没必要绝对听从,因为孩子有自己的"判断"与"思想",第二位被访者则认为孩子们之间的事情应该由他们自己解决,小孩生活有自己的"圈子"和"逻辑",不需要大人插手帮助。

> 大人说的也不能小孩绝对都听,小孩也有自己的那个。(VNF1964-7.1)
> 你叫人给欺负怕了啊。小孩生活就应该有自己的那个,在外边不跟人打仗,还用人护着吗?(VNF1967-7.9)

一位70年代初出生的乡村女性明确表达了孩子与成人的区别即在于思想不一样。

---

① 海涛他爸爸那天抱他出来,还光着腚,难看死了,也不给弄个衣服穿。(6/VNF1968,VN六人访谈-7.4)

M：大人小孩什么不一样啊？
1：思想不一样，想法不同，你看，70 年代一个思想，跟小媳妇思想都不一样，一个阶段一个阶段的。现在小孩跟小孩玩，大人要在这边，他不跟大人玩，大人跟大人玩，小媳妇跟小媳妇玩。他谈论的不一样。(3/VNF1971，VN 五人访谈-6.30)

而这"不一样"，在人们眼中，则是孩子思想的简单、单纯与易变的未成熟状态。如果说 30—40 年代出生人群在思考成人与儿童区别时同样意识到孩子与成人想法的不同，那么，他们意识到更多的是孩子的不懂事，不知所谓，以成人思想的理性与成熟作为标杆。而 50—70 年代出生人群则开始关注孩子思想的独特之处，诸如孩子思想的易变性、与成人不同的逻辑等。

小孩的想法你更寻思不透，一天三变。(VNM1973-7.8)
大人觉得对的事情，在小孩眼里不一定是对的，小孩有自己的看法。(VNF1972-7.3)

在 50—70 年代出生人群的观念中，孩子具有了与成人同样的独立人格，然而这并不意味着儿童具有了独立于成人的权力，在成人与儿童的权力关系中，儿童仍然是弱势的一方。

(二) 儿童的地位与价值——国家的孩子

如果说 30—40 年代出生人群把儿童看作家庭的孩子，那么，在 50—70 年代出生人群的观念中，则出现了一种新的取向，即把儿童看作国家的孩子。这一新观念的出现主要得益于新中国成立以来，伴随着现代民族国家构建的进程，国家意识形态对于新儿童的塑造。在这之前，20 世纪初，在救亡图存的背景下，儿童与少年早已与对于国家—民族、政治的想象联系在一起。只是这一对于儿童的国家—民族想象仅仅囿于知识阶层与社会上层，从未渗透进底层乡村社会。伴随着新

第三章　集体主义取向与家族主义取向并存的童年观念(20世纪50—70年代出生人群)

中国的成立,国家政权对于乡村的直接控制,新儿童的形象建构以现代学校教育与意识形态宣传的方式进入乡村民众的视野。在现代教育观念、现代儿童观念的推动下,把孩子从父母人格上分离出来的同时,也把孩子从家庭中分离出来,纳入国家的怀抱。

1. 国家意识形态的新儿童——社会主义接班人

1949年,新中国成立,社会改造全面启动,中央政府面临两项重要的任务,即巩固和保卫人民民主专政的新政权与发展社会主义新经济。完成这两项任务的关键即在于培养可靠的革命接班人。培养与塑造新一代社会主义青年,成为关系到新政府稳定与发展的关键性问题。[①]出生于20世纪50年代乃至之后的孩子是"生在国旗下,长在春风里"的新一代,相对于其父辈祖辈,他们是未受封建旧思想浸染的一代,因其纯粹性、发展性、可塑性,不仅成为新中国政治想象的表征[②],更是成为社会主义新人的潜在对象。

有人指出,梁启超、国民政府、五四新文化运动等,无不将希望寄托于青年人,但新中国成立以后中央政府为了培养与铸造中国青少年所付出的努力,比过去任何时期都更为系统,在规模上是史无前例的。[③]这一史无前例的锻造最直接的体现即国家对于大众传媒与教育系统的控制与整顿。后者更是锻造社会主义新人的直接手段,从幼儿园、小学到大学的教育牢牢掌握在中央政府的手中,尤其是直达乡村内部的村小,不仅成为"村落里的国家",更成为锻造村落里的孩子的有力武器。在新的国家意识形态塑造下,社会主义新儿童成为新的儿童理想与儿童形象,成为冉冉升起的太阳。

这一社会主义新儿童即社会主义未来的接班人,程天君在其博士论文《"接班人"的诞生:学校中的政治仪式考察》中指出,"我们是共产

[①] 傅朗."卓娅"的中国游记——论建国初期苏联青少年文学的翻译与传播[M]//徐兰君,[美]安德鲁·琼斯.儿童的发现:现代中国文学及文化中的儿童问题.北京:北京大学出版社,2011.
[②] 傅朗."卓娅"的中国游记——论建国初期苏联青少年文学的翻译与传播[M]//徐兰君,[美]安德鲁·琼斯.儿童的发现:现代中国文学及文化中的儿童问题.北京:北京大学出版社,2011.
[③] 傅朗."卓娅"的中国游记——论建国初期苏联青少年文学的翻译与传播[M]//徐兰君,[美]安德鲁·琼斯.儿童的发现:现代中国文学及文化中的儿童问题.北京:北京大学出版社,2011.

主义接班人"是共和国教育之魂,培养"接班人"是中国大陆自1949年以来逐步形成,且一以贯之的教育方针和教育目的,①并对这一"其喻指随境而异,其表述因时而调"②的教育方针与教育目的进行了详细的爬梳。程文指出,尽管1949年以来中国大陆教育方针和教育目的在不断地演进,但始终不渝地强调一点:坚持教育的社会主义方向,培养德、智、体(有时增加美)全面发展的社会主义事业的建设者和接班人。③

除了教育系统对于新儿童的大力塑造,大众传媒也倾尽全力。新中国成立后,新政权立刻接管全国各地的大众传媒机构,力图从文化宣传上占领高地,宣传塑造社会主义新人。其中创造与引进社会主义文学作品成为重要途径。傅朗(Nicolai Volland)在《"卓娅"的中国游记——论建国初期苏联青少年文学的翻译与传播》一文中探讨苏联少儿文学作品《卓娅与舒拉》在新中国成立初期的引进、翻译、删改与传播,作者发现,苏联的社会主义新儿童——卓娅,在新中国的境脉下被模式化、非人化、政治化。其中有一点格外引人注意,中国版的《卓娅与舒拉》把卓娅的家庭背景删除了,母亲在教育和培养卓娅这位社会主义"新青年"中所扮演的重要角色同样被消除。在原文中,母亲与共产党共同引导卓娅与舒拉走向社会主义意识的正确道路,而在中国版的文本中,母亲的影响消失不见了。作者指出,卓娅因此不再是父母培养的儿童,而完全是党和社会主义制度的产物,这种转变显示着官方对教育——尤其是家庭教育的一种颇为悲观的见解:只有国家直接干涉儿童的教育过程,才能保证"新青年"的健康发展。来自"旧社会"的父母,或许会携带不良习俗与落后思想,对青少年的成长过程不利甚至有害;教养下一代的任务,应当从父母转移到国家及其专业部门。④

傅朗给我们的启发在于,社会主义新儿童这一儿童形象的塑造最根本的转变在于把培养与教育儿童的权利由父母、家庭转移到国家与

---

① 程天君."接班人"的诞生:学校中的政治仪式考察[M].南京:南京师范大学出版社,2008.
② 详见《"接班人"的诞生:学校中的政治仪式考察》第一章.
③ 程天君."接班人"的诞生:学校中的政治仪式考察[M].南京:南京师范大学出版社,2008.
④ 傅朗."卓娅"的中国游记——论建国初期苏联青少年文学的翻译与传播[M]//徐兰君,[美]安德鲁·琼斯.儿童的发现:现代中国文学及文化中的儿童问题.北京:北京大学出版社,2011.

第三章　集体主义取向与家族主义取向并存的童年观念(20世纪50—70年代出生人群)

现代学校。在新中国的社会主义改造过程中,新儿童的父母被视作需要改造的沾染"旧思想"的"旧人",中央政府并不信任这些来自旧社会的父母,父母的教养被视作可能是落后的与愚昧的,新儿童只有与属于旧时代的父母"断绝"关系,接受官方教育部门的引导与教化,在国家的怀抱中才能健康成长为新社会的接班人。

通过现代学校教育、大众文化传媒以及在前文所论及的国家生育政策,一个社会主义新儿童的形象升腾起来,这一社会主义新儿童从家庭中"解放"出来,被剥离了属于家庭的属性,也被剥离了儿童自身的自主性,①原本属于家庭的孩子被改造成为属于国家的孩子,原本对于家庭的忠诚与认同,被改造为对于国家的忠诚与认同。这一国家建构的社会主义新儿童的形象落实到底层乡村民众的生活中,将会呈现怎样的样态与变化,是否实现了全面的渗透与改造?

2. 儿童观念的内部分化

社会主义新儿童的观念建构主要借由现代学校教育、大众文化传媒以及国家生育政策宣传等方式实现,然而,并非所有的底层乡村民众都能接触到上述途径,在访谈中,研究者发现,乡村民众的儿童观念事实上存在着内部分化与群体差异。这一分化的标志即对于儿童属性的认识。一部分乡村民众仍然认同孩子的家庭属性,认为孩子是属于家庭的存在,而另一部分乡村民众开始意识到孩子的国家属性,认为孩子是属于国家的存在。这一群体分化则对应着是否进入现代学校教育体系,接受过一定程度的学校教育与改造。这一定程度,并没有定规,在访谈中所呈现出的显著差异大致在初中阶段,即读过初中的成人更加认同国家属性的孩子,而初中以下学历的成人则往往更加认同家庭属性的孩子。当然这并非截然的划分,而是存在一个渐变的连续谱,越往文盲一端,对于家庭属性的认同更多,越往初高中学历一端,对于国家属性的认同更多。

---

① 在原本中,卓娅与舒拉是各具特点、性格迥异的孩子,这些个性在简本的叙述中被简化为单薄空洞的英雄形象。详见《"卓娅"的中国游记——论建国初期苏联青少年文学的翻译与传播》。

对于未读过书的普通乡村民众来说，孩子首先是家庭的存在，孩子是个人人生完满的条件，是自己将来老时的依靠，是家庭结构的重要一员，是将来家庭重要的劳动力。随着70年代计划生育政策的实行，生孩子是国家的事情这一从未有过的观念开始出现在人们的意识中，国家的权力渗透进人们的自然生活中。如果说30—40年代出生人群把孩子看作纯然家庭的存在，那么未读过书的50—70年代出生人群则动摇了这一观念，加上大众传媒的影响、学校教育的间接规训（诸如成人对于家长会的卷入），他们开始意识到国家对于孩子的权力。只是这一感知是模糊不清的，也未曾渗透进人们对于孩子的想象与培育的过程中。

接受过正规现代学校教育、具有一定文化程度的乡村民众，则表现出显著不同的观念。人们对于孩子的认识与想象则超越出家庭的狭小天地，开始意识到孩子同样是属于国家的存在，是国家建设的接班人，是民族的希望。这一国家意识形态对于社会主义新儿童的形象塑造开始深入乡村读书人的观念，不仅渗透在人们对于孩子属性的认识中，也内化进人们对于孩子的教育与培养中。诸如人们对于理想儿童的想象第一次开始纳入国家、集体的概念。

S村一位50年代出生、具有高中学历的乡村民众谈到草原英雄小姐妹的故事带给那个时代人的永恒记忆与永久激励。为了保卫集体财产而不怕生命危险的草原小姐妹在国家意识形态的大力宣传下成为英雄的化身，集体财产的价值甚至高于孩子的生命价值。

> 比如说过去有个草原小姐妹，看过吗？一个叫玉梅，一个叫龙梅，我们小时候是听着这个歌长大的，听着眼泪就掉下来。（2/VSM1953，VS双人访谈-7.22）

两位60年代出生的乡村女性谈起小时候"偷"集体财产的难忘遭遇，摘了两个生产队的"豌豆角子"差点让看守人拧掉耳朵，而看守人自己的女儿想上玉米地里拔草都不允许，只因这是集体财产。

第三章　集体主义取向与家族主义取向并存的童年观念(20世纪50—70年代出生人群)

　　2(来串门的邻居):我小的时候,粮食也不够吃的,我上地里一下偷了一个豌豆角子,叫您爹给我拧得耳朵肿得那样。我可记得了。我就去摘了两个豌豆角子,让他差点把耳朵拧掉了。那个狠的。俺爹还去找他,不就是摘了两个豆角子嘛!你看把小孩给拧得啊!
　　1:俺大大看麻英(玉米)地,我要进去拔草,俺大大都不让我进去,连拔草都不让啊。因为那个麻英地是队里的,偷偷地进去拔,他都不让我去。(VNF1968-7.10)

听着"草原英雄小姐妹"的歌曲成长起来的乡村民众,在培养社会主义建设者与接班人的现代学校教育的规训下,开始意识到孩子的国家属性,并融入了自己对于理想儿童的想象之中。

　　一定要做一个对社会有用的人。你有这样的基础你就不会走错。对家庭、对社会、对自己才有责任心。我就觉得一步一步了,等你成了家以后,你首先要对家庭负责任,当然对社会贡献是必要的了。你完成学业的目的就是这个了,你对社会的贡献你自己也得到了。你有了家庭以后要对家庭负责。(VNM1963-7.1)
　　这个其实是道德的问题,小孩难得不向坏的方向发展,心眼子正当的,别去弄别的,愿意帮助别人,别光想着索取,有点奉献思想的。这一方面很重要。实际上培养孩子这种好习惯还是最重要的。(VNM1963-7.1)
　　一般的,一个国家没有小孩就没有未来么,他是接班人么,一个的那就不行。(VSM1962-7.22)

或者是做一个对社会有用的人,或者是对于奉献思想的强调,或者对几乎是官方话语的直接转述,小孩是国家的未来,是社会的接班人,儿童与国家在50—70年代的乡村读书人的观念中第一次建立起了联系，儿童不仅是属于家庭的存在，也是属于国家、属于集体的存在。"国家的孩子"这一观念进入乡村读书人的头脑中，并渗透进儿童教育与培养的实践中。如果说以往是为家教子，50—70年代出生人群则开始有为国教子的意识，"国家的孩子"与"家庭的孩子"在人们的观念中首次出现了碰撞，并结合成某种新的儿童观念。

二、应然儿童：成就的儿童

应然儿童体现着人们对于理想儿童的想象。对于乡村民众来说，对理想儿童的想象并不是抽象的，而是扎根于乡村民众的日常生活，更多时候，与其说是乡村民众对于普遍的理想儿童的想象，不如说是乡村民众对于自己孩子的期待。在50—70年代出生人群的观念中，我们发现，孩子的成就成为这一时期人们的普遍追求。

30—40年代出生人群最关注孩子的道德，人们满足于底线式的好孩子，只要孩子达到成人的基本要求即可。而50—70年代出生人群则开始重视孩子能否成才，能否出人头地，头角峥嵘。如果说前者主要关注孩子能否成人的问题，后者则主要关注孩子能否成才的问题。孩子的成才在乡村民众观念中，有两条途径：其一为读书好，通过读书跳出农门，"吃上公家饭"，为自己寻找出路，既能让家庭"沾光"，也能为社会做贡献；其二为学艺精，没有读书头脑的孩子则可以学一门手艺，手艺学精了照样可以养家糊口、日子过得红火。在对50—70年代出生人群进行的访谈中，"学习好"的孩子比"手艺学得好"的孩子更受欢迎。人们期待孩子能够通过学业的成功来获得美好的前程。"学习好"这一新的要求凸显出来，成为人们心目中理想儿童的标杆。

> 就希望她能考上大学，能自己独立，不用管她就行了。这都是每个家长的心愿，都希望自己的小孩好。（VNF1973-7.8）
>
> 管得最多总不是要他好好读书听话啊，就是这一桩。我难道说要他做坏事去？总不是要他读书啊，读了考出去不要

第三章 集体主义取向与家族主义取向并存的童年观念(20 世纪 50—70 年代出生人群)

我们操心的,总不是像这样教育他。(VSM1963-7.21)

如果说在三四十年代出生人群的观念中,读书仅仅是孩子成人的点缀,在 50—70 年代出生人群的观念中,读书已经成为孩子成才的必备,甚至成为孩子童年生活的必备。一位 50 年代出生的乡村男性把是否受过教育看作区分孩子的标准,受过教育的孩子是好孩子,未受过教育的孩子是"粗孩子""野孩子"。

> 小孩受教育是能看出来的,和没受过教育的粗孩子、野孩子是有区别的。我觉得小时候的教育很重要。(2/VSM1953,VS 双人访谈-7.22)

另一位同样 50 年代出生的乡村男性更是把"上出学"与"好孩子"直接挂钩。

> 听父母话的有奔头的有理想的就是好孩子。你说连理想都没有,除了玩玩就算吃,有什么意思呢?学你这样,上出一定的那个来,就算好孩子。要不是好孩子怎么能上出学来呢?(VNM1958-6.27)

这一"粗孩子""野孩子"的评判完全以学校教育为标准,不得不说是现代学校教育意识形态在底层乡村的彻底胜利。现代学校教育在底层乡村的真正确立也只是 20 世纪 50 年代的事情,而如今当年那个从乡野中被劝入学校、褪去"粗野"之气的孩子已经以是否接受学校教育来评判孩子的优劣,这是现代学校教育的成功还是现代学校教育的悲哀,这是一个值得深思的问题。然而,无论怎样,在现代学校教育意识形态的渗透与规训下,乡村民众把对孩子的期待与孩子的学业成绩、学业等级挂起钩来。孩子的学业成绩越好,就越有可能在学校教育的金字塔上往上爬,而越接近学校教育系统金字塔的顶端,则孩子的未来越光辉灿烂。现代学校教育为乡村民众描绘了一幅通过教育改变命运的美丽图景。

这样一来,乡村民众原本务实向下看的"近视眼"被变成了"远视眼"。在传统社会,由于超稳定的社会结构与阶层流动的僵化,人们的今天就是孩子的明天,人们无须张望,也无须焦虑,只要孩子规规矩矩地听话,孩子的明天就会自然而然地抵达。而到了现代社会,历经集体化时期、后集体化时期的重大变革、社会转型期的剧烈变迁,现代化、工业化、城市化的加速使得人们看到土地之外的生活与各种可能,产生了与过去决裂、奔向未来的愿景。这一与过去决裂、奔向未来的愿景只能投注到孩子身上,希望孩子能够借着学校教育的高梯攀入自己无法进入的云霄。

人们由此变成了"远视眼",看不到孩子当下的生活与当下的体验,只看到虚无缥缈的明天。孩子成为属于未来的存在。这与国家意识形态话语异曲同工。孩子是国家的未来,民族的希望,社会的接班人,孩子的价值在未来,孩子的成就也在未来。很难说清国家意识形态在多大程度上影响了乡村民众的儿童观念,无论是对于国家来说,还是对于乡村民众来说,儿童期即为未来生活做准备的时期。儿童的未来是什么?对于国家来说,是理性的成人,是合格的公民,是有为的建设者,对于乡村民众来说,则是脱离农民身份,在城市中扎下根来,成为家庭的顶梁柱,更有一部分人期待孩子能够成为社会的建设者。侧重成就的儿童观念,其实是指向未来的儿童观念,"其本质是指向理性的成人社会,儿童是未成熟的、有待发展的,其发展的最终目标是成为一名理性的成人,承担起社会赋予的角色。一方面,理性的成人社会凌驾于儿童之上,似乎整个儿童期的任务就在于未来的某一时刻加入成人社会;另一方面,当下的儿童则被成人社会拒之门外,成人与儿童的界限似乎只有在未来的某一刻被突破,儿童期的全部意义似乎就在于更快更好地实现这一突破"①。

---

① 王友缘.天使抑或恶魔——儿童隐喻性陈述探析[J].上海教育科研,2010(10).

第三章 集体主义取向与家族主义取向并存的童年观念(20 世纪 50—70 年代出生人群)

"成就的儿童"一方面是指向未来的,另一方面则是弃绝过去的。50—70 年代成长起来的乡村民众经历了艰苦的集体化生活、动荡的"文化大革命"、家庭联产承包责任制以来的市场经济、城市化过程中农村的边缘化,困苦的土地生活使得他们发出"砸锅卖铁也要供孩子上学"的宏愿,支撑这一宏愿的是人们希望孩子不再像自己一样"面朝黄土背朝天",不再像自己一样"睁眼瞎",人们期待孩子能"顶开扣在头上的锅",远离农村,远离父辈的命运,走上一条父辈们从未走过的路。这一对过去的弃绝与对未来的向往是 50—70 年代出生人群未完成的,孩子成为他们欲望、希望、弥补遗憾的投射点,人们把改变自身命运的希望投射到下一代身上,孩子是否有出息、能否出人头地则成为他们至为关心的头等大事。

1:不论做什么,要做得板正的,像时来一样,弄出名堂来。其实你看时来的成长就好像是我的复制一样,我的思想就是这样,学习就是工作,你为什么不把学习当成工作啊?我就是干这个的,我就把这个干好。再一个呢,你认为那样好,你就追求哪样。实际上,在学习的追求的路上,不就是很愉快的吗?从咱这个底层的人来讲,从咱这个家庭来讲,就想着好好干,要出人头地,但是要从这个自然的规律来讲,自己有了目标,把自己在这个路上的经历当成一种乐趣,当成一种履历,还有做不好的吗?除非你不想做。

M:时来就是你的希望?

1:可以这么说吧,只有走得高,才能看得远。你只有走得高,才能给人类带来福利,你要是不能给人带来福利,人也不会跟你关系好。就到了价值问题,就跟个人价值跟社会价值一样,你要没有本事,你能给别人带来什么,你要有了本事,自然就给人带来福利,人家就尊重你,是这种关系。(VNM1963-7.1)

这位60年代出生的被访者是N村人艳羡的对象,他的儿子是某985院校的硕士,奔赴加拿大攻读博士学位,在他以及N村人看来,孩子的前途一片美好。他把孩子看成自己的复制,如今是自己的骄傲,他把自己全部的希望、激情、失落与梦想全都落实在孩子身上,当访谈到这位孩子时,当然如今他已是意气风发即将远赴他国求学的有为青年,他谈到自己了无生趣被锁在家里的童年时的落寞神情让研究者难以忘记。

小时候的事我都记不得了,这是为什么啊?小时候我真没什么好玩的,天天被锁家里。小的时候强行把我锁在家里,也是不想让我出去到处乱跑,但是当时对学习没什么兴趣,就更没有兴趣。小时候做什么都是任务性质的。天天关在家里不让出去玩。我挺喜欢那种放火烧人家柴火垛的,因为是小孩嘛,大家都会原谅他的。虽然他犯的错误非常非常大。可能把人屋给点了。只要你适当地引导,你不能说这小孩天性就是烧屋放火的,我觉得中国现在缺乏这种小孩。(VNM1987 - 7.1)

50—70年代出生人群的理想孩童形象是成就的儿童,人们过于关注孩子的将来成就。无论是指向未来,还是弃绝过去,无论是国家的接班人,还是成人自身欲望的投射点,孩子的当下生活与当下体验都被遮蔽了,孩子的个性、情感、内心需求都隐而不显。与三四十年代出生人群对于道德的儿童的追求一样,孩子的成就与未来成为遮住人们双眼的屏障,看不见孩子光辉灿烂、不可重现的当下生活,看不见童年期本身独特的价值。而这一从成人到成才理想儿童的转变,是多方因素合力的结果。国家意识形态对于"未来儿童"的引导,社会转型期阶层流动空间的出现,乡村民众对于走出土地、走出农门、奔向城市、改变命运的激情、希望与热忱共同塑造了乡村民众追求孩子成就的心态。

第三章　集体主义取向与家族主义取向并存的童年观念(20世纪50—70年代出生人群)

第四节　双重取向的童年观念

在50—70年代出生人群的观念中,企图辨明一种占主导地位的童年观念将是吃力的,也是危险的。这一时期的出生人群,在其上一代所践行的家族主义取向的童年观念与童年文化中成长起来,又历经集体化时代、社会的个体化进程,受到集体主义、个体主义意识形态的冲击与浸淫,在其童年观念上又呈现出新的特质。这一新的特质却并非是集体主义取向所能解释的,相反,深入80、90年代出生人群内心的个体主义取向则已初露端倪。虽然此时期出生人群的观念中已经开始出现个体主义取向,但集体主义取向仍占优势。事实上,无论是集体主义还是个体主义,都受到现代民族国家建构进程的推动,都属于现代意识形态的表现形式。在50—70年代出生人群的观念中,一方面受到表现为集体主义取向的现代意识形态的影响,另一方面仍然保有家族主义取向,因此,其童年观念呈现出集体主义取向与家族主义取向并存的状态。两种取向之间并非是泾渭分明的关系,而是相互交织与缠绕,表现为复杂的动态关系,充满着矛盾与张力。

一、童年的双重边界

在第二章中我们已经提到童年的双重边界,即社会期望边界与个人体验边界。这一双重边界并非是50—70年代出生人群童年观念的专有特点,在三四十年代出生人群的观念中也存在着双重边界,之所以在这里单独分析,是因为50—70年代出生人群观念中这一双重边界尤为突出,他们更愿意讲述对这一双重边界的体验与思考,而三四十年代出生人群由于其特殊的年龄特点与生命状态,用N村人的话来说,即为"半只脚埋在土里的人",往往对这一双重边界没有敏感的体验。因此,50—70年代出生人群的乐于讲述为我们窥探乡村民众的童年观念打开了方便之门。

(一) 社会期望边界:理性时间的出现(精确的时间节点)

结婚是童年与成年的分界线,这一社会期望边界在50—70年代出生人群的观念中仍然占据着主导地位,是家族主义取向童年观念的体现。随着集体化时代、后集体化时代的到来,现代民族国家的推进,在现代观念的影响下,人们的社会期望边界在悄悄地发生变化,呈现出新的趋势,这一新的趋势即理性时间的出现。

童年的边界并非单纯是一个生理问题,而是一个社会文化问题。在第二章中我们已经讨论了在传统社会中,结婚作为童年与成年的分界线,童年的边界在生理年龄上表现为模糊的一段区间,与确定的生理年龄没有必然的联系。这一观念同样存在于50—70年代出生人群的观念中。如临沂地区女子初婚年龄情况表(见表3-2)所示,由30年代的平均初婚年龄17.5岁,到80年代前3年的23.1岁,在乡村民众的观念中,这几个时间点均为童年的边界。由于社会的变迁,人们的初婚年龄在发生变化,也就意味着人们结婚的生理年龄发生了变化,然而在人们的观念中,结婚是童年与成年的分界线这一文化事实与观念事实并没有发生变化。

表3-2 临沂地区女子初婚年龄情况表[①]

年代	初婚人数占总初婚数的百分比/%		平均初婚年龄/岁
	19岁及以下	23岁及以上	
30年代	87.5	0.5	17.5
40年代	78.8	4.3	18
50年代	59.3	10.1	19.4
60年代	39.9	15.0	20.2
70年代	11.7	42.9	22.1
80年代前3年	3.7	61.0	23.1

---

① 参见临沂市情资料库·临沂地区志·人口民族·人口状况:http://sd.infobase.gov.cn/bin/mse.exe? seachword=&K=bg&A=1&rec=102&run=13。

第三章 集体主义取向与家族主义取向并存的童年观念（20世纪50—70年代出生人群）

结婚是童年与成年的分界线这一文化事实与观念事实虽然并没有发生变化，然而随着现代民族国家建构进程的推进，由国家推动的现代观念开始在底层乡村社会渗透。童年的社会期望边界也在悄然发生变化。在访谈中，研究者发现，18岁这一生理年龄作为童年与成年的分界线在50—70年代出生人群的观念中出现了，事实上在三四十年代出生人群的讲述中也可发现对于这一年龄的认识，然而与50—70年代出生人群相比，这一年龄对于童年与成年的分界意义并未被普遍接受。在底层乡村民众的观念中，18岁与成年的标志性意义联系起来，产生于一系列由国家推动的法律法规中。

1950年8月4日，政务院通过了《中央人民政府政务院关于划分农村阶级成分的决定》，作为评定阶级成分的依据，其中规定，18岁以下的少年儿童和在校学生，一般不划定阶级成分，只划定阶级出身。这是18岁作为区分成年与儿童的标志第一次出现在乡村民众的视野中。如果说这一规定对于50—70年代出生人群并未产生重要影响，那么集体化时期工分制的划分标准则普遍进入人们的意识中。按照工分评定标准，18周岁以上为整劳动力，可以参加生产劳动，并得到全工分。而16—17岁的孩子则为半劳动力，16岁以下的孩子被排除在劳动力之外。对于乡村民众的日常生活来说，如何评定工分等级，家里劳动力的数量可以说是关切到乡村民众切身利益的大事。家里的孩子是16岁还是18岁，能否作为整劳动力，获得整工分直接关系到整个家庭的劳动收入。因此，这一时期，18岁这一理性年龄作为区分整劳动力的标准开始进入人们的头脑中，并难以磨灭。

> 不满18岁的时候给看胡看梨园。一天也就五六分。（VNM1953-7.5）

> 不算全工分，他硬要达到18岁，再就是你要结婚，要只有到成年人，你那时候没有结婚，有些事情你搞不清楚的，像一些技术活你就不会，是吧？（VSM1957-7.23）

童年观念的变迁：基于乡村民众的视角

1954年《中华人民共和国宪法》明文规定，中华人民共和国年满18周岁的公民，不分民族、种族、性别、职业、家庭出身、宗教信仰、教育程度、财产状况、居住期限，都有选举权和被选举权。1987年实施的《中华人民共和国民法通则》第11条规定，18周岁以上的公民是成年人，具有完全民事行为能力，可以独立进行民事活动，是完全民事行为能力人。我国《刑法》则规定，已满16周岁的人犯罪，应当负刑事责任。以上关于年龄的规定中，与乡村民众密切相关的，除了对于工分等级的划分外，还有对于刑事责任年龄的界定。

> 小孩，就按那个法律上规定的，你超过18岁，你犯法了，就枪毙，走正常的法律程序。你在16岁以下，你犯了法，国家还是作小孩处理，作为他无知，他不叫劳改，叫劳教，他的刑事审判的位置、住的位置都不同，是不是啊。他觉得他还是一时冲动啊，还是把他当小孩来处理。16岁以下杀人，都不枪毙，他还是叫他无知。还是把他当小孩处理，满了18岁，那就是成年人了。(2/VSM1962, VS双人访谈-7.21)

无论是源于集体化时期的工分划分标准，还是源于《刑法》中对于刑事责任年龄的界定，抑或其他法律法规的规定，乡村民众第一次在外部力量的介入下开始从具体的生理年龄来思考成年与儿童的边界问题。这一边界由传统观念中一段模糊混沌的时间域变为确定的线性时间上的一个节点，我把后者称为理性时间。童年的边界从模糊的时间域到精确的理性时间节点，不能不说是乡村民众观念的巨大波澜。这一波澜意义重大，它冲破了传统观念中关于童年边界的模糊又富有张力的认识，被一种统一又刚性的节点所辖制，乡村民众对于童年边界的认识正在逐步走向现代理性的"铁笼"。

在这里探讨一下乡村民众的时间观念也许是必要的。在访谈中，研究者往往面临一种困境，即乡村民众对于时间的模糊处理与模糊记忆。由于在前期访谈中，研究者同样访谈了部分城市人口，城市人口往

第三章 集体主义取向与家族主义取向并存的童年观念(20世纪50—70年代出生人群)

往习惯于并擅长按照时间的先后顺序讲述自己的故事,并能够把该故事在线性时间的序列上进行精确的定位。城市人口擅长以前后相继的鲜明的时间逻辑来组织自己生活中的事件。研究者访谈起来觉得得心应手,能够迅速把握被访者的讲述逻辑。然而,当研究者转入乡村进行访谈时,乡村民众很少按照确定的时间节点来组织自己的故事,在乡村民众的讲述中,事件本身往往获得比时间更鲜明的记忆。例如在访谈中有两位乡村民众提到了"来探照灯的那年",一位为40年代出生,一位为50年代出生。在这位40年代出生的被访者的记忆中,"来探照灯的那年"之所以能够析取出来成为记忆的节点,则在于对于饥饿与困苦生活的切身体验,捡当兵的扔在猪圈里的老菠菜吃;而在这位50年代出生的被访者的记忆中,"来探照灯"的那年之所以在记忆中凸显出来则在于幼时看探照灯时被汽车吓到的刻骨记忆。

> 来探照灯的那年,咱想不清是几几年,饿得什么样了。来当兵的,吃的那个菠菜,老的菠菜不要了,光吃嫩的,撂猪圈去,全是猪屎,咱就拾了洗洗吃啊。小孩说这个不好吃,那个不好吃,哪有不好吃的?(VNM1944-7.8)

> 来探照灯那次我还丁点点,我去看探照灯怪稀奇啊,来个小汽车,怪出奇,两边围着那些人。正好我跟着尚玉秀,她领着我去看。就在这边,一看呢,围两边去了,她上那边,我在这边,我看她在那边呢,人家汽车一走,我一猛朝那跑,哎呀,我吓得喳喳的。从那边吓掉魂,俺奶奶不是又给叫的吗?(VNM1958-6.27)

这两位乡村民众对于过去事件的记忆均以"来探照灯"这一不常有的事件为参照点,即以一个事件来定位另一事件,而确定的线性时间并未成为人们记忆的参照点。"来探照灯的那年"究竟是哪一年,对于这两位乡村民众来说并没有意义,有意义的是那年所发生的事件。这实际上反映了乡村民众对于时间的特殊观念。又如由N村的老年人口中得知,年龄,尤其是老人的年龄在过去是隐瞒的,人们不愿意让别人知道自己的具体年龄,似乎年龄与老人的生命有着某种神秘的联系。再如在传统观念中,时间往往具有某种"明显的伦理意识",即对生活中的时间特性的情感体验与价值评判,它们各自具有不同的时间品质,时间有"宜"与"忌","吉"与"凶","柔"与"刚","良时"与"恶日"等。[1] 这一时间观念与现代西方匀质的、线性的时间观念有着本质的区别。有诸多学者对于中国传统的时间观念与西方现代时间观念的区别进行了详细的探讨,总体来说,人们认为,东方文化的时间是一种无序的、模糊的、持续的内在循环时间,持过去时间取向;西方文化的时间则是一种秩序的、精确的、即刻的外在线性时间,持未来时间取向。[2]

在埃利亚斯看来,人们对于时间的这种现代体验——以均匀、统一、连续的流去感受事件的序列并非是人类生成的能力,而是在漫长的代际习得过程中发展起来的。[3] 现代社会对于时间的概念化的理解和体验,在过去、现在与未来所发生的事件之间建立起某种不可逆的时间序列感只是文明形塑的产物,也不过是人们对于时间的诸种理解与把握的一种可能而已。埃利亚斯从根本上消解了时间的客观性,认为并不存在一个可以测量的叫作时间的客观的东西,他推崇爱因斯坦的发现,即时间是一种关系形式,而并非牛顿所认为的客观的流。[4] "'时间'是一种关系的象征,一个人类集团,即一个有着天赋的记忆和综合能力的人类集团,在两个或多个变化的连续统一体中建立起关系,其中一个是另一个(一些)的参照系或衡量标准。潮汐的涨落,日月的出入,可以作为这种变化的连续统一体,但被社会化、标准化了。如果这些原始的、自然的序列太不符合对精确的要求,人类就可以通过自己的创造来建立更准确更可依赖的序列以作为其他序列的标准。时钟就是这种

---

[1] 萧放.岁时——传统中国人的时间体验[J].史学理论研究,2001(2).
[2] 张广斌.时间与时间观的文化学研究:东西方文化比较视角[J].中共福建省委党校学报,2009(3).
[3] [德]诺贝特·埃利亚斯,斯蒂芬·门内尔,约翰·古德斯布洛姆.论文明、权力与知识:诺贝特·埃利亚斯文选[M].刘佳林,译.南京:南京大学出版社,2005.
[4] [德]诺贝特·埃利亚斯,斯蒂芬·门内尔,约翰·古德斯布洛姆.论文明、权力与知识:诺贝特·埃利亚斯文选[M].刘佳林,译.南京:南京大学出版社,2005.

第三章　集体主义取向与家族主义取向并存的童年观念(20世纪50—70年代出生人群)

创造物,它完全是人造的物理性的变化连续统一体。在一些社会,时钟被作为标准的参照系,是测量其他社会的或物理的变化连续统一体的手段。"①这种可以作为参照系的变化的连续统一体可以是潮汐、可以是日月、可以是人造物,诸如时钟、历法,甚至可以是人自身。埃利亚斯提到只有到了高度个人化的社会,"个人才能够把自己的生命看作标准的连续统一体从而给事件定时。在这样的社会,个体不但可以成为鲜明地区别于其他个体的独特存在,他还可以根据另一个公认的标准统一体比如日历年的序列,非常准确地确定自己的生命时间"②。

在这个意义上,我们不难理解以上两位乡村民众对于时间的把握。在两位乡村民众的记忆中,均没有利用日历年这一标准统一体来对记忆中的事件进行定位,而是利用了"来探照灯"这一特殊事件作为事件定位的参照点。由于"来探照灯"这一特殊事件并非变化的连续统一体,也并非是跨地方的可以追踪的事件,因此并不是时间标度的恰当选择。因此,研究者在两位被访者的讲述中并不能迅速在线性时间上给予定位。然而,对于两位被访者来说,来"探照灯的那年"却成为一个实实在在的时间标度,能够迅速达致时间上的共同理解,"来探照灯的那年"也能够组织起乡村民众对于自身经历与体验的统一感。对于乡村民众来说,时间体验是情境性的,事件的定位并不依赖线性的时间。

童年的社会期望边界其实关涉到人们对于自己人生连续体的一种定位,在过去,这种定位以结婚这一生命历程事件为标度,由于结婚在理性时间上的模糊性,人们对于童年的社会期望边界也是模糊的。伴随着现代民族国家的建构进程,线性时间在国家的强力介入下,以法律法规的形式开始侵入乡村民众固有的时间观念体系中。18岁这一理性时间作为成年的时间节点无疑是现代时间观念的产物。在人们混沌

---

① [德]诺贝特·埃利亚斯,斯蒂芬·门内尔,约翰·古德斯布洛姆.论文明、权力与知识:诺贝特·埃利亚斯文选[M].刘佳林,译.南京:南京大学出版社,2005.
② [德]诺贝特·埃利亚斯,斯蒂芬·门内尔,约翰·古德斯布洛姆.论文明、权力与知识:诺贝特·埃利亚斯文选[M].刘佳林,译.南京:南京大学出版社,2005.

模糊的时间序列中开始出现以线性时间来定位自身及他人生命阶段的努力。现代时间观念作为现代性的基础性一环[①]，侵入乡村社会。而现代时间一旦获得认可，则会成为福柯意义上规训的工具，反过来对于个人产生巨大的钳制力量。

如果说传统观念中童年的社会期望边界是模糊的，那么童年这一时期则是持续的、动态的与富于张力的。在传统观念中，这一社会期望边界与理性的生理年龄保持一定的距离，并呈现出模糊性，甚至可逆性。年龄的线性递增并非判断个体成熟乃至成人的主要标准。在人们的观念中，一个18岁已经成婚的个体，与一个20岁尚未成婚的个体，前者可以迈进成人的行列，后者则还是孩童状态。而现代童年的社会期望边界是趋于固定与精确的，童年这一时期则是统一的、直线的，并且不可逆的。在这一固定的社会期望边界之内，个体是未成熟的、非理性的儿童，而在这一边界之外，则是理性的、成熟的成人，由童年到成年，在这一线性的发展道路上是一个不可逆的过程。年龄的线性递增成为个体成熟度提升的标志。在现代观念中，人的整个生命过程似乎被填入一张确定的社会时间表中，童年、成年、中年以至老年，当然有意义的不是年龄阶段的划分，而是与年龄阶段划分相关的生命历程，诸如上学、就业、结婚、生子等，以及与生命历程相应的所应具有的品性、能力、素质与所应承担的社会角色与社会责任。人的一生被线性时间分割得精细清楚，并被不断地催促着按照线性时间表前进，趋向一个稳定的终点。

（二）个人体验边界：长不大的彼得潘

童年的社会期望边界由模糊的时间域趋向以理性时间为标度的确定时间节点，如果我们可以把这一转变看作现代性意识在乡村社会的渗透，那么，在乡村民众的个人体验中，这一理性的线性时间是否发挥着作用？伴随着社会期望边界的精细化与理性化，童年的个人体验边

[①] 尤西林.现代性与时间[J].学术月刊,2003(8).

第三章　集体主义取向与家族主义取向并存的童年观念(20世纪50—70年代出生人群)

界是否也在趋于精细化与理性化？在访谈中，研究者惊奇地发现，乡村民众的个人体验边界并未发生相应的变化。事实上，在乡村民众的讲述中，出现了一个奇特又普遍的现象，即未成熟感。

当问及乡村民众"什么时候你觉得自己长大了，不是小孩了？"这一问题时，访谈中出现了一个普遍的令人吃惊的回答，"我到现在还没觉得自己长大哩"。这样回答的被访者，40—90年代出生的均有。而在前期对城市人口的访谈中，没有一例被访者表示自己尚未长大。这引起研究者的特殊关注。乡村民众体现出一种城市人口所不具有的未成熟感，即在社会界定的意义上已经成熟的成人中出现的未成熟体验，确切地说是童年的绵延性体验。在乡村民众的体验中，他们似乎一直处在尚未长大的童年状态，即便年龄渐长，经历日增，这种童年状态的体验一直延续至成年阶段，甚至老年阶段。

M:什么时候觉得自己长大了啊？
1:什么时候长大啊？到这也没觉得自己长大啊。俺孙子都这么大了，我还没觉得自己长大呢。真事。以前跟你一块在老家住的时候，都么么小，现在都成大人了。(VNF1967-7.7)

这位60年代出生的被访女性，即便她的孙子"都这么大了"，但她仍然觉得自己尚未长大，与此同时，她认为我，即访谈者，她旧时的邻居，则已经成大人，长大了。这里比较有趣的是她在对于长大与否的问题上采用了双重标准，在她的眼中，自己尚未长大，而年龄小她很多的晚辈则已经长大了。这一双重标准实际上就是我们所提到的童年的双重边界，从个人体验的角度来说，她认为自己尚未长大，而从社会期望角度来说，在他者的眼中，我显然已经长大了。

那么，对于乡村民众来说，长大究竟意味着什么？这是一个关键问题，也是一个富有挑战性的问题。"是否长大"对于乡村民众来说，是一个超越他们日常生活的问题，人们很少反思自己是否长大了，人们也很难说清什么是长大了，因此，探讨长大在乡村民众的观念中究竟意味着什么是一个困难的问题。相反,人们对于"没长大"的感觉倒是能够诉说一二。

  M:什么时候觉得自己长大了?
  6:俺觉得跟小孩样,到这还跟小孩样。就是觉得没长大。
  1:我也是觉得没长大,怎么回事啊?
  3:老了还不服老。
  1:我觉得我现在都还不会说大人话。
  6:那你要不会说大人话,俺不更毁了吗?
  4:都混成老奶奶了还不会说大人话?
  1:俺整天学那样想,俺不会说大人话。
  6:这伙老头啊,在西边打牌说,觉得还没长大似的,怎么小孩都长大了啊?一伙老头啊。
  1:就是没觉得长大啊。
  6:是的。
  3:俺爹活了90多才死,还说没觉得长大。你说怎么就不能干活的啊?真老了吗说。90多了还说真老了吗。
  M:那长大是什么感觉啊?
  5:长大,天天吃着喝着,干着活,那时候还不寻思,光知道干活吃饭,也不寻思着长大啊。(1/VNF1945,3/VNF1941,4/VNF1960,5/VNF1930,6/VNF1968,VN 六人访谈-7.4)

  在上述六人访谈中,无论是30年代、40年代,还是60年代出生的被访者,普遍感觉到尚未长大。没长大的感觉是"跟小孩样",一位已经"混成老奶奶"的乡村民众说自己"不会说大人话"。已经成大人甚至是老人的人觉得自己还是跟"小孩样",不是"大人样","不会说大人话"。所谓说大人话,在乡村社会指的是懂得人情世事,知道如何以礼相待、与别人周旋应对。在理论上,"不会说大人话",即意味着尚未成熟,尚未进入成人社会。没长大的感觉不仅是"小孩样",还是拥有"小孩心"。

第三章 集体主义取向与家族主义取向并存的童年观念(20世纪50—70年代出生人群)

M:那嫂子你什么时候觉得自己真正长大了？

1:俺到现在感觉还没长大呢。

2:是,俺现在也还没感觉长大呢。

M:为什么啊？

2:你要一说岁数,一看40了啊,一瞅人家40什么样,感觉还怪大。

1:俺觉得俺还没长大,还是小孩心。

2:人到80心不老呢。

1:总是感觉没长大的感觉。（1/VNF1984,2/VNF1974,VN五人访谈6.29）

M:什么时候觉得长大了呢？

1:俺到这还没觉得长大,人啊,到80不觉得长大。要不你怎么说,不管多大,都说俺都没觉得长大哝,怎么就老了呢？他的心情都还没觉得长大。（VNF1963-7.9）

"小孩心"是N村民众表达自己尚未长大的感觉最为抽象概括的一个概念。人们认为,即便自己已经成人,人至中年,甚至老年,自己仍然是"小孩心","心情上"还没觉得长大。那么,"小孩心"是什么？"大人心"又是什么？这个问题超乎乡村民众的反思范围。与乡村民众的"小孩心"相对应的学术概念,可以称作"童心"。童心,即孩子般的心情,后被引申为人的本性,人的真心,乃至人的完满状态,诸如老子的"复归于婴孩",孟子的赤子之心,王阳明、李贽的童心说,丰子恺的儿童崇拜,这里的童心,被上升为一种人们苦苦追求的人生完美状态与精神特质。而在乡村民众的观念中,"小孩心"并非有以上的精神高度与学术高度,更多的是指一种单纯无忧、自然率真、不知所谓的状态。

与"小孩心"相对,"大人心"意味着什么？长大的感觉是怎样的？那些认为自己还没有长大的乡村民众往往无从谈论这个问题。在他们看来,自己尚未长大,还不成熟,至于什么时候长大、长大是什么样子的,他们无法把握。在他们的观念中,在人的有生之年,"长大"是一个永远抵达不了的终点,自己似乎就是那个长不大的彼得潘,童年状态因此是绵延一生的体验,也就难怪有 90 岁的老者仍然觉得自己尚未长大。

　　由于"长大"成为永远抵达不了的终点,由于童年状态的绵延,我们或许可以推测这种未成熟感反而具有了积极的向上的力量。具有未成熟感的成人拥有一颗"小孩心",以"小孩"的热情投入日复一日的日常生活中,以"小孩"的心情度过单调重复的每一日,由于尚未长大,由于尚未成熟,因此,人生总是充满着希望与可能性,生活也会充满着干劲,奔向长大、奔向成熟,在奔向长大、奔向成熟的过程中,不知中年已至,不知老之将至。而在对于人生阶段的划分有了明确的感知之后的现代观念中,人过中年之后,则是注定无法挽回的低落前景。当然,人们具有未成熟体验,并非意味着人们不清楚在外在社会期望上自己已经长大的事实。

　　M:那你觉得长大是什么感觉啊?
　　1:就是自己的心理,按说成家立业就长大了,但是总觉得自己还是小孩似的,没想那种长大是什么样,实际上按说结婚就长大了。问谁长大了吗,都说自己没长大。(VNF1972-7.3)

　　"按说成家立业就长大了",但是在个体的心理上来说,还是觉得自己跟"小孩似的"。前者是社会期望边界,即他者眼中的童年边界,后者则是个体自身的体验。在个人体验中,童年的"心"、童年的感觉一直都在,不论外在客观时间怎样变化,这种童年体验绵延至人的一生。在乡村民众的观念中,童年的社会期望边界与童年的个人体验边界是并行不悖的两条逻辑,即便我们看到社会期望边界日趋精细化与理性化,而个人体验边界仍然是一如既往。对乡村民众来说,现代观念改变了童年的社会期望边界,却未撼动人们内心深处的童年体验。底层乡村民众的观念体系具有自身的逻辑与顽固性,在与现代观念的交锋、互动中仍然有着自己的坚守。

第三章 集体主义取向与家族主义取向并存的童年观念(20世纪50—70年代出生人群)

二、童年的双重区隔机制

在50—70年代出生人群的观念中,童年的区隔机制呈现出双重性。一方面,人情网络继续发挥着区隔儿童与成人的作用,并趋向瓦解,另一方面,制度化的学校教育开始成为区隔儿童与成人的新机制。这一双重的童年区隔机制共同存在于乡村民众的观念中,对于没有读过书的乡村民众来说,人情网络无疑是主要的童年区隔机制,而对于读过书的乡村民众来说,学校教育年限则成为衡量孩子是否脱离童年的标志。

(一)人情网络作为区隔机制的瓦解

在 N 村的访谈过程中,研究者发现当下乡村出现一个新的现象,即未成家的"小年轻"也开始有了自己的人情网络。这些未成家的孩子大多在十七八岁乃至二十几岁,往往已经"下学"并开始打工,有了自己的收入,也有了自己的朋友圈子。在传统的观念中,他们尚未成家,尚未长大,无须也没有资格建立自己的人情网络系统。

> 没结婚,小孩,拉什么来往啊。这现在小年幼的他也有来往。这现在不行了。你搁在过去没有这些事。这现在没多大,十七八都有来往。(VNM1944 - 7.8)

即便村里的老人看不惯现在小年轻的"来往",小年轻的确发展起了自己的人情网络,仔细分析,会发现他们的随礼行为仅限于同辈朋友群体,而非基于血缘的圈子。如下面一位访谈者所言,未成家者仍然没有进入血缘基础之上的人情网络,在地位上仍然是附属于家庭的,而在自己的同辈朋友圈子里,自己成为独立的个体,已经开始建立自己的独立人情网络。

> 好比不结婚之前,他同学结婚他也去。亲戚,姑舅娘姨

的,老的装钱,也去。小的不用装。自己同学去,自己装钱。你要不出门子,二元结婚你来也不用花钱。你要是出了门子,你来就得花钱。因为他成家了。你不出门子,你再大,你到30,您大爷的儿结婚,你不用花钱。就跟昨天俺舅死了,俺姊妹四个都去,各人记各人的名。这个家庭现在都一样。(VNF1964-7.1)

在父母乃至长辈的眼中,小年轻仍然是未长大的孩子,而在小年轻自己的圈子当中,自己已经成为成熟的独立个体,拥有属于自己的人情网络。年轻一代并未彻底突破乡土社会原有的人情网络传统,表现为在基于血缘基础之上的人情网络中仍然处于边缘地位。然而,年轻一代拥有属于自己的人情网络在过去是不可想象的事情,一方面可以说是年轻一代地位的崛起,另一方面年轻一代随礼行为以及人情网络的出现实际上正在挑战传统观念中人情网络作为区隔成人与儿童的固有机制。年轻一代开始卷入原本仅限于已成家的成人的人情网络,可以说正在人情网络的屏障中实现某种突围,人情网络作为区隔成人与儿童的机制开始出现某种程度上的瓦解。

(二) 新的区隔机制——制度化学校教育

50—70年代出生人群对于童年边界的认知出现了新的趋势[①],不仅如前文所述开始使用理性的时间节点,而且开始把童年的边界与现代学校教育生涯相结合。当问及个体的童年何时结束时,50—70年代出生人群开始用"小学毕业之后"与"初中毕业之后"等学业生涯节点进行回答。制度化的学校教育成为个体生命成长的必经阶段,并成为个体生命历程的转变标志。

在第二节"教育与教育观念"的考察中,我们得知现代学校教育进

---

① 需要注意的是,这里讨论的童年区隔机制更多是从社会期望边界的角度进行讨论,即区隔童年的社会期望边界的机制。

第三章　集体主义取向与家族主义取向并存的童年观念(20世纪50—70年代出生人群)

入S村与N村人的视野是在新中国成立初期的50年代。1986年,国家开始推行九年义务教育,我们将在下一章详细考察。50—70年代出生人群的子女大多出生于国家推行义务教育的时期。对于S村与N村来说,乡村教育的现代化进程不过短短半个多世纪,正是在这短短半个多世纪中,学校教育从乡村民众生活中可有可无的点缀变成一种强迫的制度性安排,成为个体进入成人社会做准备的必要阶段,使得学校教育与童年彻底关联起来。

关于学校教育与童年的关联,现代学校成为区隔成人与儿童的机构,尼尔·波兹曼有着精彩独到的论述。尼尔·波兹曼认为印刷与社会识字文化的出现,创造出了一个全新的符号世界,这个符号世界要求确立一个全新的成年概念,所谓成年人是指有阅读能力的人,而所谓儿童则是指没有阅读能力的人。儿童只有通过学习识字,进入印刷排版的世界,才能成为成人。为了达致这一目的,他们必须接受教育。因此,学校得以创立,成为帮助儿童将来进入成人的符号世界做准备的专门机构。正如波兹曼所言:"凡是识字能力受到始终如一的高度重视的地方,就会有学校;凡是有学校的地方,童年的概念就能迅速发展。"①

虽然尼尔·波兹曼是针对16世纪后欧洲社会童年概念的出现展开论述,却同样适用于20世纪初期的中国乡村社会。20世纪的中国乡村社会如费孝通所言是"文字下乡"的时期,也是乡村教育现代化进程推进的重要时期,在这一时期,现代学校教育成为新的区隔童年与成年的机制,在人们的观念中,儿童与学校的紧密关系达到从未有过的高度。这一从未有过的高度最为显著的表现即童年的(社会期望)边界与学业生涯节点联系起来。

M:阿姨,你觉得小孩的童年到什么时候就结束了?
1:我只知道我们的两个小孩,上初中基本上就结束了。

---

① [美]尼尔·波兹曼.娱乐至死　童年的消逝[M].章艳,吴燕莛,译.桂林:广西师范大学出版社,2009.

M:为什么?

1:因为上初中他就要读初中的一些知识了,不会像小时候这样那样玩耍了。(VSF1962-7.15)

M:你觉得童年到什么时候结束?

1:上完小学就没有了。小的时候就光想玩,哪里有好玩的一天不吃都行。上初中的时候就想穿了。(VNM1975-7.11)

在尼尔·波兹曼看来,学校是区隔儿童与成人的机构,在乡村民众看来,童年与学业生涯节点相关,恰恰是由于学龄的增长导致知识的增长、玩耍之心的丧失。学校教育反而是使得儿童远离童年的机制。由此,学校教育成为催促童年结束的重要因素。

俺那时候的童年很单纯,也没有什么压力,虽说没有什么压力,现在小孩的童年,我感觉小孩就跟没有童年样。从丁点就上幼儿园,叫学这个学那个,我试着(觉着)都把他压得喘不过气来。小孩都太不容易了。你说得怎么说啊!要讲那时候,俺没的玩吧,还玩得很痛快。什么都不想,学习了就语文数学,就发两本书,写完作业就去玩,什么都不想。现在小孩压力最大。学他四婶子,陪着她那个闺女天天晚上背书,背不完天不明五点就拽起来背书,说背得快。天天说俺现在又上学了,俺天天陪着小孩背书啊。那老可怜的。才上一年级吧,不是一年级就是二年级,可能是一年级。现在城市都是家长教,在临沂,咱农村都不让家长教。你说这样小孩有童年吗?我觉得童年就是无忧无虑的,该玩的玩,该做的做,这个就是我觉得不管学校家里都把小孩压得太累了。我现在看着小孩都怪疼得慌。现在再加上个补习班,俺以前放了假,该做作业就做作业,做完了就玩啊。做完了就忘了,玩完了再去做,忙得啊,还有几天开学了,赶紧恶做。(VNF1963-7.9)

第三章 集体主义取向与家族主义取向并存的童年观念(20世纪50—70年代出生人群)

制度化学校教育作为区隔童年与成年的机制具有了双重性。一方面,它推宕着童年期。制度化学校成为区隔成人与儿童的制度化空间,它把儿童从成人空间中祛除,儿童从相对自由宽松的家庭、乡野等非制度化空间被劝入学校、幼儿园等制度化空间。田野中奔跑与劳作的身影,大街上嬉戏与游荡的儿童形象,工厂中稚嫩的脸庞与柔弱的双手,幻化成明亮教室中整齐的背影与朗朗的读书声。至此,儿童从成人的世界中被隔离出来,教育机构以制度化的形式固定了儿童的空间。随着学校教育年限的推迟,个体参加工作乃至结婚的年限不断推迟,从而导致童年期的延宕。另一方面,它又在催熟着童年。儿童入学年龄的提前,儿童学业负担的加重使得儿童逐渐长知识、长学问,过早进入波兹曼所讲的成人的符号世界,过早地感受来自父母、学业的诸多压力,学校里的童年已经逐渐远离人们心目中无忧无虑、只知玩耍的童年概念。

制度化学校教育成为童年与成年新的区隔机制,与传统社会人情网络作为区隔机制有着显著的不同。在前面的分析中,我们把人情网络当作区隔成人与儿童的无形之网,在这张无形之网下,儿童与成人共处一个世界,并没有专门的分离机构把儿童与成人进行分离,儿童与成人共享一个共同的生活空间。当个体达至社会期望的年龄阶段便自然地通过结婚过渡为成人。而制度化的学校教育出现之后,则打破了人们自然成长的状态,也打破了童年的自然边界。一方面,学校教育人为地把儿童与成人的生活割裂开来,儿童与父母分离,被安放于与家庭、乡野、村落完全不同的学校空间之内。如前所述,这一学校空间为儿童提供现代普遍性知识,也为儿童提供经由成人精心拣选的知识与经验,使得儿童分离于乡村社会的地方性知识之外,也分离于成人社会之外,当儿童进入成人社会时,便将感受到断裂感与无所适从。从这个意义上,乡村民众认为,正是学校教育延长了个体的童年期,使得他们始终无法真正进入成人社会,无法真正独立。另一方面,这一把儿童纳入学校教育空间的举动也推动了对于儿童年龄的精细划分。如果说具体的生理年龄在传统社会并不负载太多的社会意义,乡村民众甚至意识不到生理年龄在日常生活中的存在,人们对于自身生命跨度的感知也是模糊不清的,那么,现代学校教育的介入,则使得生理年龄与特定社会意义密切联系起来,并成为分割乡村民众日常生活的理性工具。在此意义上,童年的边界不仅变得精细化,也变得日益固化。童年的边界与学业生涯节点的紧密联系即明证。这一点我们将在下一章详细讨论。

三、童年的双重意义与价值

童年的意义和价值与人们对于儿童的认识是密不可分的,在前文的分析中,我们可以看到,在50—70年代出生人群的观念中,对于实然儿童的认识出现了分化,依附性的消极儿童观念与独立的消极儿童观念同时存在,"家庭的孩子"与"国家的孩子"也同样并存,伴随着现代童年观念在乡村社会的推进,以及对于儿童独立人格的认识,人们对于童年的意义与价值也出现了新的认识,与此同时,传统家族主义取向的认识在新的社会背景下复苏乃至强化,由此出现了人们对于童年意义与价值的双重认识。

(一)对于童年期工具价值的重视——儿童诞生仪礼的异化

在新的社会背景下,一儿一女的理想生育数量代替了人们多子多福的生育观念。孩子生育数量的减少,使得人们投注在孩子身上的关爱、精力与期望增加,儿童的诞生对于现代家庭来说,具有了与以往所不同的重要意义。从这一重要意义,我们可以辨识出对于童年期本身价值的重视,更可以看到人们对于童年期工具价值的利用。后集体化时代,市场经济下的消费观念与传统家族主义观念下的人情关系相结合,使得儿童诞生仪礼得以复兴甚至异化。三四十年代普通乡村民众承担不起诞生仪礼,诞生仪礼几乎是有钱人家的专属。集体化时代,尤其是"吃食堂"时期诞生仪礼被暂时废止,之后诞生仪礼重新盛行,但也仅限于简单操办。进入后集体化时代,伴随着市场经济的浪潮,儿童诞生仪礼在新的时期下具有了新的特征。

第三章　集体主义取向与家族主义取向并存的童年观念(20世纪50—70年代出生人群)

1. 单个孩子举办仪礼名目增多

虽然说 N 村与 S 村有着名目繁多的儿童诞生仪礼,诸如送米糖或者送祝米、过满月、过百天、过周岁,但是在 90 年代之前,并非每个孩子都能走完所有的流程。然而,"90 后"乃至"00 后"的孩子几乎都被庆祝过相关仪礼。为"90 后"乃至"00 后"的孩子举办相关仪礼的主体则是 50—70 年代出生的人,也包括 80 年代出生的人。在新的时期,单个孩子举办仪礼的名目比过去增多。这一增多还有另一体现,在 S 村,给孩子过五周岁、十周岁生日的风气也于 90 年代,甚至 80 年代兴起。

如果说在 90 年代之前,儿童诞生仪礼的对象主要限于头胎,那么 90 年代之后,随着人们生育数量的减少,每个孩子的出生都受到同样的重视,无论男孩女孩,头胎还是二胎,家人总要为孩子的出生摆上酒席,来宴请亲戚朋友。

2. 由礼品转向礼金

诞生仪礼最初的意义无外乎两个,一是看望产妇,祝福产妇身体早日康复,更好地喂养孩子,二是庆祝新生命的诞生,祝福孩子健康成长,并预祝孩子将来成才。因此,人们馈赠的礼物也分为两类,一类赠予产妇,用于产妇滋补身体,一类赠予孩子,是孩子成长过程中所必需的物品,从而有了亲戚邻里守望相助、帮助抚养孩子的含义。因此,诞生仪礼的"礼"最初是以礼品的方式进行馈赠。如 N 村村民 VNF1967 - 7.9 提供了一张礼单,上面详细记录了出生于 1990 年的女儿出生时所收的礼品[①],主要为大米、鸡蛋、红糖、挂面、猪肉、小孩衣物等物品。

80 年代之前,在孩子诞生仪礼上已经出现了礼金赠送,人均不过一两块钱,总额不过五六十块钱。进入 80 年代后,参加孩子诞生仪礼赠送礼金已经成为必然。综合访谈资料,以 N 村为例,80 年代中期以

---

① VNF1967 - 7.9 的女儿出生时为了躲避计划生育并没有送米糖,因此,此礼单没有礼金,只有亲朋好友赠送的礼品。

前孩子送米糖总额一般为百元以内①,80年代中后期总额一般为五六百元,90年代初开始突破千元,90年代后期基本达至四五千元②,2000年以来开始近万元③,当下N村孩子出生礼金则开始突破万元,如研究者参加的两个诞生仪礼,收到礼金金额分别为18 199元、18 000元。

如今,在N村与S村,参加孩子的诞生仪礼,即意味着赠送礼金,也意味着还人情债。随着乡村民众经济生活水平的增高,礼金呈逐年增多的趋势。除了送米糖之外,还有孩子百日、周岁、五周岁、十周岁生日,每一次庆祝即意味着礼金的赠予,也意味着人情债的放出。不少乡村民众表达着当下乡村生活出现的新问题,即不堪重负的人情债。

3. 送礼之人范围扩大

相比过去,如今参加孩子诞生仪礼的人员增多。一方面,是人数的增多。在五六十年代,来送礼的人数相对比较少,有时甚至只有娘家的几个人,主家在自家摆一桌酒足矣。④ 如今,在N村,送礼人数大大增多,在研究者所参与的两个送米糖的仪式中,每一家均摆了四桌宴席,人数均为四十人左右。另一方面,表现为送礼之人关系圈的扩大。与过去相比,有两点变化比较突出:其一,亲属圈范围扩大。在五六十年代,参加诞生仪礼的亲属主要限于关系较近的娘家人。如今,本家亲戚

---

① 时来(1984年出生)呢,那时候总共收了80多块钱,有装两块的,有装1块的。就学他大奶奶三奶奶这样的装了3块钱,俺二姐,他姨才装了5块钱,他大姨因为俺结婚她没从家,躲计划生育去了,装了个10块就是天文数字了。临沂她大姑装了3块钱。总共收了87块钱还是83块钱,反正就是这两个数字。可能是83,又添了17块钱,碰了100块钱。那时候碰整数。(VNF1963-7.9)

② 丛丛(1989年出生)那时候收了460块钱。正好还完菜钱,就不剩。挣了100块钱吗?那时候都给5块、10块,那时候燕燕没有,乐乐那时候是4 000来块钱。燕燕跟乐乐姐妹俩罚了16 500,加上找人,正好两万。乐乐(1997年出生)收了4 000多,上您家借点个,上您二大娘家借点个,正好交了罚款。乐乐交了15000。丛丛是八九年生人,燕燕是九一年,乐乐是九七年。乐乐那时候他姊子这样的装了40,他姑这样的装了一百。丛丛是10块、20块,也有5块。(VNF1967-7.9)

③ 莎莎(1998年出生)那时候是一千多块钱啊,现在是翻了多少番了。浩杰(2005年出生)多了,不到一万。都是姥姥这边、自己家这边,都装点个。(VNF1973-7.8)

④ 米可能是给了30斤,面也有个二三十斤,没有吃八碗,就自己办点饭随便吃,就俺家他大舅跟俺娘他俩来的,亲戚朋友也没有来的。那时候都很穷,也不兴那些人来,怎么不兴?没钱就不兴。学您二奶奶跟俺奶奶,那样的也吃八碗,也没装钱,顶多的就来您大姑您二姑,一人给一块钱,今年您大哥连着虚岁47了。(VNF1942-7.7)

第三章　集体主义取向与家族主义取向并存的童年观念（20世纪50—70年代出生人群）

以及一些主要远亲也参与到人情网络中，诸如远近表亲的加入。① 其二，非亲属圈的加入。过去送礼之人仅限于亲属圈，如今随着年轻一代交际范围的扩大，同学、同事、朋友以及平时有来往的邻里也加入送礼的队伍中。

单个孩子举办仪礼名目增多，礼物由礼品变为礼金，礼金逐年加重，送礼之人日渐增多，是新时期儿童诞生仪礼的新特征。这固然是乡村民众经济生活水平提高的结果，但是在客观上却导致孩子诞生仪礼的异化，甚至成为乡村民众日常生活的人情负担。这一时期的儿童诞生仪礼已经远离了恭贺祝福、邻里互助的意涵，成为人们建立、维系、拓展人情网络的工具。诸如N村村书记的孙子送米糖时礼金为5万，超出普通民众收取礼金的正常数额，这其中有很大一部分礼金来自试图与村书记建立人情来往的乡村民众。更多的人把孩子的诞生仪礼当作收回人情投资的好时机，而孩子周岁、五岁与十岁生日宴的举办也有很大的成分是为了"回笼资金"。在以上的分析中没有提到的是，乡村社会诞生仪礼宴席日趋高档，实则是乡村民众为了面子、为了攀比的消费行为。

通过考察孩子诞生仪礼的异化，我们可以看到在50—70年代出生人群的观念中，当然也包括部分80年代甚至90年代出生人群，孩子的工具价值仍然受到人们的追捧，童年期这一特殊的时期在新的环境下具有了新的价值，成为人们经营人情网络的工具，收回人情投资的手段，并卷入人们为了面子的消费行为。

（二）对于童年期本身价值的重视——童年纪念意识的兴起

在50—70年代出生人群的观念中，一种对于童年意义与价值的新的意识兴起，即对于童年纪念的意识。人们开始意识到孩子童年期的短暂性，孩子的童年一旦逝去便不再复返。如果说，在50年代之前出

---

① 以前也送，再多也送，就是多少是的，当姥娘的，来两个三个舅母、姨的也送，我记得俺兄弟小，送的呢。不是现在扯了的，亲舅母、远舅母、表舅母的都来。（1/VNF1969, VN五人访谈-6.30）

生人群的观念中，人们期待孩子尽快长大，尽快成熟，成为家庭的帮手，承担起家庭的责任，那么50年代之后的出生人群，则逐渐意识到孩子的童年状态是宝贵的，人们愿意孩子慢慢长大，并在孩子慢慢长大的过程中享受与孩子的亲密关系。人们想要留住孩子的童年时光，留住孩子的可爱面容与童声稚语。人们这一意识的转变与现代观念中对于儿童情感价值的重视有着密切的关系，[①]也受到现代社会先进技术手段的推动，这一先进的技术手段即影像记录与视频记录在乡村社会的普及。

照相机是一个神奇的工具，它可以使得处于流动状态的童年凝固为可视的图片，把童年这一不可见的状态从孩子身上剥离出来予以保留，并进行纪念。人们在注视孩子的照片，更是在注视孩子的童年，照相机使得童年在某种程度上独立于具体的孩子，使得人们把目光投向这一独特的时期。

照相机进入N村与S村村民的视野大概是在20世纪80年代，也许还更早些，那时，村里偶尔会有流动的照相师傅，他们总是不失时机地怂恿家长为孩子留下童年的影像，以作纪念。这些流动的照相师傅也许是乡村民众童年纪念意识的最初启蒙者。在这之前，人们也许并没有意识到原来可以把孩子的童年定格，原来应该把孩子的童年定格。于是，孩子们的童年被留下来了，把童年定格在某一瞬间以作纪念进入人们的意识。

除了以影像的形式把孩子的童年保留下来，人们也开始以其他方式来纪念孩子的童年。诸如孩子出生时的胎毛被做成胎毛笔被保留下来。按照传统，孩子的胎毛要剪下来扔给狗吃掉，据说这样的孩子胆子大。出生于70年代的为人父母者，大部分已经不在意这样的传统习俗，有的选择把孩子的胎毛留下来以作纪念。

纪念孩子的童年，还有另一种重要的方式，即为孩子庆祝生日。为

---

① 关于儿童情感价值的提升，维维安娜·泽利泽的《给无价的孩子定价：变迁中的儿童社会价值》有着精彩的论述。

第三章　集体主义取向与家族主义取向并存的童年观念(20世纪50—70年代出生人群)

孩子庆祝生日的风气在N村盛行起来大致是90年代之后的事情,之前的80年代也有零星几家为孩子过生日。"'80后'的没过过,'90后'的想着就给过了,想不着就不过了。"[①]90年代后出生的孩子已经有了过生日的机会,虽然并非年年过。90年代的生日通常是家长为孩子下上一碗面条,杀个鸡[②],做上一桌好菜,自家人好好地吃上一顿。90年代末甚至2000年以后,生日蛋糕,这一生日的标志性食品才开始进入N村寻常百姓生日宴的饭桌上。孩子们过生日的模式也发生了变化,通常是吃蛋糕、喝饮料、去公园玩。蛋糕、饮料、公园等现代消费文化要素已经渗透进乡村孩子们的生活中了。

生日在N村的出现与盛行,可以说基本上是现代文化的产物。N村三四十年代出生的老人们纷纷表示以前都不知道过生日是怎么回事。50年代出生人群逐渐开始接受为孩子过生日这一观念,六七十年代出生人群已经积极地开始为孩子操办生日了。在2000年之前,N村孩子的生日基本上是家长与孩子一家人一起过,不请客,也不收礼金,也很少有礼物。为孩子庆祝生日,是家长对于孩子珍视与关爱的体现,纪念孩子的成长,祝愿孩子的未来,并提出对于孩子的期许。有条件的家庭还会用相机拍下这值得纪念的一刻。这一时期,也许我们可以说,乡村的孩子们获得了以往所没有的重视,在某种意义上,他们的地位甚至高于家长。在N村,家长为孩子过生日,而家长自己却基本上不过生日。

S村的情况有所不同,"过生"这一习俗由来已久,是传统文化的继承,并非现代文化的产物。S村还有过大生日的习俗,即整生日,诸如十岁、二十岁,逢到整生日,必定是延请亲友前来祝贺。在过去,家境好的家庭会为孩子过大生日,举办生日宴席。平时的小生日也是自家人一起简单过。家境不好的家庭也就省略了。在访谈中,S村,50—70年代出生人群在童年时代很少有过生日的,其子女,80年代、90年代出

---

① 1/VNF1969,VN五人访谈-6.30。
② N村待客的最高规格即杀自家喂养的公鸡,做个辣椒炒鸡。

生的孩子几乎都有过生日的记忆,特别是五岁生日、十岁生日等整生日,一般要举办生日宴席。生日蛋糕、蜡烛、红包、骑马、放电影,传统与现代元素相结合,是"80后""90后"孩子热闹非凡的生日庆典。

如果说N村的"90后"才开始盛行过生日,那么,S村为孩子过生日的习惯则要比N村提前10年左右。这很大程度上与S村由来已久的"过生"这一习俗相关。孩子过生日的盛行无论是在80年代还是90年代,为孩子过生日的家长群体基本都是50—70年代出生的,他们开始意识到,为孩子过生日是有意义,也是有必要的。在90年代乃至00年代的N村,过生日是为了孩子自身的快乐体验,为孩子留下成长的脚步。S村虽然在客观上把为孩子过生日变成维系、建立人情网络的工具,但在其中仍可辨识出人们珍视孩子童年的初衷。

留住童年的照片、留住童年时代的物品,为孩子庆祝生日,纪念童年的意识深入50—70年代出生人群的观念中。这一对于童年的纪念意识表现了人们对于童年期本身的重视,然而,也很难说在50—70年代出生人群的观念中,童年期具有了独立的价值。儿童死亡依然没有仪式,没有墓碑,不能进入祖坟,只是,儿童的生命获得了以往从未有过的珍视,如果说在30、40年代出生人群的观念中,孩子的夭亡是正常的可以接受的事情,那么,在50—70年代出生人群的观念中,孩子的夭亡成为一桩惨事,甚至会成为父母心里永远的伤口。与过去相比,死去的孩子一般都会被埋葬,在S村,过年上坟"烧清香"时也有父母前去烧纸钱,以示纪念。在新的时期,童年期的工具价值在市场经济的浪潮与消费主义的盛行下被重新利用,甚至被异化,人们也逐渐意识到童年期本身的价值,兴起了一系列纪念童年的方式。由此,在50—70年代出生人群的观念中,童年具有了双重的价值与意义。

四、童年的双重责任

随着社会生活与家庭生活的变迁,儿童观念与教育观念的转变,50—70年代出生人群对于童年的责任有了新的认识,与30、40年代生人认为家庭劳动是孩子童年期的主要责任不同,50—70年代出生人群

第三章　集体主义取向与家族主义取向并存的童年观念(20世纪50—70年代出生人群)

在承认家庭劳动是孩子责任的同时,开始认为学习是孩子童年期的主要责任。孩子参加家庭劳动的价值在人们的观念中已经发生了变化。在这一时期人们的观念中,童年具有了双重责任。

(一) 家庭劳动:从经济功能转向教育功能

参加家庭劳动,是50—70年代出生人群童年生活必不可少的一部分。家务劳动姑且不提,出生于集体化时期的人们几乎都有童年时期挣工分的记忆,这可以说是儿童劳动的经济价值显性化的一个时期。随着乡村社会家庭经济生活水平的提升,家庭已经不需要孩子未成熟的劳动力,儿童劳动的经济价值日渐减少,甚至消失。尤其是义务教育大众化之后,孩子从家庭中分离出去,被现代学校所区隔。这一切导致孩子在家庭分工结构中日渐退出,孩子对于家庭劳动的卷入日渐减少。在访谈中,不时有家长抱怨,现在的孩子已经不会干农活,变得五谷不分。

> 原先城市的小孩问他们粮食从哪来的,他说是从坛子里面舀的,根本不知道粮食从哪来的。现在说不定农村的小孩好多都不知道粮食是从哪来的。他没有做过,不懂。现在农村的小孩基本上都跟城市的小孩差不多了。他从小读书,连田都没去过,他怎么知道粮食是怎么长出来的了?(VSM1961-7.15)

虽然成人在抱怨现在的孩子不下地干活、五谷不分,但这实则是由于成人的观念发生了变化。这与人们对于儿童的期待转变有关,也与人们对于学校教育的重视有关。人们不希望孩子像自己一样"吃地",而是希望孩子能够通过读书吃上"公家饭"。孩子劳动的经济价值已经变得可有可无。然而,当问及这一时期出生的人们孩子是否应该干活时,人们的回答还是倾向肯定的。

家庭劳动还是被看作童年时期的责任,只是家庭劳动的价值与功能已经发生了变化。如果说,以前人们重视孩子劳动的经济价值,那么,现在人们开始关注孩子劳动的教育价值。人们认为孩子应该参加家庭劳动,并非由于这对于家庭有实质性的经济帮助,而是因为劳动可以使孩子养成良好的道德品质与生活习惯。

> 那肯定要干活啊,小孩要养成爱劳动的习惯啊,要有这种精神,不管你家的条件好还是不好,他要知道钱来之不易。比如《锄禾》这首诗,现在的小孩对粮食还是一个断裂的感觉,泼一碗无所谓,其实一颗粮食好辛苦啊,做出来不简单。(VSM1961-7.15)

在第二章中,我们讨论了30、40年代出生人群对于孩子劳动教化价值的重视。那么,对于50—70年代出生人群来说,孩子劳动的教化价值已经发生了转变。在前者的观念中,孩子参加生产与生活劳动,是为了使孩子在劳动过程中掌握劳动知识与劳动技能,为未来的劳动生活做准备。而在后者的观念中,人们并不期待孩子掌握切实的劳动知识与劳动技能,而是希望孩子通过"体验"劳动,来体验生活的不易,体谅父母的艰辛,以此教育孩子好好读书,培养孩子脱离农耕生活的意识。

> 怎么教育啊,就让他好好上学,家来好好干活。我就知道俺家里小孩那时候,放学来,我领着下地拔麻英地里的草,穿着两根筋的小线衣,肩膀上晒得通红,家来家里头(老婆)嫌乎,"你真狠啊,这么热天,不让家来歇歇,叫下胡干活"。我说我不让他去干活,他知道那个苦处吗?(VNM1950-7.4)

(二) 学习:童年的新责任

在50—70年代出生人群的观念中,相比家庭劳动,学校的学习成为童年期更为重要的责任。这得益于人们教育观念的转变,即对于学

第三章　集体主义取向与家族主义取向并存的童年观念(20世纪50—70年代出生人群)

校教育的重视,学校教育成为孩子成长的必经阶段;也得益于人们儿童观念的转变,即对于儿童成就的重视。如前所述,制度化的学校教育成为童年与成年新的区隔机制,学校教育从乡村民众生活中的点缀,不仅变成一种强迫性的制度安排,更成为乡村孩子走出土地、实现阶层流动的主要途径。正是由于人们对于学校教育前所未有的重视,对于孩子前所未有的期待,使得学习成为孩子的头等大事,甚至超越了家庭劳动,成为童年期的新责任。

> 小孩的任务就是学习啊,旁的还有什么？要多见多学,见得多,读的路远,见的事多。读万卷书,走千里路。(VNM1963－7.1)

如前所述,在这一时期出生人群的眼中,理想的好孩子一定是学习成绩好的,孩子在童年期的任务就是学习,除此之外其他并不重要。在访谈中,一位"80后"的被访者谈到小时候父母吩咐自己干活,当自己想偷懒的时候,最佳的借口就是学习。只要是在学习,那么,什么家务劳动都不需要做。而50—70年代出生人群与子女最突出的矛盾大概都是由于学习引发的。

> 我们家的主题就是学习、学习。很多事都是唯学习论,学习不好就是不好好学习,但是他们的心是为了你好,但是有些方式很过分,很尖锐。其实我们家的矛盾也一直是这个。你学习不好,就是不好好学习。(VNM1987－7.1)

学习超越了劳动,成为孩子童年期的主要责任,即便是孩子参加劳动,也有一个必要前提,绝不能影响学习。当然,经济条件较差的家庭中,孩子还是免不了要承担一定的家庭劳动。总体而言,学习成为童年时期新的责任,也成为童年新的压力。这时的孩子基本免除了体力劳动,却又陷入无休止的脑力劳动中。

这里有一个矛盾的现象，在童年的双重区隔机制中，我们谈到在人们的观念中，学校教育成为催促童年结束的重要因素，人们普遍认为，随着孩子学龄的增长，在知识启蒙过程中，孩子逐渐远离了童年。这种远离，激起人们的惋惜与同情。然而，人们又认为童年期孩子最重要的责任即学习，孩子的精力应当完全放在接受系统教育上，以取得好成绩，有一个好未来。这种矛盾在50—70年代出生人群的观念中比较突出，人们开始意识到童年期的价值，却又把目光锁在孩子未来的成人状态，人们对于童年时期学习责任无以复加的强调实际上仍然凸显出童年这一阶段尚未获得真正独立的价值。

在50—70年代出生人群的观念中，童年开始远离体力劳动的责任，远离成人社会，成为一段专门用于学习的时期。童年的生活与成年的生活不再像过去一样是延续的，在制度化学校教育的区隔下，童年与成年有了断裂的预兆。童年与学习，成年与工作，成为人们心中自然的区分。家庭劳动作为童年的责任，是前一阶段出生人群观念的遗留，在这一时期也有了新的变化，即由重视孩子劳动的经济功能向教育功能转变。在人们的观念中，童年的责任也具有了双重性，即劳动与学习同时存在。

第四章

个体主义取向的童年观念（20世纪80—90年代出生人群）

第四章　个体主义取向的童年观念（20世纪80—90年代出生人群）

对于乡村民众来说，20世纪70年代末80年代初国家推行的农村土地家庭联产承包责任制以及去集体化，可以说是农民生活中的又一巨大变革，迅猛而彻底地改变了乡村社会。紧接着，随着市场经济的兴起、消费主义的盛行、全球化的影响、现代传媒的扩展，乡村民众的生活与观念发生了根本的变迁。这一根本变迁，在研究中国农村的人类学学者阎云翔眼中被看作中国社会的个体化，他通过大量农村民族志发现了个体的崛起这一新的趋势。阎云翔指出，日常生活中的道德规范"从强调为了一个伟大目标而自我牺牲和艰苦都转变为在具体的物质方面专注地追求个人幸福和自我实现。换言之，界定人生意义的伦理已经从集体主义转变为以个体为中心的道德规范"[①]。在对80—90年代出生人群开展的关于童年观念的访谈中，研究者发现，农村社会的青年一代对于实然儿童的认识、对于理想儿童图像的描绘以及对于童年本体的认识都展现出一种区别于其父辈、祖辈的新特质，即与阎云翔所观察到的农村社会个体的崛起相一致，体现出个体主义取向。

个体主义的英文表述为individualism，又可译作个人主义。然而，在中国的语境下，个人主义常常被赋予消极甚至贬低的意涵，并与自我中心主义相混淆，因此，本研究采用个体主义这一术语。个体主义起源于古希腊文明，被看作西方现代社会制度和社会运作的心理基石。[②]《大不列颠百科全书》把个体主义界定为"一种政治和社会哲学，高度重视个人自由，广泛强调自我支配、自我控制、不受外来约束的个人或自我"。个体主义的实质就是呼唤个性解放、个性独立和个性自由，它的功能就在于推动人们追求自我，最大化地实现个人价值。[③] 本文中的个体主义，是与集体主义相对的概念，有学者对于个体主义与集体主义的区分做了精到的分析：其一，在集体主义文化中，自我作为集体——家庭、宗族、工作单位团体、宗教团体、政党、地域或者其他一切可以被看作一个整体的群体的一部分。相反，在个体主义文化中，对于自我的

[①] 阎云翔.中国社会的个体化[M].陆洋,等译.上海：上海译文出版社,2012.
[②] 刘力.中国社会变革过程中的个体主义倾向[J].中国农业大学学报（社会科学版）,2007(1).
[③] 崔俊贵.意思自治原则的兴起及原因的探讨[J].北京科技大学学报（社会科学版）,2000(1).

定义则与具体的集体没有关系。其二,就个体的目标与集体的关系而言,在个体主义文化中,个体最大限度地实现自我价值,并不把集体要求与集体意志放在首位。而在集体主义文化中,情况则相反。[①] 本文中的个体主义,强调个体本身即目的,具有最高价值,个体主义取向为关注个体而非群体(包括初级群体与次级群体)的取向。

与三四十年代出生人群以家为本位的童年观念、50—70年代出生人群集体主义取向的童年观念不同,80—90年代出生的年轻一代倾向于以个体为基点来看待儿童、看待童年。从个体价值出发,肯定儿童的积极能动性以及自身价值,肯定童年期独立的价值。本章即对这一发现展开讨论。

第一节 家庭联产承包责任制确立以来的社会生活与童年生活

> 我们生活在这样的时代之中,民族国家、阶级、族群及传统家庭所锻造的社会秩序不断衰微。个体自我实现的伦理在现代社会中处于最有力的位置。人们的选择和决定塑造着他们自身,个体成为自身生活的原作者,成为个体认同的创造者,这就是我们所处的这个时代最重要的特征。
>
> ——乌尔里希·贝克夫妇《个体化》

中国社会的个体化进程由阎云翔提出。阎云翔认为,中国社会正经历着一次个体化转型,然而中国社会的个体化与西欧不同,并非建立在广泛的文化民主观念、福利国家体制、充分发育的古典个人主义以及第二现代性的基础之上,而是由国家推动的现代性过程的自反性结果。

---

① Triandis H C. Collectivism and Individualism: A Reconceptualization of a Basic Concept in Cross-Cultural Psychology [M]// Verma G K, Bargley C(Eds.). Personality, Cognition and Values: Crosscultural Perspectives of Childhood and Adolescence. London: MacMillan, 1987.

第四章　个体主义取向的童年观念（20世纪80—90年代出生人群）

提出个体化理论的贝克夫妇把个体化界定为两个方面：一方面，个体化意味着既有社会形式的解体，比如阶级、社会地位、性别角色、家庭、邻里等范畴的日趋弱化。在东方集团国家中，个体化则意味着国家认可的标准化人生、参照图式和角色模式的崩溃。另一方面，则是指现代社会新的要求、控制和限制被强加给了个体。个体被缠结在一个由规则、条件和条款组成的网络中，被划定了现代思维、计划和行动的界限。①

阎云翔认为中国个体化的过程同时展现了前现代、现代与后现代的状况，呈现出多层次与多时间维度混合的特点。个体化进程的起源可追溯至毛泽东时代，对社会的集体主义改造和毛泽东思想指导下的社会主义现代化道路出人意料地带来了中国社会部分个体化，在集体化时代，个体被从家庭、亲属和社区所构成的传统网络中抽离出来，摆脱了以儒家和父权为主的传统家族与行为规范的束缚，再嵌入个体与国家的关系中。国家将农民从家庭忠诚的成员转变为原子化的公民，这样，国家为个人的发展开辟了新的社会空间和社会条件。阎云翔称之为集体式的个体化。进入20世纪80年代，集体化终结，国家从社会生活的多个方面撤出，随着市场经济与私营化的兴起，个体化进程进入新的阶段，演变为两个层面的社会转型，一方面是个体的兴起，另一方面是社会结构的个体化。②"现代社会的个体不再愿意为了集体的利益和扩展家庭的绵延不绝而牺牲自己；相反，他们都通过家庭的运作来寻求自己的利益和快乐。"③

阎云翔所观察到的个体在中国农村社会的兴起以及社会的个体化进程在研究者的访谈中也得到了印证，个体在农村生活中的重要性凸显出来。80年代后，N村与S村确实开启了走向个体化的社会生活，出生于80—90年代的人群也因此具有了与以前时代不同的童年生活。

---

① 阎云翔.中国社会的个体化[M].陆洋，等译.上海：上海译文出版社，2012.
② 关于阎云翔中国社会的个体化进程相关论述详见《中国社会的个体化》《私人生活的变革：一个中国村庄里的爱情、家庭与亲密关系1949—1999》。
③ 阎云翔.中国社会的个体化[M].陆洋，等译.上海：上海译文出版社，2012.

一、走向个体化的社会生活

N 村与 S 村,与全国 20 世纪八九十年代的任何乡村一样,在体制改革、政策变化以及市场经济的浪潮中不断地走向个体化,在主动争取与被迫选择的过程,突破集体的束缚,突破农村的束缚,开启了有选择的个体生活。

(一) 突破集体的束缚

1981 年,是乡村民众又一记忆深刻的时间节点,在这一年,N 村与 S 村几乎同时启动了家庭联产承包责任制,从此进入一个崭新的时代。家庭联产承包责任制的确立与推行,被称为农村改革的伟大实践,极大调动了亿万农民积极性,极大解放和发展了农村社会生产力,极大改善了广大农民的物质文化生活。[①]

家庭联产承包责任制,即土地集体所有权与使用权相分离,在保留土地的集体所有权的基础上,把土地的使用权转让给农民。农民与国家、集体的权利义务关系得到新的调整。包产到户是家庭联产承包责任制的主要方式。

> 包干到户(又称大包干)这种形式的生产责任制,是将土地、耕牛、农具按人口(或人分口粮田,劳分责任田)承包到户,以家庭为单位生产经营,取消工分分配,包交国家征购、派购任务和集体提留。[②]

在十一届三中全会上中共中央作出了《关于加快农业发展若干问题的决定(草案)》,推动了土地的家庭承包责任制在全国范围内的实行。20 世纪 80 年代初,家庭联产承包责任制的地位由中央政府以连

---

① 参见中国共产党第十七届中央委员会第三次全体会议公报:http://news.ifeng.com/mainland/special/zgsqjszqh/news/200810/1012_4775_826933_1.shtml.
② 洪湖市地方志编纂委员会.洪湖县志[M].武汉:武汉大学出版社,1992.

第四章　个体主义取向的童年观念(20世纪80—90年代出生人群)

续几个1号文件的形式给予确立。

家庭联产承包责任制的实行,在N村被称作分地,在S村被称作分田,这一历史性的变革深深地印刻在乡村民众的记忆中。由原来的"大锅饭"改变为分田到户,受到大部分乡村民众的欢迎。

> 个人干个人的多好啊!谁不想分地啊?大生产队光磨洋工,靠时间,没饭吃。分地了,有饭吃了,也有钱了。(VNM1958-6.27)

也有的乡村民众一开始并不适应,随即迅速发现了分地的好处,"日子好过了"。

> 1981年分地,人家翔宇他妈妈都要给他起名叫败坏。说他下生就带败坏来的,连分宅子又分地,那时候一开始分东西的时候还不舍得分,说分了一个人怎么种啊!这么多人都种不了?这都是听人家说的。(VNM1983-7.3)
>
> 4:自从分了地,够吃的了。分地二三年就行了,日子就好过了。
>
> 1:分地好点了,没先(以前)在地里干活的时候可受罪了。(1/VNF1945,4/VNF1960,VN六人访谈)

由于缺乏实行家庭联产承包制以来N村与S村农民收入变化的具体数据,我们可以从《临沂地区志》与《洪湖县志》的记载来了解两村的大致情况。

> 80年代后实行农业生产承包责任制,鼓励农民从事多业经营,加之多次提高农产品收购价格,全区农民收入以年增50元左右的速度增长。其中非农业性经营收入占总收入的比重达25%左右。1984年,农民纯收入达339元。1994年,

全区农民人均纯收入增至1 199元,比1978年增加1 113.5元,增长13倍多。①

农村经济体制改革,从根本上克服了"吃大锅饭"的平均主义,极大地调动了全县广大农民的积极性和创造性,促进农业生产大发展。1979—1985年期间农业总产值平均每年增长7.9%,远远超过了1978年前28年间平均每年1.8%的增长速度。农村经济向农、林、牧、副、渔、工、建、运、商、服务等各业全面发展。全县林、牧、副、渔在农业内部"五业"中的比重,由1978年的20.81%提高到38.3%。农民的生活也进入了历史上一个最好的时期。全县农村人平收入由1978年的96元增到1985年的422元。②

与1981年这一时间节点密切相关的是1978年,这一年在中国历史上的地位是万众瞩目的,虽然在乡村民众的记忆中是模糊的。1978年,十一届三中全会召开,彻底否定"两个凡是"的方针,重新确立了解放思想、实事求是的思想路线。全会作出实行改革开放的新决策,开始了中国从"以阶级斗争为纲"到以经济建设为中心、从僵化半僵化到全面改革、从封闭半封闭到对外开放的历史性转变,③由此揭开了改革开放的序幕。随着土地制度的改革,国家开启了农村政社分离的改革,人民公社制度得以取消。1982年12月,新修订的《中华人民共和国宪法》明确规定改革农村人民公社政社合一的体制,设立乡政府。1983年10月,中共中央发出《关于实行政社分开建立乡政府的通知》,要求各地有领导、有步骤地搞好农村政社分开的改革。

这一系列的乡村改革实际上是给农民"松绑"的过程,使得乡村民众从集体的束缚中解放出来,成为个体的劳动者,农民与集体的关系得

---

① 参见临沂地区志·经济概况与经济综合管理·人民生活:http://sd.infobase.gov.cn/bin/mse.exe?seachword=&K=bg&A=1&rec=112&run=13.
② 洪湖市地方志编纂委员会.洪湖县志[M].武汉:武汉大学出版社,1992.
③ 王晓明.轨迹——从元旦社论看中国的发展[M].哈尔滨:黑龙江人民出版社,2009.

到重新调整。国家从乡村民众的日常生活中退出,先验性的政治关系逐渐褪去,集体主义意识形态式微。如果说集体化时代个体在国家的推动下从家族的权力与意识形态下被抽离出来,重新嵌入由国家牢牢掌控的集体当中,那么,进入后集体化时代,个体则实现了新的脱域①,再次从国家意识形态中被甩出,重新回到家族与家庭的怀抱。然而,此时的家庭在现代化进程的改造下发生了新的变化,已经丧失了原初的传统与力量。家族主义传统与集体主义价值观在这一时期同时失灵了。

(二) 突破农村的束缚

随着计划经济向市场经济的转型,特别是邓小平南方谈话之后,进入20世纪90年代,中国社会进入改革开放的新阶段,闫云翔认为,从普通人日常生活的角度看,20世纪90年代是尤其富有活力和弹性的重要十年。闫云翔分析了导致20世纪90年代尤其富有开放性的影响因素:私营经济显著增长,国家逐渐放松对社会生活的严密控制,计划经济时代的意识形态的支配地位被新自由主义所侵蚀,生活机会的新结构以及促使亿万中国人迁移的流动渠道的开放。② 尤其是后者,它使得受到市场力量牵引的亿万个体离开农村、离开家庭奔向市场经济的大潮,独自面对陌生城市的新生活,为自己的选择、自己的人生幸福负起全部责任。

受到乌尔里希·贝克对于身份证关注的启发,闫云翔着重分析了20世纪80年代居民身份证的发放对于乡村民众突破束缚、走出农村的重要意义。在本书第三章中我们讨论了集体化时期的户籍制度,农民被牢牢束缚在土地之上、农村之中。国家对于人口自由流动实行严格限制和政府管制,限制农业人口向城市的流动。1985年,国家开始为中国公民发放居民身份证,从那以后,每个城乡居民都拥有了一张个

---

① 闫云翔认为,这一从社会主义公有制和计划经济中解放出来的新的脱嵌,是更深刻的一轮脱嵌,对个体化进程具有相当独特的影响。见闫云翔.中国社会的个体化[M].陆洋,等译.上海:上海译文出版社,2012.

② 闫云翔.中国社会的个体化[M].陆洋,等译.上海:上海译文出版社,2012.

人身份证,个体在出行时必须携带个人身份证以作法律证明。闫云翔认为居民身份证的发放代表着把个人从家庭、社区、工作单位,最终是国家的束缚中解放出来的重要进步。① 居民身份证的发放,以及国家对于户籍制度限制的放松,对于乡村民众的意义则在于,可以摆脱集体的束缚,走出乡村,自由流动,虽然并不能获得城市户籍。由此,无数农民涌向城市寻找更好的工作机会与生活方式,出现了历史性的民工潮。

《临沂地区志》对于这一时期的外出务工人员有了详细记载,这一数据仅限于有组织的劳务输出人员,自由进城务工、个体经营者或者出省市打工的人数没有记录。

> 区内劳务输出始于1981年。从那时起,有些农民及个别集体单位通过广告或熟人介绍等途径外出做工。同时,外地一些建筑、采油单位也开始主动来区内招收农民合同工。1983年,张店建筑公司到沂水县招收农民合同工200名。当时,区内劳务输出数量少,较分散,处于无组织状态。1985年,开始有计划地组织劳务输出。劳务输出工作由地区劳动局管理。1985—1987年,全区共输出劳务工82 987人次……1990年,全区各级采取主动走出去、请进来的办法,加强了与外地劳动部门、用工单位的联系,全年新增劳务输出11.5万人次。1991年,全区共输出劳务工16万人次,历年累计输出89万人,每年可为全区增加纯收入9亿元。1992年,全区共输出劳务工21.1万人,历年累计输出达到110万人。②

N村第一个离开农村进入城市从事个体经营的村民是我的祖父,在集体化时代他已经开始从事"投机倒把"的经济活动,被扣上了"走资派"的帽子。1988年离开农村到市里去做粮食买卖,做了一辈子的小

---

① 闫云翔.中国社会的个体化[M].陆洋,等译.上海:上海译文出版社,2012.
② 参见临沂地区志·综合政务·劳动·劳动就业:http://sd.infobase.gov.cn/bin/mse.exe? seachword=&K=bg&A=1&rec=541&run=13。

商人。90年代初我的父辈在祖父的带领下也离开农村开始"混临沂"。那时候走出农村、走向城市仍然是需要勇气的,进入城市谋生活的乡村民众仍然是少数。如今,N村的年轻一代基本上都在城市里或者周边打工,"80后"的农村青年已经基本上不会种地。由于N村地处市郊,周边企业、工厂林立,因此,乡村民众基本都在本市务工。

S村的情况则不同,由于S村距离县城较远,周边无提供工作需求的企业、工厂,本地无法解决剩余劳动力,因此90年代以来,S村剩余劳动力大量向各大城市流动,在我访谈期间,S村鲜少见到年轻人,村民几乎家家户户外出打工,留下的大多是老人与儿童。

基本上普遍的都出去打工了,不出去打工的一般就是年纪大了,别人不要,其二就是没什么特长,就只能在家种地,像这一段时间可以打点零工,帮着修公路啊,再就是瓦匠的做小工啊,只能做这些东西。基本上有点文化的、有点技术的全部出去了,没文化、没技术的就待在家里的。现在屋里找个计生专干找不到了,要会说会写、会电脑的,现在找这些人找不到了,到今天还是我带着的,上面非要一个女的,不要男的。

M:像我们村打工从什么时候开始的?

1:打工估计有二十多年了。现在你可以看到,屋里哪里有年轻人做事?看不到年轻人做事吧。要看见年轻人的话,就是快要成中年人了,都是两个孩子啊,要在家看孩子,种点田。只要是结婚的,个把小孩,都是丢在家里老人照看了,他两个就在外边趁年轻赚点钱。(VSM1953-7.29)

走出农村,进入城市务工的乡村民众,开始跨越城乡界限在城乡之间自然地穿梭。他们脱离了家族的庇护,脱离了集体的约束,也突破了农村的束缚,以个体的身份独自创造自己的生活,凭借自己的能力与运气在城市的环境中追求、创造着自己的欲望。

多年来由于电视、信息、网络和城市生活方式的传播,以及80年代以来消费主义趋势的盛行,乡村民众对于城市的生活方式与价值观有了更多的认同。尤其是年轻一代,完全脱离了土地与农村的束缚,在城市的打工经历使得他们不仅看到外面的世界,也习得了外面的生活方式与思想观念。

(三) 个体的崛起

随着国家对于传统家庭文化的改造、对于人们私人生活的撤离,家族主义传统与集体主义价值观失效了,随着消费主义的盛行、城市乃至西方生活方式的传播,个体崛起了。乡村社会个体的崛起由阎云翔提出,他在考察乡村社会的私人生活时发现,作为国家推动的意外后果,私人生活发生了转型,即家庭的私人化以及家庭中个体成员重要性的增长。这一转型的最重要后果就是个体的崛起。个体的崛起则体现在以下几个方面:个人独立性日益增加、个人的情感与夫妻间的亲密关系所占据的地位日益重要、个人欲望日益强烈。[①] 阎云翔认为年轻人比其父辈更富有个人主义精神。而这种个人主义精神多强调个人的权利与利益,而不关注对他人权利的尊重以及对公众社会的负责。由此阎云翔认为,新兴的个人主义并不具有真正的独立自主性,而导致自我中心与无公德的个人的出现。对于这一结论研究者持保留意见,然而,阎云翔所发现的乡村社会个体的崛起确实在研究者对于N村与S村的访谈过程中得以印证。

M:那如果将来有小孩你希望他的生活是什么样的了?

2:到时候才知道。

2的爷爷:有钱了。

2:这,还有钱? 不要有钱,过得开心就行了。您就只知道有钱。您硬是跟钱过不去了。别人现在都是过自己想过的

[①] 阎云翔.私人生活的变革:一个中国村庄里的爱情、家庭与亲密关系 1949—1999[M].龚小夏,译.上海:上海书店出版社,2006.

第四章 个体主义取向的童年观念(20世纪80—90年代出生人群)

生活,过得开心就行了,哪个非要蛮有钱了?现在在外边打工,能把自己养活,能过自己想过的日子就行。那各人有各人的要求,不一定非要有钱他就过得好。

2的爷爷:总不是想多点钱了。

2:是想多点钱,是的,是的,是的,您有没有钱放在这边了。现在外边的人都喜欢享受,不是说要蛮多钱堆在银行里,就跟别人炫耀了?(2/VSF1988,VS双人访谈-7.21)

在以上这段访谈录音中,祖孙二人都在场,关于小孩的理想生活是否需要有钱的问题展开讨论,与其说讨论,不如说是孙子对于祖父观点的毫不留情的批判。祖父只讲了两句话,"有钱了","总不是想多点钱了",其余全是孙子的表述。正如阎云翔所观察到的乡村社会父权的衰落,子辈个人权利的上升,祖父并没有反驳孙子的观点,即便观点不同,还是选择默不作声。在对这位祖父的单独访谈中,他表达了对于子代乃至孙代权力丧失的感受。

他想怎么样就怎么样,现在他在外边,他搞他的,你哪来的权力管他。(VSM1934-7.20)

子代已经冲出家庭的束缚,走出农村,走向其父辈可能都没有去过的"外边"世界,这种空间的断裂使得父权无法延伸,即便有心管教,其生活方式与价值观念已经被受到"外边"世界影响的下一代弃如敝屣。相比终日在土地里打转的父辈,其一眼便能望到头的人生,年轻一代拥有了选择不一样人生的权利,父辈的生活模式与人生观念不再适用。年轻一代需要依靠自己的力量在陌生的城市打拼。当然,父权的衰落并非是80年代以来乡村社会出现的现象,如阎云翔所观察,自集体化时代父权作为封建思想已经开始被打压,年轻一代的权力开始上升,独立地位开始凸显。

伴随着父权的衰落,夫妻关系地位开始上升,阎云翔指出,乡村社会的家庭关系发生了结构性变化,横向的夫妻关系已经取代了纵向的亲子关系成为家庭关系的主轴。人们开始追求个人的情感、夫妻的亲密关系,并进行公开的表达。这在以往甚至被看作伤风败俗。一位60年代出生的被访者敏锐地捕捉到了这一变化。

> 1:那时候的人还是很封建,像我们做事的话,比如村里面有男孩女孩,你跟她说几句话,年纪大的人都会说些不三不四的话。有些人就是这么封建,两个人一起做事,说话怎么就不应该了。就是改革开放了之后就都乱了套。不知道是从80年还是81年、82年起,我只知道是从那时候起,有些就是谈朋友,说谁跟谁谈朋友之类的,先就是没有这些事情。
>
> M:我在家里访谈的时候,两个人都快80了,他们说他们当年结婚了之后,结婚了一年之后在大街上见到,两个人都不说话,就直接走了。
>
> 1:那时候是的,那时候有一种说法,你们都没有听过的,就是"床上的夫妻床下的客",就是碰到之后像客人一样地待。
> (VSM1962-7.22)

这一"改革开放之后就都乱了套"的变化正是闫云翔所提到的家庭关系的转型,随着人们对于个人情感、亲密关系的公开表达和公开追求,父权的衰落,年轻一代权利的上升,以及个体不同于父辈人生生涯的转变,个体更加强调"为自己而活"的观念,如前文的题引,"个体成为自身生活的原作者,成为个体认同的创造者"。

再次回到前文的祖孙谈话,就钱的意义二者产生分歧,祖父认为生活中钱越多越好,孙子则认为每个人的生活方式不同,最重要的是过自己想要的生活,过得开心就好,并非钱越多越好,并直指外边的人重视享受,而不是把钱放在银行里。孙子批判祖父把钱当作向别人炫耀的工具,生活在他人的目光中,在他人的认同中获得自我认同。在孙子的观念中,个体是为了自己而活,而不是为了他人的目光而活,孙子并不期望从他人眼光中获得自我认同,而是从自己身上追求自我认同。正如贝克所言"属于自己的生活是一种彻底的无认同生活"。① 这一乡村社会生活中个体的崛起趋势一直延续,并可能继续延续下去。

二、多元化的童年生活

如果要评选满意度最高的童年生活,那么一定非80—90年代出生人群莫属,在访谈中大部分80—90年代出生的人表示对自己的童年生活比较满意,如果重新过童年,他们大多想再次回到过去。在描述自己童年生活的时候,80—90年代出生的年轻一代喜欢与父辈以及"00后"进行比较,以凸显自己童年的自由快乐体验。相比其父辈,"80后""90后"拥有其父辈无法比拟的物质条件、自由空间与父母更多的关爱,相比"00后",他们拥有更多的伙伴、更多与自然亲近的机会、更少的学业压力。

描述"80后""90后"的童年生活,实在是一件太难为研究者的事情。他们与其父辈一样,有着对于童年游戏时光的怀念,只是游戏方式与游戏地点已经发生了新的变化,圆卡、玻璃球、游戏机、玩具手枪、四驱车、电脑游戏、电视节目、游乐场、网吧、别人的村庄甚至城市大商场……也有不一样,没有对于饥饿的刻骨体验,有的是觊觎各种新鲜零食的馋嘴记忆;没有对于承担繁重劳动的苦涩记忆,有的是在简单家务劳动中的贪玩;没有父辈无人管、无人问的凄凉,有的是好好学习、不要上网吧、不要下河洗澡的无尽唠叨。在"80后""90后"看来,他们的童年与"00后"也不一样,他们有更多在田野游荡的机会,有更多的伙伴,更多的集体游戏,下河游泳、钓鱼摸虾、爬树摘果子、偷别人地里的西瓜、跳绳、下棋打牌,而不是整日待在家里看电视、玩手机、玩电脑。

---

① [德]乌尔里希·贝克,伊丽莎白·贝克·格恩斯海姆.个体化[M].李荣山,范譞,张惠强,译.北京:北京大学出版社,2011.

"80后""90后"的童年,随着人们生活水平的提高、电视、电脑等大众传媒的普及,公交车、小汽车交通工具的发达,具有了更多的现代元素,孩子们不仅走出自己的村庄,也开始了对于城市空间的探索,电视、电脑等大众传媒的普及开阔了孩子们的眼界,丰富了孩子们的知识与体验,因此有了波兹曼似的童年消逝的疾呼。事实上,孩子的童年不曾消逝,只是孩子们的童年环境、童年状态发生了变化。如果想简单概括"80后""90后"童年生活的特质又是一个实在令人为难的问题。他们的童年生活有太多的元素、太多的变化、太多的个体差异,因此,研究者冠之以"多元化的童年生活"这一看似苍白实则合理的描述。在这一多元化的童年生活中,研究者着重讲述三个孩子的故事,叛逆的虎子、打工的静静以及正在国外攻读博士学位的时来。

(一)"叛逆"的孩子

叛逆恐怕是"80后""90后"最引人注目的标签。不独农村,城市亦是。以至于学界有专门冠之以"80后""90后"的研究。只不过这些研究大多以大都市的独生子女为研究对象,与乡村社会的"80后""90后"还是有着很大的区别。乡村社会的"80后""90后"是计划生育政策实施后的第一代,对于N村与S村来说,"80后"的独生子女依然是少数,"90后"的独生子女才开始占据多数。在第三章中,我们已经讨论了"80后""90后"的父辈,即50—70年代出生人群的生育观、抚育观、教育观、儿童观以及关于童年的本体观念都发生了变化,人们开始呵护孩子的成长,重视孩子的教育,尊重孩子的独立地位,珍视孩子童年的价值,正是在这一系列的变化中,80、90年代出生的孩子们成长起来。加之80、90年代以来的社会生活日趋走向个体化,伴随着父权的衰落、年轻一代权力的上升,"80后""90后"与其父辈之间出现了从未有过的代际紧张、矛盾与冲突。在50—70年代出生人群的观念中,孩子越来越不听话了,也越来越不像样了,有些人,虽然还是极少数人,开始用叛逆这个词来描述孩子的变化。这个词在N村与S村来说是近来才出现的词汇。

第四章 个体主义取向的童年观念(20世纪80—90年代出生人群)

1984年出生的虎子是N村叛逆孩子的代表,上面有一个姐姐,下面有一个弟弟,上小学时父亲在临沂开个小饭馆,母亲在家种地。由于出生时身形小,从小身体不健康,父母百般呵护。吃奶吃到五六岁,十几岁了有时吃饭还是父亲嚼着喂。在学校里从不认真读书,上课睡觉,给女同学写情书,顶撞班主任,专门打女教师,不敢打男教师,天天逃课,偷钱钻网吧,抽烟喝酒文身,初中二年级没读完就下学了,用虎子的话说小时候的自己"人事没干半点"。

访谈的那天,正好是在钢厂上班的虎子休班回家,知道我的访谈目的后,他迅速召集儿时一起打架闯祸的三个小伙伴到他家喝酒"拉呱",回顾他们青春期"误入歧途"的日子。这三个小伙伴都是进过劳教所无数次的"硬角色",虎子更是进过监狱看守所。四个儿时伙伴一边喝酒一边大谈儿时的"光辉事迹",兴奋、怀念,也有悔恨。他们说小时候看到学习好的学生就"气得难受,一看老实吧唧的跟俺玩不到一伙去的,就是憨,笨蛋。男人就得抽烟喝酒。咱那时候那样想,现在小孩可能不这样想了","感觉上学要是好好学习就怪丢人"。打群架更是家常便饭。虎子讲起初中时为了引起女孩的注意而文身的记忆。

> 我那时候后背上的皮很薄,文身疼死了,上初中的时候文的。那时候女孩都喜欢坏孩子嘛。我那时候东北的卖鸡头的给我文的,拿针找线蘸着墨水,给我文的。那时候我站在水田桥那个商场三楼,他拿针拿线给我文的。(1/VNM1984,VN四人访谈-6.30)

不上学之后,没有学校的约束,没有正当工作,父母也管不了,更加肆无忌惮。他们渴望迅速变成大人,像"爷们"一样喝酒、吸烟、打架。四人一致提到记忆中共同的据点,蓝天大厦的职工宿舍,由于村里有伙伴在那里做保安,因此聚集了一帮十几岁的毛头小孩。白天一个游戏币在网吧待一天,晚上回来睡觉。聚集在此的多是离家出走的孩子,伙伴一因为打伤人家的小孩被追捕,伙伴二因为在家里与父亲吵架,伙伴三因为偷了家里100块钱。由于没有经济来源,他们基本上吃了上顿没有下顿,仅有的钱拿去买游戏币。正是在这里的这段时间,这群孩子买砍刀、打群架、抢小商店,可谓"无恶不作"。

> 到了第二天就去抢小卖铺,买了八把砍刀,那时候吃饭都没钱。就靠那个大刚去打劫个小卖铺。那时候就是觉得刺激,砍人家小卖铺的门,很刺激。抢了小卖铺抢了什么啊?烟,激光灯,圆珠笔,铅笔。来到之后抢了100多块钱,一人买了一个茶缸子,大刚把舌头咬去了吐那个人身上去了。然后买了八把砍刀,一人床底下一把。(2/VNM1986,VN四人访谈-6.30)

虎子并不是这群毛头小孩的"带头大哥","带头大哥"另有其人。虎子自我总结原因是自己不够狠,不够聪明,做得不够大。

> 那不是晚上叫咱出去喝酒吗?拿了好烟喝好酒。问从哪里弄的,这不是上道了。人家就说你别管从哪里弄的,你就吸,这样的烟以后多哞。你想以前都买不起烟,还一人分一个表戴着。说我就进去,把砍刀一扔,我唱着今夜又来到你的窗外,就拿东西走了。一听怪带劲。狗咬他,让他给砍死了。那是俺公认的大哥。那次回来满脸是血,说两个人打我,他们是内伤,我是外伤。哈哈!(1/VNM1984,VN四人访谈-6.30)

在"带头大哥"的引导下,他们开始尝试抢劫。

> 那次他刚(从劳教所)出来,又领着我们去抢劫。一人买了三把水果刀,说我在那边,你在这边,看我上了你们就上。遇一个,不敢抢,寻思寻思怪胆怯。围着临沂转了一夜,你知道俺走了多少路,你知道俺走了多少路,从咱村到了十里堡,

第四章 个体主义取向的童年观念(20世纪80—90年代出生人群)

又转到滨河大道,那边有个溜冰场呢。都不知道走哪里去了。踹着一个水果刀,一夜没抢成。他刚要抢,不能抢,那边有人。那时候都胆怯。最终就是没抢成。(1/VNM1984,VN 四人访谈-6.30)

虎子的"落网",现在虎子看来特别窝囊,缘于一次抢劫手机店未遂的行动,临时起意抢劫出租车,结果被出租车司机识破,载到警察亭。被抓进去的伙伴中,就虎子最大,十七岁,其他的伙伴,一个十五岁,一个十六岁,只有虎子被抓进看守所待了一个月,这一个月的看守所经历改变了虎子的人生。在虎子看来并不是因为看守所非人的折磨,而是出来后家人的关心与爱护,使得他感受到了平时感受不到的温暖,决定洗心革面,"就是刀架脖子上也不干这样的事了"。

我被审的时候,我恨的,要拿炸药炸死他,我进去之后,出来那天,俺表哥把我送俺爷爷奶奶家。二叔三叔都没去,都跟派出所喝酒去了。俺婶子谁的都在家里。我一家走,刚上屋门口,俺奶奶接着就哭了,俺爷爷也掉眼泪了。我心里那个味啊,也掉泪了。俺奶奶说,谁也别熊(凶)他,也别打他,他在里边也受罪了,过去了就行了,谁也别说了。当时我就不行了。到晚上二叔三叔回来了,也没熊我,也没骂我。就表哥熊了我一顿。我就住在一个小屋里,住了一个月,也不让我出来,我出去买煎饼都不让。家来也不让我家来。我就从那时候就胖起来的。天天俺爸爸从饭店里炒了菜给我送来,那时候俺奶奶都拿着小瓶子打牛奶,要不就给我用牛奶打鸡蛋,要不就用点心泡着吃。我不起就给端过去。那时候关(不管)什么都不让我干。那时候我什么心思也没有了,我一出来看到家里那些人啊,就是刀架脖子上也不干这样的事了。当时心里难受的。(1/VNM1984,VN 四人访谈-6.30)

当年的叛逆少年如今已经结婚生子,安安分分地过日子,当问及如果重新过童年,希望是什么样子的,伙伴一说还是以前那样,以前那样才是童年,才有意思。伙伴二说再也不像那样了。虎子等人是20世纪80年代出生的孩子中叛逆孩子的典型代表。他们受到太多因素的影响,父母给予更多的关注甚至宠溺,学校教育削弱了父母的权威,城市文化、电视电影等黑帮文化的影响,消费意识的兴起以及同辈群体亚文化,他们以文身的方式标榜自己的个性,以打架的方式显示自己的力量,以喝酒吸烟的方式成为"爷们",以"干大事"的方式成为伙伴们以及自己心中的英雄。他们渴望迅速进入成人世界,彰显自己的力量。

(二) 工作的孩子

S村自20世纪90年代以来开始流行进城务工,"90后"基本上成为我们所说的"留守儿童"。出去打工的父母一般一两年才回来一次,比如静静的父母两年才回一次家。静静出生于1994年,有一个1998年出生的弟弟,在静静五岁的时候,父母开始去深圳打工,那时弟弟仅仅一岁。姐弟二人从此跟着爷爷奶奶生活,访谈时弟弟仍然跟着爷爷奶奶一起住。对于姐弟二人,我分两次进行了访谈,第一次单独访谈姐姐,第二次在姐姐在场的情况下访谈弟弟。

谈及小时候最伤心的事情,姐姐说无外乎从外地打工回来的父母刚待几天又要走,满心的不舍、留恋与难过。

> 每一次我爸爸妈妈回来就是玩不了多久就要走了,就是很伤心啊,就是送他们,想送他们但是又不舍得,就哭,老是哭,就喜欢躲在那个,我们家那里有一二竹子林嘛,就喜欢躲在那里哭,然后就不敢出来见人,就一直躲在那里哭,要不就是见到人就害羞。(VSF1994-7.26)

而弟弟似乎表现得比较不在乎,也许是因为弟弟比较内向,访谈时不善言辞,也许是弟弟故意掩饰,也许是对于亲情的麻木与淡然。

第四章 个体主义取向的童年观念(20 世纪 80—90 年代出生人群)

> M:像爸爸妈妈常年在外,你觉得有什么影响吗?
> I:习惯了,无所谓。
> M:一开始呢?
> I:没见过他们,都没这想法。(VSM1998-7.30)

由于父母在外打工,S村不上学的孩子大多也从很小就开始了去外地打工的日子。S村特别流行的是出去学缝纫,很多人在广东、深圳、武汉等城市的制衣厂打工。缝纫在S村人看来是致富的一门手艺,女孩十二三岁就开始出去当学徒,男孩通常十四五岁。如今S村在外打工的80年代、90年代出生的人基本上都在做缝纫。静静是初中毕业之后决定去打工的,那年她十五岁。谈及第一次打工的经历,静静特别兴奋。

> 第一次打工啊,因为我当时不喜欢读书嘛,所以我第一次打工的感觉就是终于解放了,然后就是打了半年了,因为就是心里面蛮后悔,就是感觉想读书,但是呢又不想后悔怕屋里人说,然后又说我读书的时候不好好读,不读书又读,所以呢就不想读,就一直没有说再想读,就这样子,就这样子一直打工、一直打工。(VSF1994-7.25)

接着静静开始给我讲述她精彩的打工生涯。她并不期待通过打工赚多少钱,静静希望在外面的世界里重塑自我。通过在外的闯荡丰富自己的人生,达到自己的理想,成为自己想成为的人。

静静的第一份工作是妈妈帮忙找到的,由于未满法定用工年龄,用了一个假的身份证,在餐厅里负责点菜、端盘子。

> 就是说第一份工作就是帮别人点一下那个菜单嘛,端一下那个嘛。(VSF1994-7.25)

我注意到静静并不愿意详细描述第一份工作，以上这句话是她对自己第一份工作的所有描述。"端盘子"在她口中说出的时候成了"端一下那个"。她羞于提及"端盘子"。静静说自己不想做流水线上的工作，她的梦想是坐在办公室里上班。前者多是没知识、没文化的人从事的工作，后者需要一定的学历水平与文化水平。为了提升自己的水平，静静用了一年的时间学电脑学会计，只是没有坚持下来。

> 因为知道自己没读什么书嘛，就是压力也很大，就是又不想做那个流水线上面的工作嘛，然后又就，反正就是，就觉得，就是刚开始的时候我刚出去的时候就没想那么多，然后我妈就说，就说我就只会做那种苦工嘛，然后就说像我坐办公室里面嘛，以为当时是很好嘛，然后我一直渴望，总有一天我会坐办公室，就每天跟我妈吵架，我妈就说我就不相信你有一天能坐办公室嘛，然后就每天跟她吵架，后面的时候我就，就告诉自己我会坐办公室嘛。当时我渴望的办公室是什么样子的？有一个电脑桌，然后有一个电话机，然后有一套红沙发，然后就可以了。（VSF1994-7.25）

静静的转折点发生在第二份工作中，她的工作能力被组长"发现"了。

> 第二份工作呢就是进了一家电子厂，就是做那个 RAP 显示灯，那些超市广场上用的灯饰，就是擦那个灯饰，擦那个灯饰就擦了一个多月，然后就被那个组长发现，就是有一次很多人就是擦到一半，就放到一边嘛，我就是比较勤快，就每次帮别人那个半块把它擦掉，每次擦那个半块的时候总是发现一些问题，就是有的人就是擦错了擦反了，我就捡到别人的半面去擦嘛，就被那个组长发现了，他就给了我说是很机灵，就把我调到品质部去做那个检验嘛，就这样子就是检验做了三

个月,三个月时候,我发现我自己就是工作还可以,就是想找一个更好的工作。(VSF1994-7.25)

通过被组长发现,静静也发现了自己,在学校里学业不行的自己原来"工作可以"。她开始寻找新的工作,这次她没有用假身份证,而是用了自己的真实身份证。

就是二月份有一天晚上,有一天早上起来就是好早好早去超市,因为那天好像是下雨,我就拿着钥匙去买菜,然后发现楼下面有招工的嘛,就看到别人都在那里写,我就很有兴趣,就感觉会去。就问了一下要什么东西,就是要什么毕业证啊,但是我什么都没有啊,就只有一个身份证而且是假的,因为那时候还不够年龄,因为那也是一个大厂嘛,然后我就拿着我的真的身份证就把菜放下,也没告诉我爸妈,就拿着身份证跑下来,我说我要面试,然后他问我要面试什么,我说我要面试品质部嘛,就随便哪一个职位都可以,其实我又什么都不会,就只会一个半成品检验……我一看,感觉,哇,那个厂好大啊,它就是一个湖嘛,一个很大的湖,然后一栋那个楼。就很偏僻的,就有点像那种独立的,所以我就很有兴趣嘛,就是那天就看了一下就填那个表,就是可以打电话,第二天就可以住宿舍,然后当时就是……能不能不让我妈妈听到啊?(VSF1994-7.25)

没有毕业证的静静去了一个大厂应聘,意外的是她居然应聘成功了,还得到了她梦寐以求的职位,品质部检验,陪同外国客户做检验。这项工作做了快一年,静静发现已经没有新鲜感,没有挑战性,因此辞职了。辞职在家受不了爸妈每日吵架,想要自己独立空间的静静就又开始找工作,她找了一份颇具挑战性的工作,做管理,自己去找管理组组长面试,顺利通过面试,一开始管理十几个人,后来管理一百多个人。

  1：我就去做管理，但是别人说我这么小的年龄，因为我才17岁，去做管理别人就不相信我这么小的年龄怎么去管理别人，但是我呢有一次就找到一个就是管理组组长的工作，然后我就去面试，面试的时候他就问我有没有管理经验，我就跟他讲，我又不知道，反正我就瞎讲嘛，反正我就把一些管理的知识嘛，在网上查了一下，说应该做什么再做什么，他看我这么小的年龄就……

  M：懂的还蛮多。

  1：嗯，就是懂的还蛮多，就相信了嘛，就是那些厂里那些人都是年龄跟我差不多，就是有一条线，就是刚开始的时候就是十来个像我这么大，那种跟我差不多大的人，但是呢，有一些很忙，就是外企的一些那些临时的，那些大姐都是上年纪的30多岁的人，然后一百多个都让我管理，哇，我都没做过，反正我都不知道，这么瞎管瞎管就管得还可以吧。

（VSF1994-7.25）

  静静的再次被发现就是在这份工作中，由于成功处理了一起客户与员工的冲突，被老板娘发现，迅速成为老板娘的左右手，这时，静静终于实现了自己的梦想，一间有电脑、电话和沙发的办公室。

  15岁出来打工，17岁的静静实现了自己的梦想，之后她又换了新的工作，有了新的梦想，每次她觉得已经得心应手无须再学习时，即使工资够高，她也会换工作，想学习更多的东西。访谈时的静静在一家大型企业做跟单，五险一金齐全，工资3 000左右，她说这个岗位太熟了，又想挑战采购的职位。我在静静的眼中看到一股追求自我的坚定、积极、向上的力量，在面对新的环境时，她选择不断依靠自己的努力与能力向上流动，并不断地重塑自我。

第四章 个体主义取向的童年观念（20世纪80—90年代出生人群）

（三）标准化的孩子

时来出生于1987年，有一个弟弟，是N村人眼中的骄傲。他就是上面所提到的虎子一伙人痛恨的好学生。由于时来的父母特别重视孩子的成绩，期待孩子能够通过读书走出农村。因此，时来从小和弟弟就被父母锁在家里搞学习。谈起童年记忆，时来觉得自己的童年生活平淡而无趣，甚至记不得了。

> 小时候的事我都记不得了，这是为什么啊？小时候我真没什么好玩的，天天被锁家里。小的时候强行把我锁在家里，也是不想让我出去到处乱跑，但是当时（本来就）对学习没什么兴趣，就更没有兴趣。小时候做什么都是任务性质的。天天关在家里不让出去玩。其实我觉得小孩小的时候得多出去玩玩，就是说对于小孩来说我觉得对探索自己比探索知识更重要。出去玩接触这些东西，了解一下自己将来喜欢什么。锁在家里的话，可能会缺失一些东西。我觉得我现在还是挺正常的，还有俺弟弟一块儿，小时候经常打仗。记事就开始锁了，主要是看家。反正锁起来也有锁起来的乐趣，我有一个高中同学他也被锁家里，他就叠飞机、叠飞机，结果他飞机叠得特别特别好。（VNM1987-7.1）

在反复回忆下，时来想起了印象比较深的几件事情，锁在家里的时候，趴在平房上看隔壁邻居家的电视，捉迷藏把麦子给弄倒了，还有就是有次考试没考好。在所有的访谈对象中，时来是为数不多的几个谈及学业成绩带给自己困扰的访谈对象。在父母的教育下，学习是头等大事。

> 小时候印象深的事就是锁家里的时候，爬上去，趴平房上看隔壁邻居家的电视。在家里俺爸爸妈妈不让看。还有一次

就是藏蒙蒙,二伟把我们家装好的麦子给弄倒了。还有一次也是藏蒙蒙,卡在麦和麦之间,不能弄。后来俺二大爷回来了,把我给救出来了。再有什么事,也想不着了。想着有次考了倒数第二,考了60,可愁死了。(VNM1987-7.1)

时来与父母冲突最大的时候也就是高中时代因为学习成绩上不去,父母的不理解,竞争的压力,使得高中成为时来目前人生中最痛苦的时期,也是他学东西学得最多的时期。

那时候觉得家里人说什么都比较烦,觉得家里人特别不理解我。尤其是上高中的时候,上高中的时候压力太大了,主要家里也不理解,只要你成绩一下降,就说你不好好学习,也不管你到底是怎么回事。有很多时候,学习不是你想学就能学好,有的时候很用功,想学好但就学不好。但是家里人就特别不理解。他们认为,只要好好学好,就能学好,他忘了,所有的人都在好好学。都在好好学,肯定会有个三六九等。我觉得很多时候父母要多支持一下孩子,像我们家矛盾比较激化当时,现在好了,怎么都行。当时你要一有点什么影响学习,那是绝对不许干的。他也不管你压力多大,要是成绩一下降,就是没有好好学习。其实那时候自己也挺难受的,你再天天说,心里更难受。我觉得上高中,是我最痛苦的时候。以后都不会这么痛苦的。那时候压力太大了。但是虽然说高中过得最痛苦,但是高中是学知识最多的。我觉得人在最痛苦的时候总是能学到很多东西,你在高度竞争的情况下,能学到很多东西。临沂一中那些人实在是太猛了。我觉得有很多事,你再努力你都超越不了。像有的同学写作文你都看不懂,但是每次都是满分。我觉得对我整个人生观价值观改变最大的还是高中。家里压力大,周围竞争也大,那些人也确实很优秀,有的人上课也就听听课,下课也不怎么学习,每次考试都考得比你好，不论你有多用功，这点是最让我受不了的。这就是现实，就现实中也许你出了再大的力，也不如有的人一个电话管用。农村学生的很多学习习惯是不对，太不好了，家里对一些学习方法上不会有什么帮助。(VNM1987-7.1)

时来的童年故事似乎平淡无奇，但这是人们眼中标准化的孩子。时来已经定居加拿大，生活风生水起。时来愿意或者说可以跟我分享的童年故事并不多，但这绝不意味着时来是一个无趣的书呆子。在访谈的过程中，他的梦想、他的努力、他对事物的独到看法、他对自我的追寻同样给我留下深刻印象。

无论是鄙视学校教育、打架抢劫的虎子，十五岁就踏上打工之路的静静，还是规规矩矩地在学校体制内成长，如今升至体制顶端的时来，他们有着不同的童年生活，他们都努力在自己所选择的人生轨迹中向上流动，不断地追寻幸福，追寻自我。

第二节　乡村民众观念中的生育、抚育与教育

"80后""90后"的年轻一代，出生于个体化时代，与其父辈相比，既有父辈观念的烙印，更多的是有了不同的思维方式与观念，他们更强调自身的权利，更强调个人幸福生活的追寻，如果说，在其父辈的观念中，"日子是为了孩子过的"，那么在他们这一代，则强调为自己而活。他们的生育、抚育与教育观念更多以个体作为出发点，渗透着鲜明的个体主义取向。需要注意的是，"80后"都已经处于育龄期，90年代初出生的人有的已经育有子女，90年代中后期出生的人大部分并没有进入育龄期，访谈对象最小的为1998年出生。在谈论生育、抚育与教育观念时一些人尤其是90年代中后期出生的人表示没有思考过这个问题，又由于90年代中后期出生的人在法律意义上还未成年，可以说与其他已经成人的访谈对象具有很大的异质性，可比较性不强，因此，此部分分析

资料只涉及 1995 年之前出生的访谈对象。

一、生育与生育观——"生孩子是自己的事情"

进入育龄期的 80、90 年代出生人群其生育条件、婚育文化已经发生了显著的变化。在 N 村与 S 村生孩子成了一件大事。怀孕的母亲获得格外的优待,需要特别照顾,得以免除一切体力劳动。正如 S 村一位 40 年代末出生的访谈对象所讲,"怀个孩子就像太子了"。

在人们眼中,村里怀孕生孩子的小媳妇"太自在"了。在 N 村,结婚后的小媳妇并不出去干活,在家里等着怀孕,怀孕之后就在家里安心养胎。生孩子之后很长的一段时间里并不分家,婆婆负责全权照顾。怀孕的这段时期可以说是小媳妇最轻松最自在当然也是最无聊的时候。

> 不怀孕的时候,结婚也不用干活,搁家里,不出去,等到怀孕了,小孩大了再出去干活。怀孕的时候什么也不干,吃完睡,睡完吃。在家里急死了。就干些力所能及的事。八月份了就不能走远路了,不能骑电动车。(VNF1990 - 6.20)

"80 后""90 后"的年轻爸爸对于媳妇怀孕也更加上心,照顾媳妇的饮食,体谅媳妇脾气不好,努力为媳妇创造一切条件。

> 人家挺着大肚子,也不容易。不得在家里享清福,在家里养着吗?比方说,有文文的时候,以前一个月回不了几天,买了这个崭新的破房子之后,都是她,装修啦,干什么的,我在外边,有劲使不上。有文文的时候她挺着大肚子也不容易,到了我们意外有了第二胎,你想到的东西,该吃的吃,该喝的喝,该忍的忍,能避免的就避免,到了医院里乱七八糟的程序,都要做好。所有的都要请教别人,请教之后该怎么做怎么做。尽量用自己一切的能力做好一切准备,意外的就再说。

第四章　个体主义取向的童年观念(20世纪80—90年代出生人群)

(VNM1987－6.22)

2010年,全国农村孕产妇住院分娩率已达96.7%,比2000年提高48%。① S村所在的荆州市农村孕产妇住院分娩率更是达99.98%。住院分娩在80、90年代出生人群的观念中已经成为自然之事,人们开始选择大医院、好医院,在分娩之前,定期做产检,也已成为自然之事。

> 现在都得上大医院、好医院,现在都很重视,没开始生,就开始想着坐月子吃上什么,喝什么,捡着好的买。(VNF1985－6.22)

村里一些"先进"的小媳妇通过网络、电视、书籍等大众传媒获得胎教信息,在怀孕期间开始定时听音乐、读故事书,与胎儿对话,希望能够促进孩子的智力与情感发育。

> 从家来也就听听音乐,看看故事书,晚上的时候,都定时8点来钟的时候,他胎动得比较厉害,就看书,讲故事,给他说话,自娱自乐,每个月做B超,看什么状况。查血什么的,贫不贫血,贫血不好。在家里就胡思乱想,是小男孩还是小女孩,有的会掐会算的。影得难受(担心,老是想着),上网找这些资料、那些资料。小男孩还是小女孩啊。她奶奶提前一个月就在家里看着,生怕有什么事的。(VNF1990－6.20)

孩子出生后需要的生活用品一般提前很久家人就准备妥当了,到了生产那天,那是一个大日子,基本上宝宝的爷爷、奶奶、爸爸、姑姑甚至外公、外婆等重要亲属都会到场,场面甚是壮大。

> 多少天前,就准备小被子什么的,在医院拾的时候,一般

---

① 参见:http://www.ce.cn/xwzx/gnsz/gdxw/201111/29/t20111129_22877060.shtml。

都五六个人等着,我拾的那天,文文她爸爸、爷爷、奶奶、她姑都到了。单传的就是有功之臣,老婆婆伺候得倒还行,伺候得不行那还了得?(VNF1985 - 6.22)

孩子出生之后,婆婆会竭尽全力伺候儿媳妇,以帮其保养身体,保证奶水充足。由于产妇多情绪焦躁,容易抑郁,即便无缘无故大发雷霆,婆婆也不敢多加指责,多是尽量包容。

80—90年代出生人群的怀孕生子受到家庭的格外重视,也受到格外的照顾,那么,对于他们这年轻一代来说,生育究竟意味着什么?他们是如何看待生育的?我们首先关注年轻一代与其父辈及祖辈生育观念最为显著的不同。如果说30—40年代出生人群重视传宗接代,持有多子多福的生育观念,认为生育主要是关系到家族延续的大事,50—70年代出生人群在延续传统生育观念的同时,开始意识到生育也是关乎国家的事情,是需要理性计划的事情,那么对于80—90年代出生人群来说,他们在考虑生育行为、进行生育选择时,则更多是从个体的角度出发,基于个人的情感需要、个人生活理念来决定是否生,生几个。

1. 生育的目的——个人需要

在第二章家族主义取向的童年观念中,我们曾经探讨在三四十年代出生人群,也包括部分50—70年代出生人群的观念中,人生并非是一个享乐的过程,而是一个"愁"字。愁的核心即孩子。而在80—90年代出生的年轻一代看来,人生却是一个追求幸福、追求享乐的过程,个体自我是幸福的核心。年轻一代不再把生活的全部意义落实在孩子身上,而是追求自我的实现与个体的幸福。生孩子也不再纯粹是为了传宗接代,而是从个人需要出发,或是为了自己人生的乐趣和体验,为了情感的寄托[①],或是为了自己将来老去做打算,享受承欢膝下的天伦之

[①] 怀孕的时候在家里急得难受。生小孩不生又不行。没小孩没意思,没有什么乐趣了。结婚之后,没有小孩两个人干什么?小孩是家庭的中心。你要有小孩了就知道了,小孩也会说话,也会撒娇,也会干什么的,感觉可好了。感觉有个寄托,不然慢慢变老有什么意思?(VNF1985 - 6.23)

乐,老来有个依靠①,或是为了夫妻情感的融洽。最后一点尤其值得关注,如阎云翔所言,乡村社会的家庭关系发生了结构性变化,横向的夫妻关系已经取代了纵向的亲子关系成为家庭关系的主轴。年轻一代开始追求夫妻的亲密情感体验,在年轻一代,尤其是女性的眼中,孩子是夫妻情感的结晶,更是夫妻情感的黏合剂。孩子的出生使得多是通过相亲结婚的年轻夫妻有了更多的共同话题,情感更紧密地联系在一起。

> 有了小孩之后,以前没有聊的话题,现在有了,没事聊小孩,围着小孩话题多了,要让他怎样怎样,感觉话题多了,心吧,呵呵,心也近了。拾小孩不是容易的事,应该会对她更好一点。(VNF1990-6.20)

自由恋爱结婚的年轻夫妻也是如此。

> 我拾小孩,你问我,我都说不清,但是我不是很明确,人结婚就得拾小孩,早拾完早利索。只管好自己这一辈,小孩长大了自己管自己的,靠自己的能力。这一辈传宗接代想得不多。早拾完早利索。没有小孩是绝对不行的,我感觉拾了小孩之后,他的心思给了小孩一点,我都说他光疼他儿不疼俺了。话是这样说,感觉他比以前更让着我了。没有小孩家庭就不和睦了。有的没有小孩实在不能拾,就领养一个,有小孩,两个人就能长久了。(VNF1985-6.22)

2. 生育的数量——以不影响个人的生活质量为准

在50—70年代出生人群的观念中,一男一女两个孩子是理想的生

---

① 当然得要个小孩啦,不然老了多孤单啊,没人管,没人问,老了还是得指着小孩伺候。别管男孩还是女孩。(VNM1987-6.22)

育数量。而在80—90年代出生的年轻一代的观念中,出现两种取向,一种与其父辈观念一致,一男一女两个孩子,一种则持有一个最好、顶多两个的看法。抱持生育两个孩子的观念多见于未结婚,特别是结婚还早的访谈对象。最好生育一个的想法则多见于已婚、已育或者马上将要结婚的访谈对象。前者尚未进入谈婚论嫁的实质阶段,并未全面感受到现实生活的压力,多是一种理想状态的表达。后者则已初尝生活的现实滋味,多是在现实生活中的理性选择。总体而言,年轻一代的理想生育数量正在减少,这一方面是由于现代少生优育观念的普及,年轻一代越来越重视子女的素质,而非数量。另一方面,则是在宏观社会文化与制度等结构性因素下个体基于切实的经济理性而做出的主动选择。随着孩子生育成本与抚育成本的增加,以及地方政府对于超生的巨额罚款,过多的生育数量将严重危及个体的生活质量,影响个体对于个人享乐、个人空间的追求。

  M:那你觉得要几个小孩比较好?
  1:没有这个概念,随便了,无所谓,一个最好,最好不要超过两个。
  M:为什么只要一个小孩啊?
  1:你以为生孩子不要养的啊?压力大啊,自己的生活质量下降,人生很短暂,为什么要把一辈子耗在孩子身上?(VNM1986 - 7.21)

  学俺这个再拾一个,都得罚十万。你还得跑呢,还得逮您家里人,还得跑跑,走走路子。我不想那样,一辈子都爬不起来。光挣点钱,不够受罪的。(VNF1990 - 6.20)

  在选择生育孩子的数量时,年轻一代基于现实考量有着自己的理性逻辑,孩子在某种程度上也被年轻一代当作生活中的"负担",是个人生活压力的来源,因此他们倾向于少一个孩子少一份负担,当生育孩子并不严重危及自己的生活质量时,即可行的。一旦生育孩子的数量超

第四章 个体主义取向的童年观念(20世纪80—90年代出生人群)

出自己的承担范围,生育意愿则会受到抑制。例如下面一位1988年出生,已经育有一子的乡村男性指出,等到他发了财,就再生一个。

> 以后搞不好哪天发财了就接着生。如果不发财一直是这个样了,其实最好两个。(VNM1988-7.21)

3. 生育的性别偏好——基于个人的喜好

在80—90年代出生的年轻一代的观念中,生育男孩偏好已经明显淡化,甚至消失了。年轻一代对于孩子的性别偏好更多的是基于个人的喜好。即便有人喜欢男孩,也不是因为男孩可以传宗接代,而是因为受到男孩本身特质的吸引。

> M:想要几个(小孩)啊?
> 1:一个就行,一个就难养。我想要个小男孩,男孩我得弄得他帅气的,(对旁边6岁的孩子说)明天跟我理发去,我得给你理个苹果发型。(VNM1989-7.5)
> 我想要个男孩啊,我是女的,我不知道男的是怎么长大的,就是说我想要个跟我不一样的,女孩的心思我都知道,我想要个男孩,要是以后长大了,挎着儿子的胳膊上街,感觉应该很好。(VNM1991-7.8)

年轻一代对于女孩的喜好多是出于女孩的乖巧可爱、贴心体贴。

> 我喜欢女孩,女孩性格好,不调皮,不费心,长大了打扮得漂漂亮亮的。长大了出去逛街,左边一个老婆,右边一个姑娘,是不是很好啊?哈哈。(VNM1986-7.21)

更有出于理性的经济考量,女孩的抚养成本要低于男孩,日后女孩往往比男孩更贴心更孝顺。在年轻一代的观念中,父母仍然负有为儿子娶老婆、买房子的责任,因此,出于自己生活优先的原则,他们偏好生育女儿。

> M:男孩好还是女孩好?
> 1:女孩好。省事啊。你要养个小男孩,得娶老婆,买房,定亲,结婚,还要有车,这个那个的,特麻烦,不如说有个小丫头,特省心。我见了这么多都是老的有病了,闺女在跟前服侍。当儿的没几个。(1/VNM1993,VN双人访谈-7.10)

与此同时,虽然说年轻一代重男轻女的观念淡化了,但是传统的女性弱势地位仍然沿袭下来,年轻一代有些依然认为女孩干得好不如嫁得好,女孩不需要有出息,长大嫁个好人家即可,而男孩则需要悉心教导,期盼将来能够有出息。考虑到养育男孩与女孩的差异,男孩是否有出息是个未知数,而女孩却不需要太多费心,因此,生育女孩对于自己的人生而言算是保守之选。

> 再说了,男孩嘛,万一没出息,岂不是要气死? 女孩嘛,关系就没那么大,嫁个好人就行了。(VNM1986-7.8)

80—90年代出生人群在为自己而活的人生哲学下,更多基于个体美好生活的前提来进行生育行为的选择,生育不再是个体生活的主要目的,而是服务于个人的情感需要、利益需要,个体因为喜欢孩子而生孩子,并非是单纯为了传宗接代、延续香火。然而,同时我们也要看到在80—90年代出生人群的观念中,传统观念依然占有一定分量,诸如在访谈的所有对象中,无一人提及不想生孩子,是否生孩子从来不是一个选择性的问题,而是必须做的事情。

二、抚育与抚育观——"给孩子最好的"

三四十年代出生人群是把孩子"拉哺"大,50—70年代出生人群是

第四章 个体主义取向的童年观念(20世纪80—90年代出生人群)

把孩子"呵护"大,80—90年代出生人群则是尽其所能给予孩子最好的条件。随着生活水平的显著提高,孩子生育数量的严密控制,80—90年代出生人群相比其父辈有了更多可以利用的资源投注在孩子身上。"给孩子最好的"是80—90年代出生人群抚育孩子的宣言,这一宣言,既是年轻一代的自主行为,又受到消费观念、"科学"育儿观念以及城市抚育方式的影响,后者又在村落文化中得以重构。

在前面生育观念的讨论中我们提到,年轻一代为了保证自己的生活质量开始基于经济理性选择少生孩子,而当孩子出生后,N村与S村的年轻父母则表现出其不理性的一面,即为了给孩子最好的条件,不惜让自己负担沉重,甚至不得不压缩自己的消费欲望,以自己为中心的生活开始转变为以孩子为中心的生活。

> 你自己有了孩子之后,你自己的想法观念都跟以前不一样了。以前你自己吃饱了就不用管别人,现在你自己没吃饭之前得想着小孩吧,有什么事你最先想到的还是自己的小孩。你以前的时候虽然在外边,不见父母,也会想着跟父母买点东西,但是那种感觉跟小孩不一样。现在出去逛,就看小孩东西,逛孩子的衣服,给小孩买玩具,首先想到的不是给自己买衣服。我知道以前逛商场,肯定是自己去看衣服,但是现在大部分的时间都是给小孩买玩具买衣服。买不买的再说,你就是光想逛小孩的。(VNF1991-7.8)

这种转变更多是源自情感层面的动力,理性算计在这里失效了,给予孩子自己所能给予的一切,不是期待孩子将来的报答,而是发自内心的情感行为。追求个体幸福生活、个体享乐的年轻一代当有了孩子时第一次把自己放到了卑微的地位。也许正是因为年轻一代把孩子看作与自己一样独立的个体,需要投入太多的精力与爱护,所以他们在选择生育时格外理性、谨慎与负责任。

出于个体情感层面对于孩子的爱迅速在电视、网络、书籍等大众传媒中得到无限放大,"爱他就给他最好的"几乎是所有儿童商业广告的主题,也是年轻一代父母的宣言——"我什么都给他最好的"。处于消费文化中的年轻父母熟知各种奶粉品牌,有些父母也开始选择进口奶粉。孩子的衣物也开始选择品牌,最起码要在超市购买,质量放心,以适应孩子柔嫩的肌肤。

正如一位60年代出生的女性被访者所言:

> 以前小孩满当天井(院子)爬,现在小孩脚都不让入地(着地)。弄得跟城市小孩一样。(6/VNF1968,VN六人访谈-7.4)

"跟城市小孩一样"是年轻父母内心的渴望。在城市文化的影响下,通过各种途径接触到城市文化的年轻一代心中有着"城市情结","城市"与"科学"几乎是同义词。城市的抚育方式是先进的,城市的抚育理念是科学的,年轻父母开始以城市人的抚育方式为榜样来抚育孩子。

> 现在人都也懂得多,跟城市一样,要求很多。小孩多长时间补钙啦铁啦什么的,给小孩查查什么的。什么时候吃水果,一天喝一个奶,什么的,买一些书籍,放碟了,唱歌的了,就是没有城市的图书馆,有时候上集(市)买几本书。基本上跟城市差不多的,俺这边最小的两岁半开始上幼儿园。星期六、星期天也有报复习班的,跆拳道什么的。豪豪出生的时候就给洗澡,也游泳咪,满月之后复查,查下眼、耳朵哪里的,称称体重,长了多少斤。(VNF1990-6.20)

在这位乡村"90后"妈妈的讲述中,她竭力通过孩子出生后的"洗澡""游泳"等抚触训练、注意孩子的营养均衡、关注孩子的教育、上幼儿园的年龄等信息来证明自己孩子的抚育方式"跟城市差不多",在她的观念中,她期待自己的孩子能够享受与城市孩子一样的条件,她也以这种方式安慰自己。

电脑网络可以说架起了沟通乡村与城市抚育观念鸿沟的桥梁,电脑网络已经成为80—90年代出生人群生活的一部分。在N村,台式电脑已经成为必需的嫁妆。遇到育儿问题,年轻的妈妈已经习惯求助于网络搜索引擎。我在不少年轻妈妈的电脑上看到"妈妈经"与"育儿经"之类的网页收藏。

> 豪豪很规律,我看网上说,要养成习惯,没添饭之前,白天睡两大觉,玩的时候很少,很省事,八九点、七八点醒了,玩一会,十点来钟又睡了,玩一会,个把小时,又睡了,五点多醒了,吃晚饭,玩一会,晚上睡得晚了,八九点。(VNF1990 - 6.20)

在访谈的过程中,一位年轻妈妈拜托我帮她搜索两岁儿童的"智力表",她接受了现代儿童发展的线性阶段观念,希望借助智力表为孩子的发展阶段与发展状况进行定位。

> 是不是有个智力表啊?找这个智力表,一直没找着,两岁小孩应该是一个什么样的状况,超前了多少。说话啦,记一些东西了。你帮我找找。(VNF1990 - 6.20)

当然也有一部分年轻父母对于城市抚育、教育方式提出质疑,一位访谈对象通过当下流行的亲子互动电视节目《爸爸去哪儿》发现,"城市的孩子在向乡下的孩子靠拢",远离自然环境、受到过度保护的城市孩子丧失了很多生活体验与磨砺机会,乡下孩子则敢于挑战、善于运动。由此他得出结论,乡下孩子能做到的城市孩子未必能做到,而城市孩子能做到的只要乡下孩子"适应"了同样可以做到。

> 《爸爸去哪儿》(亲子互动电视节目)没意思,说实话呢还是说假话呢?第一,农村出来的孩子跟城市的孩子有差异,第

> 二,我告诉你,城市的孩子为什么向乡下的孩子靠拢? 最基本的是,见了麦苗说是韭菜。我亲身经历的事,俺大姐的外甥,开春的时候,小麦他说是葱,他说葱怎么长得那么高啊? 因为他们要学习。但是乡下的孩子就不一样了。乡下的孩子我很不理解的,半不理解半理解,小小的个头,骑自行车还没坐上去,后边还带着一个。在路上撒丫子骑的。城市的永远做不到。(家长)认为不安全,不让做。《爸爸去哪儿》,他们去了农村,理论上说,是高一级向低级进化,不是进化,是学习。乡下的孩子(是)不适应,不是不会。(VNM1987 – 11.2)①

在这里,需要注意的是,"科学"育儿观念、城市抚育观念在乡村文化网络中被赋予新的意义。孩子的吃穿用度不仅关系到孩子需要的满足,更关系到父母的面子、孩子的面子。"同样是孩子,凭什么我家的孩子比你家的孩子穿得差?"对于孩子的悉心照料、"科学"养护则体现了年轻父母对于孩子的爱心。对于孩子的爱在某种程度上成为可资炫耀的东西,"科学"的育儿观念成为母亲手中进行攀比的资本,孩子的消费水平更是最直观的爱的体现。

> 父母不舍得吃,舍得给小孩买,买奶粉啦,或者是买穿的。我想买双鞋的,我不舍得,得给小孩买。不叫小孩搁别的小孩跟里那个。现在小孩都攀比,我给小孩买个车了,他家的小孩有,俺家里小孩也要有,现在有钱没钱的,都给小孩好的。小孩吃什么好啦,什么时候睡觉科学啦,都一块拉,谁的(理念)先进,有时候也较劲。(VNF1991 – 7.8)

现代消费观念、"科学"育儿观念以及城市抚育方式在村落文化里

---

① 此个案为补充访谈时,访谈对象的丈夫听到我的访谈后,主动跟我交流,故没有收入附录中的访谈信息表。

获得某种重构,成为可炫耀可攀比的资本,进一步刺激了源自个体情感的对于孩子的无限关爱,最终落实在80—90年代出生的年轻一代的个体主观行动选择上,导致"给孩子最好的"这一抚育观念出现。

三、 教育与教育观——"自由成长"

相比其父辈,80—90年代出生的年轻一代可以说是被计划、被控制、被束缚的一代,还在母亲肚子里的时候,80—90年代出生人群即已经被"计划"了,出生之后,更是成为各种统计数据的监控对象。在家长的诸多呵护与诸般禁忌中度过短暂的自由时光之后,即被提早纳入制度化的学校教育之中。80—90年代出生人群是国家九年义务教育实施后的第一代,自童年时代起其个人生涯即被纳入强迫的制度性安排中,并成为国家各项监测数据的关注点。诸如入学率、辍学率、升学率。

80—90年代出生的年轻一代是在我国教育改革实施和深化的过程中成长起来的。他们历经知识教育、素质教育,是"减负"政策的直接对象,又是基础教育课程改革、高校扩招政策的"受惠者"。幼儿园、小学、中学、大学,是设计完美的梯级递增,也成为孩子的理想成长路线,同时是国家为孩子设定的标准化人生。在这个意义上,80—90年代出生人群的童年与学校教育强制性地联结起来,或可称为标准化的童年,即在制度化的现代学校场域下统一模式的童年生活。几乎所有特定年龄阶段的儿童都在固定的学校,学习固定的课程,拥有掌握系统客观知识的教师以及格外重视课业表现的家长,还有着共同的社会期待,即在学业之路上能够不断拾级而上。

然而,事实上,N村与S村的年轻一代,很少能顺利完成这一梯级递增,大多止步于初高中阶段。没有N村与S村年轻一代辍学的详细数据,但是在N村所在的临沂市自1995年以来的年鉴中,关于普及义务教育,尤其是农村初中学生辍学的监测与控制一直是地方政府农村教育工作的重心。S村也大致如此。由此可见两村所在地区年轻一代辍学的普遍程度。

1995年,临沂市教委始终把基本普及九年义务教育、基本扫除青壮年文盲的"两基"工作放在重中之重的位置上。① 全市各级继续把巩固"普九"成果、提高义务教育实施水平摆在重中之重地位,作为突出的大事来抓。临沂市制定下发了《关于依法组织适龄儿童少年入学的意见》《临沂市义务教育阶段学校督导评估方案》和《临沂市义务教育阶段学校督导评估通报》;市长和各县、区长分别签订了《1998年巩固"普九"成果目标责任书》,各县区也分别与乡镇签订了《巩固"普九"成果目标责任书》;采取多种措施,加大了巩固"普九"成果工作的力度。②

2004年9月,在全市开展《义务教育法》宣传活动,积极开展"无辍学乡镇、无辍学学校、无辍学班级"活动,对控制辍学工作抓得比较好的乡镇、学校和教师给予表彰奖励。加强中小学学籍管理,建立现代化的学籍管理网络系统,实现中小学的学籍管理网络化;新生入学后建立电子档案,通过现代化手段掌握学生流动情况,建立了控制辍学的监管机制。③

实行控制辍学目标管理责任制,依法制止中小学生特别是农村初中学生辍学,全市小学、初中在校生巩固率分别保持在99%、98%以上。④

80—90年代出生人群基本上是地方政府控制辍学的监管对象。辍学的原因有很多,对于80年代出生人群来说,更多是由于家庭经济问题。父母负担不起学费,在父母的意愿下孩子被迫下学,或主动下学。即便有父母持有"砸锅卖铁也要供孩子上学"的决心,由于经济的窘迫,孩子也无法应对学校里的同辈文化。

> 1:我上到初中没毕业就不上了,俺老师来叫了好几回,就是不上了。你别说,三四年就懊悔了。
> M:我觉得你记性这么好,应该上学啊。

---

① 资料来源:《1995年临沂年鉴》。
② 资料来源:《1998年临沂年鉴》。
③ 资料来源:《2004年临沂年鉴》。
④ 资料来源:《2011年临沂年鉴》。

第四章 个体主义取向的童年观念(20世纪80—90年代出生人群)

> 1:不想上了呢,家里穷不想上了。以前小孩自尊心强,家里穷,吃得孬,人家都吃得老好,人家都拉着一块玩,你想着咱小的时候送贺卡了吗?有钱的就买八毛钱一张的,一块钱一张的,咱要是没钱的就买个两毛钱一张的就太孬了,都送不出去。以前我上初中的时候,俺班里五十口子人,我当班长,人家都给俺送,你说五十个人,一块钱一张得多少钱啊。五六十张得五六十块钱吧,以前上哪里捞着钱啊?一个星期家里就给两块钱花。中午买饭吃。(VNM1983-7.3)

由于家庭经济生活的困窘,原本是班长的 VNM1983 在学校场域下塑造的同辈文化中无法获得应有的自尊,他选择了逃离。与80年代出生人群不同,90年代出生人群的辍学更多是出于自愿选择,在新的时期下,自愿辍学已经得到诸多关注。[①] 其原因关乎方方面面,社会结构、乡村生活方式与价值观、家庭结构的变迁、消费主义、城市生活方式的影响,学校教育模式的弊端,以及年轻一代独立自主、渴望成长的内部心理动机等等。年轻一代的自愿性辍学似乎成为个体的主观选择,是个体"不长进"的表现,与家长无关、与教育系统无关、与各级政府无关、与社会无关。

事实上,这一自愿选择是被迫放弃。布迪厄曾经用"自我淘汰"来指称在学校教育系统内基于对淘汰客观机会预测而进行的自我放弃。在布迪厄眼中,学校系统是阶级关系再生产的工具,它通过把统治阶层的文化合法化为主流文化与意识形态,来复制原有的阶级关系。而学校中以考试为主要方式的选择机制则注定是有利于上层阶级,排斥下层阶级。远离主流文化的下层阶级在以主流文化为导向的考试系统中

---

① 欧贤才,王凯.自愿性辍学:新时期农村初中教育的一个新问题[J].中国青年研究,2007(5);周潇.农村青少年辍学现象再思考:农民流动的视角[J].青年研究,2011(6);罗汉书.农村初中学生辍学问题研究[D].长春:东北师范大学,2002;卢德生,赖长春.从学生自愿性辍学看我国"控辍"政策的调整与转变[J].教育学术月刊,2009(1);苏群,丁毅.初中阶段农户子女辍学行为影响因素分析——以闽北农村地区为例[J].中国农村经济,2007(6);吴建平.农村青少年辍学的文化再生产分析[J].青年探索,2003(5);项丽萍.农村初中生"厌学性辍学"的社会学分析[J].中国农业教育,2005(6);张士菊.青少年辍学的非经济因素[J].青年研究,2003(1).

并不在行,即便能够升入学校体制的更高梯级,也将面临进一步被淘汰的危险,与其延迟淘汰,不如立即退出,因此,众多下层阶级子弟选择了自我淘汰。

如前所述,现代学校把孩子从乡土世界的文化中分离出来,禁锢于封闭的学校空间之中,使得孩子习得现代理性的"普遍性知识",这一普遍性知识则是城市文化取向,与乡村子弟的日常生活经验相去甚远,加上乡村学校应试教育取向严重,考试成为压迫孩子的主要工具。制度化的学校已然成为一个可测量的世界,它以规范化的目光打量学校围场中的儿童,比较、分类、排列、同化与排斥。教学变成监督与分类的过程,上学变成压迫与疏离的过程。对于学校生活的厌恶、对于网络的迷恋、外出打工赚钱的诱惑、就业率的下降、内心深处的自由渴望等因素共同导致年轻一代自愿辍学。

80—90年代出生的年轻一代在其父辈"砸锅卖铁也要供孩子读书"的豪情与逼迫下成长起来,他们对于上学有了新的看法,不再把读书看作阶层流动的唯一通道。他们看到了这一通道的不可靠与脆弱性,与其说他们是被迫放弃,不如说是主动反抗,对于标准化童年的叛离即个体挣脱束缚、争取自由的举动。对于有些80—90年代出生的年轻一代来说,与其拼死拼活爬出农门,向上流动,不如在自己的小小一隅过着轻松自在的日子。

M:要是重新过童年,你想过什么样的?

1:我还是不想上学,你看过那篇文章了吗?

M:哪篇?

1:前阵子QQ空间日志转了一篇文章,说是同村两个人,同一年生人。然后一个人上学,上了大学,学的土木工程系,到回来分配到机关单位当建筑师什么的,一辈子奔波在工地,另外一个人上完初中不上了,外出开始打工攒钱。那个上学的三十多岁结婚之后,一直在外地搞项目,身体拖垮了不说,这是一,家还没顾上,这是二。在外边打工的攒钱了回村里干什么干什么,在外边攒了一点人脉,结婚很早,小日子一直过得很顺畅,那个上学的五十多岁得了癌症,然后撒手人间什么的。

M:每个人选择的路不一样。

1:是的,每个人选择的路不一样。有的人选择上学,有的人选择下来。(1/VNM1993,VN双人访谈-7.10)

即便80—90年代出生的年轻一代有着多元化的童年生活,然而大多都有过在学校教育系统中被选择、被塑造、被压制、被排斥或被"成就"的经历。那么,他们对于孩子持有怎样的教育观念?与其父辈有何不同?

在对80—90年代出生的年轻一代进行关于教育观念的访谈中,"自由"一词成为其教育观念的核心表达。他们希望给予孩子更多自主选择的机会、更多自由的空间,期待孩子能够自由成长、随性发展。

> 小孩是自由点好,整天让他学习,上那个辅导班,他自愿行,他想干什么干什么。他要是被逼的话,我不喜欢那样的。我比较喜欢西方的教育方式,我上高中的时候就感觉西方的教育方式太好了,咱中国教育太落后了。还给人那个封建制度样感觉,还是考秀才考举人什么的,发挥不了自己的特长。(VNM1989-7.4)

> 让他做他喜欢做的事就行了,我肯定是不会逼他的。我的家庭教育就是我的前车之鉴。(2/VNM1995,VN双人访谈-7.11)

这一对于自由的强调,一方面是来自年轻一代童年生活被束缚的切身之痛,他们不希望下一代重演自己的痛苦,另一方面也是追求个体权利、个体享乐、宣扬个性的年轻一代的必然选择。年轻一代承认个体权利的重要性,同时他们也承认孩子是独立的个体,不应当受到父母意志的摆布。刚刚脱离童年状态的,或者也许仍然处于童年状态的80—

90年代出生人群,他们知晓儿童是不同于成人的独特个体,他们知晓玩耍、撒娇、自由对于儿童生活的重要性,他们试图给孩子空间以呵护他们与成人不同的独特精神。

如果再往前推一步,实则是对于代际关系的观念发生了变化。他们不再如父辈一样,把孩子看作自己人格的延续、自己生命的全部意义,时时刻刻把孩子的命运与自己的命运绑在一起。相反,他们承认孩子的独立地位,自我与孩子都是完整的生命个体,各自有独立的生命历程,与父辈把自己与孩子绑在一起的观念不同,他们力图把孩子推出去。

> 下一代想上到什么时候就上到什么时候,那是他们自己的事情,他们自己说了算。当然是学历越高越好。一辈一辈的事,管好自己这一辈就行了,给他创造条件,他想怎么样就怎么样,你也管不着。(VNM1988 - 7.3)

追求个体自由、崇尚个性的80—90年代出生的年轻一代不再如父辈一样认为自己对于孩子负有全部的责任,他们把孩子从自我建构中推出去,不再对孩子抱持过高的期望,不再希望孩子弥补自己的人生缺憾,而是希望孩子遵循自己的意愿、按照自己的节奏往前走,他们在把孩子推出去的同时,力图争取自己的生活空间,也给予孩子生活空间。

第三节 儿童观念

农村社会的年轻一代对于实然儿童的认识、对于理想儿童图像的描绘与其父辈有着显著的不同,渗透着理想化与浪漫化的特点。在年轻一代的观念中,孩子是独立的积极儿童,不再属于家族,也不再属于国家,首先是作为个体而存在。年轻一代崇尚自然状态的孩子,而非关注孩子的道德抑或成就等外在于孩子本身的价值,这一对于儿童认识的理想化与浪漫化受到独特的时代背景、社会文化以及自身生活经历

第四章　个体主义取向的童年观念(20世纪80—90年代出生人群)

与自身意识等诸多因素的影响。

一、实然儿童——独立的积极儿童

与50—70年代出生人群"独立的消极儿童"观念不同,80—90年代出生人群更多地看到了儿童的积极能力与积极特性,不再以成人的理性与成熟为尊,转而开始欣赏儿童的未成熟状态所蕴含的积极力量。在80—90年代出生人群眼中,儿童既不是属于家族的存在,也不是属于国家的存在,而是以独立个体的方式存在着。

(一) 儿童的特性——积极能动的孩子

儿童的未成熟状态在不同年代出生人群的观念中得到不同的解读,在三四十年代出生人群看来,儿童的未成熟状态既是儿童脆弱性的表现,又是儿童具有超能力的表现。在50—70年代出生人群的观念中,儿童的未成熟状态,一方面是孩子脆弱、能力欠缺、不完美的表现,另一方面又是孩子拥有独特的思想世界与生活世界的表现。在80—90年代出生人群的观念中,他们看到了孩子的脆弱性,然而,却被这种脆弱性所征服。孩子的未成熟状态获得了从未有过的高度的肯定、尊重、欣赏。

年轻一代发现了孩子未成熟状态所富有的积极力量。在访谈中,论及孩子的特性时,涌现出了如此之多的溢美之词。诸如"学习性强""精力旺盛""有勇气""说真话""做到大人做不到的事情""单纯可爱""天真浪漫""情绪来得快,去得快""好奇""小孩没有错,只有大人有错""成长中""无目的"等等。与三四十年代出生人群不同,年轻一代不再把孩子看作神秘的具有超能力的个体,也不再把孩子看作被动、需要管教、能力欠缺的个体。年轻一代确认了50—70年代出生人群所感受到的儿童独特的逻辑与思维方式,并把这独特性升华为有价值的、需要予以认可、保护甚至学习的精神。与过去人们对于孩子的消极评价不同,年轻一代认为孩子具有成人所没有的积极的特性与能力。这可以说是80—90年代出生人群儿童观念的最突出之处。

同样是未成熟状态这一生物学的事实，在不同年代出生人群眼中，具有了不同的意涵与特质。如社会建构论者所言，儿童的未成熟性是一个生物学事实，但是对于这个未成熟性的理解以及对其的赋义却是一个文化事实。80—90年代出生人群最突出的特质即在于其对于个体权利、对于个体生活的强调。他们从个体的视角出发看待儿童、看待童年、看待儿童与成人的关系。儿童作为独立的个体，是不同于成人的存在。80—90年代出生人群在摆脱了对于年长一代权力的屈从之后，看到了儿童的独立性，开始从儿童的角度而非成人的角度看待儿童。

80—90年代出生人群从根本上怀疑成人的理性、成熟、道德与发展完全。他们赋予孩子与成人同等的地位，当然也包括他们自己。他们认为成人并不具有优越于儿童的必然性，反而在某些方面不如儿童，诸如坦率真实，即便是简单单纯也成为一种优点。他们不再以成人为标准来衡量儿童，而是从儿童本身的角度来看待儿童。当这一视角发生了转变之后，儿童的图像则发生了根本变化。儿童的调皮讨人嫌变成了精力旺盛[1]，幼稚不懂事变成了天真纯洁[2]，情绪易变变成了值得成人学习的优点[3]，非理性、无计划变成了浪漫随性[4]，不管不顾容易闯祸变成了充满勇气[5]，能力欠缺变成了充满成长的各种可能性[6]……年轻一代似乎把儿童浪漫化了，他们看到的不是能力欠缺的孩子，而是充满积极力量、与成人不同甚至在某些方面超越成人的孩子。前者我们称之为以成人为导向的儿童观念，后者则可称之为以儿童为导向的儿童观念。

---

[1] 大人经历得多，小孩经历得少，小孩精力比较旺盛，整天不住下（停下），依赖性比较强。（1/VNM1995，VN双人访谈- 7.11）

[2] 小孩想得少，大人想得多，小孩心里纯洁，大人的想法有时候比较全面，比较深沉。（VNF1987 - 7.9）

[3] 小孩是只有要嘛，大人是付出给予，小孩也挺好的，有的时候也要学习小孩，情感上面来得快去得也快。比如生气了立马就哭了，哭完了你给他了他立马就笑了。（VNF1985 - 6.22）

[4] 其实我觉得小孩挺浪漫的，有很多想法都是很浪漫的。大人必须要做一些事情，小孩没有必须去做的事情。（VNM1987 - 7.1）

[5] 小孩比大人有勇气，敢想敢做。（VNF1987 - 7.9）

[6] 小孩在成长，小孩说不一（说不定）以后干什么，大人已经成长完了，定型了。大人犯的错误少，小孩犯的多。小孩很容易犯错误。（VNM1994 - 7.11）

第四章 个体主义取向的童年观念(20世纪80—90年代出生人群)

80—90年代出生人群承认孩子具有不同于成人的思想世界与逻辑世界,并且给予高度评价,在成人世界与儿童世界之间,他们并没有给予前者以想当然的合理性与优越性,而是认为儿童具有自己不同的逻辑与思想,如果从孩子的角度出发来考虑,这一不同同样具有合理性,值得成人予以尊重。关于儿童具有与成人不同的逻辑与思想的观念,在50—70年代出生人群中我们已经发现,只是80—90年代出生人群走得更远,他们不仅看到了不同,还把这不同提升为有价值的、值得尊重的儿童特性。

> 小孩不容易做错事,对于小孩来说,他做的是对的,大人说他做的是错的。年龄段不同,思考不一样。你看他把家里弄得乱七八糟,他不是要搞破坏,他是觉得好玩啊。大人回来一看,家里乱成什么样了,觉得他捣乱,他错了。没说嘛,城里人跟小孩当朋友,他弄得那样吧,说你真棒,咱农村这边,大人就嫌乎。农村人跟城里人差距就在这里。其实小孩哪有错,小孩没有错,只有大人有错。小孩只要不拿家里的钱,没有坏习惯,就不是错。小孩无缘无故地讹人,那也不是错,他天生的就是讹人。小孩要什么,咱大人能表达出来,小孩表达不出来,他说不出来他就哭。(VNM1983－7.3)

以上访谈记录出自N村一位初中肄业的80年代出生的访谈对象,他有一个6岁的女儿,他赞成"城里人"与孩子的相处模式,把孩子当朋友,也赞成"城里人"的教育方式,尊重孩子"讹人""搞破坏"的天性。

> 城市人可能觉得大人、小孩是一种朋友关系,农村人有这个封建那个封建,大人就是大人,小孩就是小孩,小孩就得听大人的。其实在城市里,小孩没人玩,大人跟小孩成为朋友,空间更大。咱农村下胡家来,还跟他成为朋友?"你给我洗手去!"

> 张口就那样。就说农村吧,封建,过去怎么说呢,家有长子,国有大臣,没年(以前)女的说什么有夫从夫,没夫从儿。她儿就能管了她。有丈夫丈夫就能管了她。(VNM1983-7.3)

他的观察是敏锐的,在城市人口的访谈中,确实有不少城市家长认为自己尊重孩子,以朋友的方式与孩子相处。① 而当农村孩子跟家长要求做朋友时,有时得到的却是家长的嗤之以鼻。

> 农村的父母总是家长的样子,然后呢(我)有的时候会顶嘴,我跟我爸讲,18岁就成人了,说城里子女跟父母是朋友关系,他就说:"朋友关系?! 朋友给你吃,给你穿啊?"(2/VSF1988,VS双人访谈-7.21)

城市与乡村儿童观念的不同不是本书能够解决的问题,然而,在农村家长看来,由于子代对于父代不可避免的依赖性,父子之间不可能平等,这是一个有力的论据,即便是与孩子做朋友的城市父亲也会提到"在做决策的时候还是你,你毕竟是大人"。以上那位80年代出生的访谈对象没有看到的是,儿童对于成人的依附使得儿童与成人之间存在着天然的不平等,这一点无关城市还是乡村。只是有些城市的家长更为尊重孩子的独立地位,愿意尽量把孩子看成是与自己平等的个体。80—90年代出生人群同样如此,他们与其父辈一样,看到孩子的依赖性、脆弱性以及能力欠缺,然而他们与"城里人",或者说他们心目中的"城里人"一样,愿意尊重孩子的独立性,愿意从孩子的视角而非成人的视角来看待孩子。

80—90年代出生人群在自觉地摒弃其父辈的儿童观念,而向"城

---

① 1:大人跟小孩,做父母的,要把小孩当朋友,我们家吃饭,我女儿喊我老爸,不喊老爸喊大哥都行。这样没问题,还晓得? 这样家庭是和谐的。你不要老是摆着父亲的架子,那样怎么跟孩子相处?
M:看来你们家比较民主。
1:我们家还是比较和谐的。我们家女儿性格比较好,我们家什么玩笑都能开。(CM1963-6.3)

里人"的儿童观念靠拢,他们欣赏"城里人"对待儿童的态度,欣赏"城里人"的教育方式,一如他们欣赏"城里人"的消费观念与生活方式。比起父辈,80—90年代出生人群的儿童观念更为接近"城里人"的儿童观念,这既是城市文化下移的结果,也许还是现代儿童观念的又一胜利。

(二) 儿童的地位与价值——个体的孩子

三四十年代出生人群把儿童看作是属于家庭的存在,50—70年代出生人群开始意识到儿童是属于国家的存在,在80—90年代出生人群的观念中,儿童超越了家庭,也超越了国家,首先成为个体的存在。这并非说在80—90年代出生人群的观念中,儿童不属于家庭,也不属于国家,而是说儿童首先属于自己,成为一个独立的个体。

崇尚个体价值、追求个性的80—90年代出生人群可以说是在与父辈的抗争中走过来,他们否认甚至是挑战父辈的专断权力,并从中确立自己独立的地位。以前驯顺、听话的孩子形象在80—90年代出生人群身上发生了变化,如同乡村民众所观察到的那样,从80年代开始,孩子变得叛逆了。"这个叛逆就在80以后,越往现在以后,叛逆的小孩子越多,因为这个社会的变化。"80—90年代出生人群在成长的过程中逐渐意识到父母的局限性,逐渐发现自己的能力,学校教育、外出务工、电脑网络等媒介赋予年轻一代在知识、能力、视野方面对于父辈的优越性。父辈的观念在年轻一辈看来是过时的。

> 他们长一辈的人想法都是过时的。到我们这一代可能就要好一点。因为我们这一代都出去过了,各方面的素质都高点,主要是素质方面。你一定要出去待一段时间,过一段时间才晓得这些东西,你一天到晚在农村里待着,根本上就不晓得这些事情。(VSM1988 - 7.21)

他们试图彻底摒弃父辈的儿童观念,不再用父辈的眼光看待孩子,不再把孩子看作自己人格的延续、人生完满的条件,也不再以家庭为尺度来衡量孩子的价值,开始把孩子看作是与自己同样独立的个体,重视孩子本身的价值,而非对于家庭的工具价值。年轻一代对于孩子的爱发生了变化,他们并非因为孩子对于家庭、对于自己的贡献而爱孩子,而只是因为这是他的孩子,理应得到爱护。

> 现在小孩子没有听话的,也不指望他将来能干什么,自己的小孩都是好的。谁的小孩谁疼。(VSF1983-7.26)

年轻一代在儿童观念上体现了对于父辈的背离,同时他们也在背离儿童是属于国家的这一意识形态。进入80年代,随着政府工作的重心由"以阶级斗争为纲"转变为"以经济建设为中心",学校教育逐渐摆脱了政治意识形态,过渡到知识教育。邓小平于1978年在全国教育工作会议上提出了培养"有社会主义觉悟的有文化的劳动者"这一教育方针①,开启了我国知识教育的进程。在国家层面,如同阎云翔所言,国家不再动员个体去改造社会,从而在公共生活中制造了一种真空。②在学校层面,"有知识"、升学率显然比培养社会主义接班人更为重要。80—90年代出生人群即在这样国家意识形态宣传相对较弱的环境中成长起来的,尤其是提早辍学、奔向打工生涯的年轻一代,更是很少思考自身与国家的关系,比起国家繁荣,他们关注的更多的是个人幸福。对于国家的忠诚、对于国家权力的敬畏,他们比其父辈弱得多。在访谈中,一位"80后"访谈对象不无调侃地说"俺是好孩子,俺是社会主义接班人"。

在80—90年代出生人群的观念中,对于家族的忠诚与认同,与对于国家的忠诚与认同,几乎同时遭到了质疑与放弃,他们不再把家族与国家看作是实现自我认同的终点,而是开始从自己身上追求自我认同,

---

① 我们的学校是为社会主义建设培养人才的地方。培养人才有没有质量标准呢?有的。这就是毛泽东同志说的,应该使受教育者在德育、智育、体育几方面都得到发展,成为有社会主义觉悟的有文化的劳动者。见邓小平.邓小平文选(第二卷)[M].北京:人民出版社,1994.
② 阎云翔.中国社会的个体化[M].陆洋,等译.上海:上海译文出版社,2012.

个体自我成为超越家族与国家的首要存在。年轻一代把孩子从家庭中解放出来,也把孩子从"国家"中解放出来,把孩子看作独立于家庭与国家的个体。他们开始从孩子自身的角度看待孩子的地位与价值,开始关注孩子的当下体验,尊重孩子的个性、情感与内心需求。他们不希望给予孩子来自太多外在的束缚,只希望孩子享受当下的童年生活。如同前面所讨论的教育观念,他们希望给予孩子空间,希望孩子能自由成长,即便这往往仅仅是一种希望。

> 咱这一辈的童年难免被父母控制着,一是没有教育的观念,二是没有时间,忙得难受,小孩学习就行。想让你以后能走出去。很少去关心你想做什么。我要是有小孩的话,我感觉我得跟他沟通,知道他心里想什么。只要他自己开心就行,不管他以后做什么。(VNM1987-7.1)

二、应然儿童——"自然"的儿童

接下来我们关注年轻一代理想中的儿童形象。这一理想的儿童形象反映着年轻一代不同于其父辈的儿童观念。当我像往常一样问及"你觉得什么样的孩子是好孩子?"这一问题时,第一次遭到了质疑。80—90年代出生人群开始质疑我的提问方式,认为孩子没有好坏之分,根本不存在划分孩子好坏的标准。尽管这一标准在三四十年代生人以及50—70年代出生人群的观念里是如此自然。

> 说实话什么样的孩子都是好孩子,不论是调皮的还是文静的小孩,都有自己的个性,小孩其实并没有好坏,所有的小孩都是好孩子,可能有些人根据家长好坏评价小孩好坏,但是以实际来说,孩子没有好坏。(VNF1987-7.9)
>
> 我觉得小孩不能以好坏来论。小孩各自有各自的脾气和性格,并不代表皮就是坏小孩,听话就是好小孩。(VNF1991-7.8)

年轻一代拒绝以好坏来评价孩子，在他们的观念中，好坏是针对成人社会的评判标准，更多是成人观念的产物，而与孩子自身无关。在年轻一代的观念中，孩子与成人是截然不同的两类个体，应当有着不同的评判标准，孩子是天真纯洁、性格各异的，可以免于道德的评判，而成人则是有善有恶、有好有坏的个体。在三四十年代乃至部分50—70年代出生的人看来，孩子与成人一样，有着好坏之分，因此他们以成人的要求来要求孩子，诸如孝顺、懂事、勤快。他们把孩子与成人看作连续一体的过程，所谓"由小看大"。而在年轻一代的观念中，似乎把儿童与成人看作截然不同乃至对立的个体，因此，他们从根本上质疑以成人的评判标准来评判儿童。

例如，年轻一代不再推崇听话的孩子，这与三四十年代生人乃至部分50—70年代出生的人有着显著的不同。他们不再强调孩子的恭顺、老实，反而认为听话的孩子没有自己的思想，没有叛逆精神与个性。

> 我觉得乖乖的，很老实的，也不一定是好小孩。现在你看学校里的那些小孩，看上去都很乖，学习好。大家都认为这样的小孩是好孩子，那些叛逆的小孩都是坏孩子。有时候叛逆的那些孩子也不一定是坏孩子。小孩都不一样。其实有的小孩在学校里不好好学习，上社会上发展还好，适应得很快。你看咱现实生活中这些小孩小时候调皮捣蛋的，长大了怪灵活。不管他干什么，他挣不来多少钱，他也很灵活，为人处世也行。只要不坏到骨子里就行。骨子里是好的就行，表面坏一点也不要紧。（1/VNF1984，VN五人访谈-6.29）

这当然与社会的变迁有着重要的关系。事实上，部分六七十年代出生的人已经开始转变对于听话孩子的看法，认为听话的孩子太老实，在社会上"吃不开"。

在新的社会背景下，社会的超稳定结构被打破，强调"无违"与"顺亲"的孝道文化已然衰落，循规蹈矩、恪守本分并不能使得个体在变迁

第四章　个体主义取向的童年观念(20 世纪 80—90 年代出生人群)

剧烈的社会中获得理想的生活资源,突破常规、敢想敢做成为人们在社会上"吃得开"的重要素质。对于宣扬个性的 80—90 年代出生人群来说,他们更加欣赏孩子的反思精神与创造精神,认为过于听话的孩子是"憨"孩子。

> 有很多天才都是偏激的,你不偏激很难成为天才。我觉得所有小孩都是好小孩。没有一个小孩说天性就是怎么样,我倒是不建议我的小孩有多么听话,听话的意思就是别人说什么就是什么,你根本就没有反叛,人家说什么就是什么,他也不去想想为什么是这个,为什么不去想想还有没有别的。(VNM1987 - 7.1)

那么,对于否认好坏之分的划分标准、否认"听话"孩子的年轻一代来说,理想的孩子形象是怎样的?或者说,他们希望自己的孩子是怎样的?与三四十年代出生人群理想中的"道德"儿童不同,他们并不强调孩子的品质与行为规范,与 50—70 年代出生人群理想中的"成就"儿童也不同,他们对于孩子能够成龙成凤、头角峥嵘并没有强烈期待,相反,他们喜欢"自然"的孩子,喜欢孩子的本来状态,健康活泼,淘气顽皮,甚至是撒娇耍赖。他们并不追求完美的儿童,相反,有着小小缺点、爱哭爱闹的孩子同样招人喜欢。

> M:那如果你将来有小孩的话,你希望他是什么样的?
> 1:不需要什么,就是那种,飞黄腾达,很有成就,最起码就是活得健健康康、平平安安那种,快乐自在就行。(VNF1991 - 7.8)
>
> 活泼一点嘛,有些小孩子不是很那个嘛,看到人就哭,很认生嘛,活泼的基本上很多人都会喜欢,调皮一点也没关系,感觉跟他们大人带的有关系。(2/VSF1988,VS 双人访谈 - 7.21)

M：以后有小孩希望是什么样？

1：这个问题没想过啊，很难回答，首先要健康，任何什么都不如健康重要，希望他长得白点个，比较聪明，心眼好，把他往正路上领，但是不确定领到哪条路上去，自己走。（VNF1987－7.9）

健康、活泼、聪明、顽皮、"心眼好"、天真烂漫，几乎是80—90年代出生人群理想的孩童形象。这一孩童形象无关外在于孩子的社会规范，也无关孩子的未来成就，只关乎孩子本身的自然状态。健康、长得白是对于孩子身体的期待，活泼、顽皮、天真烂漫是对于孩子性格的描绘，聪明关乎孩子的智力，心眼好则关乎孩子的心灵，无论是身体、性格、智力还是心灵，都是指向孩子自身，而非外在于孩子的规范与目的。在80—90年代出生人群的观念中，孩子的自然状态获得最高地位，人们认可孩子的不完美，并把这不完美的自然的孩子当作理想的孩子形象。一方面，年轻一代开始关注孩子自身、关注孩子的内在价值，而非孩子的外在价值。另一方面，年轻一代把孩子看作自然的、完整的个体，而不是需要加以改造与驯服的不完整个体。

需要注意的是，本书所展现的年轻一代对于实然儿童与应然儿童的认识具有理想化的特点，有可能是由于大部分的访谈对象尚未生儿育女，即便育有儿女，年龄也尚幼，尚未进入强调应试教育的制度化学校，因此，存在某种程度的浪漫化。

独立的积极儿童、"自然"的理想儿童是年轻一代在特定的社会中进行建构的结果，与当下"以儿童为中心"的观念相符。但同时，我们仍然能够看到传统童年观念的强劲存在。部分80—90年代出生的人像他们的祖辈、父辈一样，仍然在强调有礼貌、体贴人、孝顺、听话等诸多相互依赖的价值倾向。这也反映了中国传统文化重视人际关系与伦理秩序对于年轻一代的深刻影响。

第四章　个体主义取向的童年观念(20世纪80—90年代出生人群)

第四节　以个体为本位的童年观念

崇尚个体权利、宣扬个性、重视内心感受的年轻一代践行着以个体为本位的童年观念。他们从独立个体的角度出发来看待儿童与童年。在年轻一代的观念中,童年的社会期望边界与学业生涯节点相结合,个体体验边界却体现出鲜明的个体差异。童年的意义与价值在以个体为本位的价值观下获得真正的独立地位,不再是成人的预备阶段。在年轻一代的观念中,童年时期的责任隐匿了,童年成为无责任的游戏时光,与成人期有着本质的区别。

一、童年的边界——下移

相比三四十年代以及50—70年代出生人群,年轻一代对于童年边界的界定普遍缩小。在社会期望边界上,年轻一代更多地把童年边界与学业生涯节点联系起来,这体现了制度化的学校教育对于个体生命历程的塑造。在个人体验边界方面,年轻一代不再有父辈普遍的未成熟感,而是呈现出个体差异。童年边界的这一下移与缩小,与社会变迁背景下对于何谓童年的理解有关,也与青少年这一新的生命阶段的出现有关。

(一) 社会期望边界——学业生涯节点

如果说在50—70年代出生人群的观念中,童年的社会期望边界开始与理性的时间节点联系起来,那么,在年轻一代的观念中,这一理性的时间节点则与个体的学业生涯节点相关联。进而,年轻一代对于童年社会期望边界的界定则与学员生涯节点相勾连。在访谈过程中,年轻一代习惯于用学业生涯节点来定位自己的生命历程。"上小学的时候""上初中的时候""上高中的时候""上大学的时候"等成为年轻一代整理自身人生记忆的索引。

M:几岁开始一个人住的?

1:应该上一年级了吧。那时候房子小,就一个堂屋,两个床,隔开,也等于没分开住。一直等到上二三年级了,分到小南屋住的。(VNM1988-7.3)

我从初中的时候开始学吸烟,别人撺掇的。到了高中开始吸的,就整天吸,感觉累得难受,吸烟缓解压力。(VNM1994-7.11)

童年还是真正无忧无虑,完全是父母包办,回家吃饭。上初中就有一些思维意识了,那是初级阶段吧。到你知道有些事情必须你去扛,你必须负责任的时候,那才算真正长大了。虽然上初中高中也知道自己要好好学习,不然对不起这个、对不起那个,但是还没有明确的负责任的心态。你看小学完全没有对不起谁的心态,什么意识都没有。(VNM1987-7.1)

以上访谈中,与父母分房住的记忆、第一次抽烟的记忆、对于长大的阶段性体验,当然还有更多的个体事件,均以学业生涯节点作为记忆的坐标。这与50—70年代乃至三四十年代出生人群的记忆坐标体系有着显著的不同。在后者的记忆坐标中,生命事件以及社会事件为记忆的节点,诸如结婚的时候、生子的时候、搞集体的时候、分地的时候。而在年轻一代的观念中,线性的精确的学业生涯节点给予个体重组过去事件与过去体验的有效参照点。学业生涯节点与人生轨迹的节点高度重合起来,这得益于义务教育大众化阶段制度化学校教育对于个人生涯的全面渗透与控制。

制度化学校教育关涉着时空规约,在一定的时空中展开,又借由时间与空间的运作来实现对于学生的规训。义务教育法明确规定"凡年满六周岁的儿童,其父母或者其他法定监护人应当送其入学接受并完成义务教育;条件不具备的地区的儿童,可以推迟到七周岁"。制度化的学校教育对于个体生命进行了精细的定位和制度性阶段的划分。诸如我国现行的学制,即以个体的生理年龄为基础,对于学生从入学到毕

第四章 个体主义取向的童年观念(20 世纪 80—90 年代出生人群)

业的各个阶段进行了系统设定(如图 4-1 所示)。

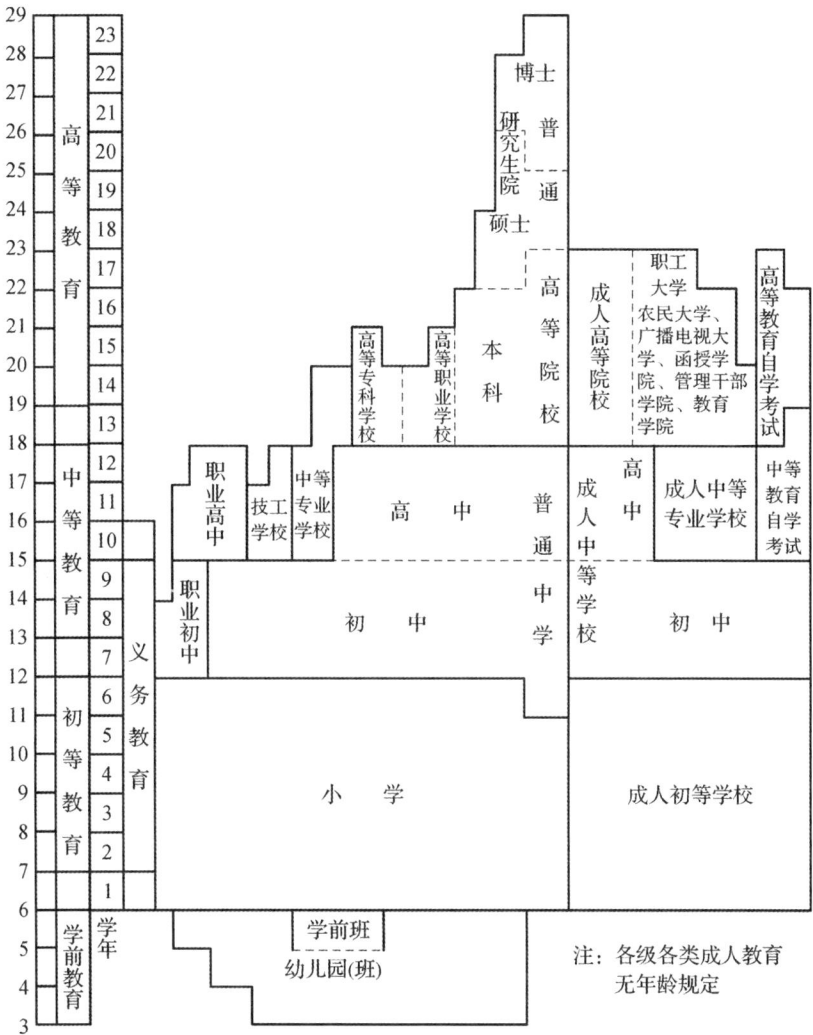

图 4-1 中华人民共和国现行学校系统图①

作为连续统一体的个体生命进入学校教育之后,即进入了一个制

---

① 此图由方晓东绘制,教育部卓晴君、荣文珂等审定,2002 年 1 月。参见:方晓东,李玉非,毕诚,等.中华人民共和国教育史纲[M].海口:海南出版社,2002.

度化的"时序系统"①之内,根据年龄对于个体进行分级,随着年龄的增长则逐级递增,每一级都有制度性的年龄定点与时间间隔。个体生命在这一时序系统之内展开。随着年龄与年级的提高,前后相序、层次不同的知识逐次向个体开放,个体在获得知识的过程中,也获得了精细的生命跨度感。学业生涯的时间表即成为个体生命的时间表。从个体进入学校教育系统之内起,这一时间表便通过诸种运作方式内化于个体的生命当中②,并成为个体标度生命历程的节点。个体在线性的时序系统之内被凝视与形塑,也以这一时序系统来凝视自身。

当学校教育时间成为标度个体生命历程的节点时,个体对于童年边界的定位则与学业生涯节点毫无悬念地联结起来。年轻一代对童年的社会期望边界进行表述时,开始通过小学时代、初中时代乃至高中时代来给童年进行定位:"上了初中觉得童年结束了,上了高中就觉得童年真正地结束了""小学毕业之后也就没有童年了吧""上中专就感觉不一样了"。

随着学业生涯节点的递增,学业压力也随之递增,视野得以不断拓宽,童年时期心无旁骛的"玩心"不断受到侵蚀、挤压乃至丧失,同时伴随着个体知识、经验、能力的增长与情感体验的日益丰富,这一切使得个体有了生命跨度感与不断的成熟感。正是在这个意义上,年轻一代把初等教育以及中等教育的时间节点视为童年的边界。在第三章中,我们考察了童年的社会期望边界由模糊的时间域趋向以理性时间为标度的确定时间节点,在年轻一代的观念中,这一以理性时间为标度确定时间节点则实现了与学业生涯节点的联结。

童年的社会期望边界在年轻一代的观念中明显缩小了。三四十年代出生人群把结婚看作社会期望边界,50—70年代出生人群开始以18岁这一理性的时间节点作为社会期望边界。这一童年社会期望边界的缩小与诸多因素有关,研究者认为最为直接也最为紧要的因素在于,在

---

① 桑志坚.超越与规训:学校教育时间的社会学研究[D].南京:南京师范大学,2012.
② 关于时间表对于学生个体的规训,肇始于福柯,有诸多学者在其框架下进行了集中详细的探讨,此不赘述。

年轻一代的观念中,新的年龄阶段获得普遍认可,即青少年阶段。如前所述,儿童期、青春期、成人期、老龄期这一阶段分明的生命跨度观念是现代社会的产物。虽然在50—70年代出生人群的观念中已经出现,但尚未深入。而在年轻一代的观念中,青少年阶段成为与童年阶段一样自然的无可争议的概念。因此,年轻一代思考童年边界时,自然地以童年—青少年—成年为思考向度,而非三四十年代乃至50—70年代出生人群的儿童—成人的思考向度。关于青春期或者青少年这一阶段在乡村民众观念中的出现将在下一章详细探讨。

(二) 个人体验边界——差异化

在第四章探讨50—70年代出生人群童年的个人体验边界时我们发现一个有趣的现象,即童年的绵延体验。那么,对于80—90年代出生的年轻一代来说,是否同样存在着相似的童年的绵延体验?访谈发现,仍然有部分80—90年代出生的人存有童年的绵延体验,但为数极少。① 相反,大部分的80—90年代出生的人认为自己已经长大成人,而童年的个人体验边界则呈现出差异化的特点。

我们首先分析为何80—90年代出生人群没有其父辈具有的童年的绵延体验,之后对于个人体验边界的差异化特点进行详细探讨。在第四章中我们讨论了导致50—70年代出生人群未成熟感的主要因素,由于在乡村社会环境下缺乏制度性的反思性机制,乡村民众缺乏对于自身生命历程的反思性监控,加之模糊的循环时间体验下缺乏对于精细生命跨度的感知,因而导致外在客观时间的淡化,而乡村民众始终保有未成熟感。对于年轻一代来说,伴随着乡村社会的现代化进程,尤其是学校教育对于个人生涯的制度性操控与安排,使得未成熟感的生长土壤——诸如模糊的循环时间体验、模糊的生命跨度感知——逐渐枯竭,年轻一代在业已设定的人生轨迹中不断前行,并不断实现自我

---

① 1995年以后出生的人的未成熟感更多是与生理年龄有关,并非属于我们所讨论的已经迈入成人行列而仍然保有未成熟体验的未成熟感,因此不在此讨论的范围。

认同。

制度化的学校教育是理性逻辑和工业逻辑发展的产物,它是一个人为的、理性的、系统的、有目的的生产机构,集中体现了现代文化。我们不止一次地提及现代学校教育对于年轻一代个体塑造的巨大影响,它把个体从乡土社会抽离,重新嵌入以普遍性知识为主的制度化的机构中,实现了吉登斯意义上的脱域与再嵌入。这一脱域与再嵌入的过程即实现了制度化童年的生产。

制度化的学校教育催生了新的时间体验。福柯指出,时间表是一项古老的遗产,它有三个主要作用——规定节奏、安排活动、调节重复周期,时间渗透进肉体之中,各种精心的力量控制也随之渗透进去。James、Jenks和Prout认为,学校结构具有十分严苛的时间规训,"学校教育透过复杂的时刻表纵横交错、结构化每一日、每个星期和每年的周期,强加给儿童,对于他们和父母及教师在磋商学校工作时,创造出不同的空间和时间限制与可能性"[①]。儿童的生活时间是一种绵延的流淌的时间,制度化学校内的时间则是刚性的结构时间,在时间表中,儿童一天的时间安排被精确到时、分,甚至秒,时间不再属于自己,不再遵循儿童自身的需要,成为一种被规定的纪律。如前所述,现代学校教育制度为儿童的成长制定了标准的年龄阶梯,儿童统一在6岁进入义务教育系统,随着年龄的递增,所学的知识与行为规范随之不同,以生理的年龄为尺度,儿童被纳入理性的时间发展之轴。正是通过时间与空间联合起来的规训,儿童被固定在教室中,学习特定的知识,进行特定的活动,其生活被特定的时间结构所分割。在严苛的时间规训之下,守时、惜时的现代时间体验渗透到年轻一代的观念中。在线性时间的体验之下,则是对于生命跨度的精确感知。

而现代学校本身即一个制度性的反思性系统,审查、书写、评价等现代权力规训技术可以说在现代学校中发挥得淋漓尽致,学生作为可

[①] Michael Wyness.童年与社会——儿童社会学导论[M].王瑞贤,张盈堃,王慧兰,译.台北:心理出版社股份有限公司,2009.

第四章　个体主义取向的童年观念(20世纪80—90年代出生人群)

算度的个体,随时接受审查与规范化裁决。学生的学业成绩、行为取向、思想动向时刻处于监控之中。考试评分制度为学生提供了反思性自我监控的机会,正如伊万·伊利奇所言,"人们一旦甘于接受由他人确定的用以测量自己个人成长的标准,那就很快会用同样标准来衡量自身"[①]。对于儿童来说,他同样借助考试评分制度为自己定位,并据以反思、调整自己的学习行为与学习态度。在学业生涯的不断攀升中,在一个年级又一个年级的升级中,儿童获得其父辈所没有的生命跨度感。所有这些共同塑造了年轻一代不同于其父辈的童年边界体验。

当问及何时觉得自己长大成人时,年轻一代童年的个人体验边界则呈现出差异化的特点,诸如进入高中、参加工作、结婚、生子、父辈去世等个人生命事件都可以成为个人体验边界。

M:那你觉得你什么时候开始长大成人了啊?

1:得是上高中了,那时候开始知道家里确实是不容易,上初中吧还是跟小孩样,什么都不懂,该玩的就玩。我小时候说实话还是比较老实的,不敢说皮疯麻辣的,但是跟二元、虎子那些玩得还是很好,他们呢是不爱学习的,我是比较爱学习的,但是俺也能玩一块去。我性格还行。说实话,我学业这方面确实不行,高中的时候我也是想好好地学习,好好地考个大学,但是我感觉我学业这方面确实太笨了,不是这块料。

M:你现在觉得你长大了吗?

1的老婆:现在还看动画片,人家还看《海绵宝宝》。

1:那是保持一颗童心,你懂什么?长大的象征就是你有责任感了。我感觉现在不长大也不行了,有家庭有孩子了,话头说上有老、下有小了。(VNM1989-7.4)

M:你觉得你长大了吗?

1:肯定长大了嘛,上了高中就长大了。从浅方面说,小

[①] [美]伊万·伊利奇.非学校化社会[M].吴康宁,译.台北:桂冠图书股份有限公司,1992.

时候喜欢玩的事,现在都不喜欢玩了。从深方面说,你随着年龄增长,阅历什么的,就知道自己该干什么了。所以说觉得自己长大了。

　　M:长大是一种什么感觉啊?

　　1:也没什么感觉吧,不是说长大就是有责任了吗?也没有什么感觉,到了这个年龄,不像小的时候无忧无虑了,随着年龄的增长,事越来越多,想的也越来越多。(VNM1994(2)-7.11)

VNM1989读高中的时候开始了解家庭的经济情况,体会到父母的不容易,不再一股子玩心,意识到自己需要努力学习以改善家庭状况。对于VNM1994(2)来说,同样是高中时候,不再如儿时无忧无虑,兴趣发生了变化,有了自己的目标,也开始有责任感。

　　M:你觉得你长大了吗?
　　1:我觉得我啊,长大了。我觉得我应该给他们(钱)了。
　　M:什么时候觉得长大了呢?
　　1:开始工作吧? 感觉自己独立了,也有能力给他们买东西了,遇到一些大事,家里人也开始听我的话了。(VNF1987-7.9)

工作使得VNF1987感受到了自己的成长,工作后的VNF1987真正独立了,在家庭中有了地位,开始有了决策权,也开始为父母花钱。

　　M:那你觉得你什么时候开始长大成人的了?
　　1:我觉得是结婚的前一年,跟我姑娘谈朋友的那一年。那时候没钱了,又要结婚,所以说就知道钱的重要性嘛。(VSM1988-7.21)

在VSM1988的眼中,长大的感觉始于临近结婚,由于经济上的困窘使得他感受到生活的压力。

> 觉得没长大,也不能说没长大,结完婚的时候,人家说你长大了啊,什么长大了,还是玩,觉得还没长大。从哪天开始觉得长大的啊,就是拾了小孩家来嘛。人家问,拾了吗?我说拾了,拾了一个闺女。人家说,哎呀,你长大了啊。心里觉得是啊,长大了啊,就从那时候开始,就觉得自己长大了。但是呢,到玩的时候呢还是玩。(VNM1983-7.3)

在 VNM1983 看来,自己感受到真正的长大始于孩子出生之后,自己由儿子的角色转变为父亲,随着孩子的出生原本的代际关系发生了变化。这一变化使得他开始承担父亲的责任,意识到了自己的长大。

> M:你什么时候长大成人了?
> 1:17 岁那年。长大是什么吧,我告诉你,最起码你得有点担当了,不是有点担当,是可以担当了。你心理上能承受事了,遇到事能自我调节的时候,就长大了,没有依赖性了,我有什么事不再指望家里了,再大的事能自己解决了。(VNM1989-7.5)

VNM1989 在 17 岁的那年,父亲由于意外事故去世了,他从一个顽劣的孩子瞬间变成了有担当的大人,开始独自面对生命中的困难。或者进入更高的学业生涯节点,或者进入个人职业生涯,或者面临个人的家庭生涯节点,或者发生突发事件,都可能引发个体的成熟体验。这一成熟体验的核心,是从无责任到有责任的转变。其中代际关系的变化在个体成长体验中尤为重要。在访谈中,不少年轻一代提及生子后是自己真正长大的转捩点,随着代际关系的变化,社会角色也发生了变化,由为人子女变为为人父母,新一代的出世改变了自身的角色认知。对于年轻一代来说,是否在父母身边仍然是影响自己成熟体验的重要因素。对于80—90年代出生的年轻一代来说，不同的生命节点均可能引发个体的成熟体验，至于何种生命节点成为童年与成年的个人体验边界则因不同个体而异，也因生活境遇的不同而不同，特别是突发事件导致代际关系的变化更能引发成人体验的向下拓展，使得个体早日结束童年，步入成年。

二、童年的意义与价值——独立的童年期

童年的独立意义与价值在50—70年代出生人群的观念中已经出现了，在把孩子看作"独立的积极儿童"、珍视"自然"儿童的80—90年代出生人群的观念中，童年期的独立价值获得了真正的确立。80—90年代出生的年轻一代比起父辈更为尊重孩子童年生活的独立价值，而不是仅仅把童年生活看作成人生活的预备期。人们花费更多的时间、精力与金钱投入在孩子的童年时期，儿童消费在家庭消费中占据的比例节节攀升①，有研究表明中国儿童的收入和消费每年以大约9%—10%的较为稳定的比例增长。②诸如前文中提到一位"90后"的年轻妈妈，她发现自己的消费行为与消费意识发生了转变，由过去以自己为主的消费转向首先关注孩子的消费。这既说明孩子地位的提高，也说明年轻一代对于孩子童年期的重视与投入。年轻一代更加确定孩子独立童年期的存在，更加意识到孩子与成人具有不同的需求与特点，并愿意为这一不同买单，专注于儿童专属用品，包括专门的儿童食品、儿童服饰、儿童玩具、儿童生活用品，也包括儿童的休闲娱乐活动以及教育投入。年轻一代对于独立童年期的认识当然不仅仅体现于关注童年期不同于成人的消费需求，也体现在对于孩子不同于成人的身心状态的把握。如前所述，注重内心体验与自我实现的年轻一代把孩子的未成熟状态建构成为拥有积极力量的特质，珍视孩子的童年时光，尊重孩子当

---

① 根据相关的儿童消费调查显示，目前中国儿童消费已占到家庭总支出的30%左右，城市儿童消费在家庭总支出当中所占比例超过33%，全国0—12岁的孩子每月消费总额超过35亿元。见刘秀丽，高丽.我国儿童家庭投入的现状及问题研究[J].东北师范大学学报(哲学社会科学版)，2008(6).

② 杨靖.对转型期中国儿童的消费分层问题的思考[J].中国青年研究，2009(3).

下的童年生活。在这里,研究者主要从两个方面来透视年轻一代对于独立童年期的认识,其一为童年纪念意识的日常化,其二从孩子乳名的变迁来探讨年轻一代对于儿童个体以及独立童年期的关注。

(一) 童年纪念意识的日常化

童年纪念意识早在50—70年代出生人群的观念中就已经兴起了,人们借助影像留住孩子的童年时光,通过庆祝生日的方式纪念孩子的成长。而到了80—90年代出生人群,纪念孩子成长的方式更加多样化,童年纪念的意识也更加日常化。年轻一代开始全方位记录孩子成长的点点滴滴。这一方面得益于现代传媒工具的大众化,另一方面也得益于年轻一代对于孩子童年期的珍视。

80—90年代出生人群成长于信息化时代,他们是手机、电脑等电子产品的忠实用户,他们更是社交网络平台的忠实粉丝。对于乡村社会的年轻一代来说,基本上每个人都拥有自己的社交主页,他们习惯于在互联网上表达自我、与人交往、建立社交圈、参与社会活动,由此记录和充实自己的生活,这无疑已经成为年轻一代的生活方式。个人社交主页的出现为年轻一代记录孩子的成长开辟了新的空间。腾讯QQ空间在乡村社会的年轻一代中拥有最多用户,点开任何一位为人父母的年轻一代的QQ空间,特别是女性,都会发现记录孩子成长的影像与文字。

特别是手机媒体[①]的出现,手机成为快捷个性的交流平台,集拍照、摄影、录音、上网为一体,使得年轻一代可以随时随地为孩子拍照片、上传空间,记录孩子成长的点点滴滴,也记录自己的心路历程。更有不少父母把代表自我形象的QQ头像设置为孩子的照片。如果观察年轻一代的QQ空间,特别是女性,即可发现,自从备孕之日起,或者更早,QQ空间的主题即开始全面让位于孩子。关于备孕知识、怀孕期间

---

① 手机媒体,是以手机为视听终端、手机上网为平台的个性化信息传播载体,它是以分众为传播目标,以定向为传播效果,以互动为传播应用的大众传播媒介。被公认为继报刊、广播、电视、互联网之后的"第五媒体"。见谭昆智.传媒的宣导抚慰功能研究[M].广州:中山大学出版社,2010.

注意事项、宝宝的抚育与教育方法、可爱的宝宝图像、辣妈妈潮宝贝等转载内容充斥着个人空间。宝宝出生后的照片一定在个人空间中占据重要位置,年轻一代乐于晒宝宝的不同照片,空间里布满了宝宝从咿呀学语到蹒跚学步的影像,也充满了年轻一代对于孩子的珍视、期待与热爱。年轻一代不愿意错过孩子短暂的童年期,以及孩子成长的珍贵瞬间,手机媒体与社交网络平台为年轻一代捕捉孩子珍贵的童年瞬间提供了无限的可能。人们开始通过手机,而不是眼睛,来发现孩子的童年。手机记录的快捷性、连续性、全面性、永久性使得孩子的童年永不消逝。

还可值得一提的是儿童摄影的发展,年轻一代并不满足随时随地记录孩子的童年,也不满足于过去普通的百日照,他们热衷于为孩子拍摄"时尚大片"。在摄影师的灯光与道具下,孩子们化身为一个个可爱的小精灵,把年轻一代对于童年的珍爱发挥到极致,塑造了年轻一代心目中的儿童形象。

(二) 孩子乳名的个性化

孩子的名字体现了人们对于儿童与童年的观念。这一点在以往的研究中很少得到应有的重视。孩子的名字由谁起,据何而起,不仅反映着家庭的权力关系、社会文化背景,也反映着人们对于儿童的观念,这是一个有趣的话题,研究者在这里并不想展开讨论。研究者关心的是,年轻一代为孩子取名与三四十年代乃至50—70年代出生人群为孩子取名有着显著的不同。前者重视孩子名字的个性化与独特性,相比之下,后者则往往对于孩子的名字并不在意。

三四十年代乃至50—70年代出生人群的乳名基本上是"随便起"的。一为好叫。若为女孩,则按顺序排开,大丫、二丫;若为男孩,没讲究的人家叫大孩、二孩之类,有讲究的人家则会连着起名,诸如龙门、龙吟、龙林、龙潭、龙渊。二为好养。由于民间有"贱名好养"的传统,因此一些"小娇孩"则取不好听的"贱名"。又有根据生辰八字来起名的传

第四章 个体主义取向的童年观念(20世纪80—90年代出生人群)

统,要求五行平衡。① 到了后来,尤其是50—60年代出生人群由于出生于解放初期以及集体化时期,因此带有鲜明的时代特色。诸如建国、解放、红旗、中华。然而如此"洋务"的名字一开始在乡村社会"水土不服",乡村民众并不习惯,依然以大孩、二孩代替。至于学名一般都是根据家族的辈分排行依次取名。不过,如果因此小看乡村民众起名的智慧,那就大错特错了,一位70年代出生的访谈对象充分向我们展示了老一辈起名的智慧。② 综观三四十年代乃至50—70年代出生人群的名字,我们可以看到家族主义传统的影响,诸如按辈排名,也可以看到国家意识形态的影响,诸如具有鲜明意识形态的名字,同时可以看到过去的人们并不重视孩子的个体性,以及童年期的独立价值,尤其是乳名,很多时候,人们只是随口一叫,并不花费额外的精力用于孩子的取名。

乳名,也叫奶名、小名或小字,是指婴儿在幼年时期家长所起的非正式的名字。③ 乳名通常是父母给孩子起的昵称,体现父母对于孩子的钟爱之情。乳名与童年有着更为亲密的关系,它是孩子童年时期的称呼,伴随着进入成人社会,这一称呼即被停止使用。对于孩子乳名的重视,乃是对于孩子童年生活的珍视。相比其父辈,年轻一代格外关注孩子的乳名,他们希望为孩子取一个独特又好听的名字,故意取"贱名"的做法被全然摒弃,而充满家族使命、国家使命的宏观字眼也被放弃,

---

① 我们是这样的,比如说他爸爸叫火林,是缺火缺木。我的这个名字里面有个金,就是缺金。有的叫什么水兵,就是缺水,海兵,就是缺水,木林就是缺木,是这样的了。现在小孩的名字就丰富多彩了。(VSF1962 - 7.15)

② 1:拾了一个小男孩,叫广聚,越聚越多,这回说再拾个儿,拾了俺二哥,叫随意,随心随意。又拾了俺三哥,说不能再拾儿了,叫拦去吧,就叫拦意。想拾闺女,又拾了俺姐,说比甜瓜还甜,起名叫脆甜。又拾了我,说再拾个闺女做伴,说比金子银子还贵,叫贵银。
M:贵银?
1:小点声,别叫人家听到。你看以前起名也有讲(讲究)哈,比人家有学问的还会起名是吧?那边个是俺老婆婆,她给小孩起名也有讲,大份(大儿子)起名叫队,大部队,不是人多吗?你说会讲吧?又拾了一个,拾了个闺女,起名叫看,看看下边拾个什么。又拾了俺二姐,起名叫哄,说哄人的啊。又拾了俺三姐,叫唤,他不是想要男的吗?叫唤。又拾了俺对象,叫集体,集体就是齐了,不再拾了。人家拾小孩都有讲,我说怎么起得这么有学问啊。真会起啊,家家户户都那样。我说比有学问的还会起。人家都不识字,怎么那么能的啊?(VNF1972 - 7.3)

③ 毛上文,温芳.陈姓起名通典[M].北京:气象出版社,2012.

诸如振华、英姿、北京、备战、家辉等①。年轻一代也不喜欢20世纪流行的"土气"名字，女孩如燕、红、圆、方、慧、娟等字，男孩如龙、江、虎、波等字。相反，年轻一代喜好为孩子取一个个性又充满童趣的名字，诸如多多、嘟嘟、朵朵、豆豆、叮当。这些风趣活泼的乳名既简单顺口又亲切悦耳，充分体现了年轻一代对于孩子的宠溺之情。

孩子乳名的个性化，实际上反映了年轻一代对于孩子个体的尊重，他们把孩子看作独立的个体，因此绞尽脑汁为孩子取一个与众不同的名字。而乳名的童趣化，则反映了年轻一代对于不同于成人时期的童年期特点的把握，他们以童趣化的方式为孩子命名，也是为孩子的童年时期命名。年轻一代比以往任何一个年代出生的人都更重视孩子的乳名，也更加意识到独立童年期的重要性。

三、童年的无责任

在现代的语境中，"童年的责任"这一提法其实是矛盾的。所谓责任，简单来讲就是个体不得不做的事情，带有强制性。而在现代观念中，童年是一段无忧无虑的自由时光，童年基本上是免除责任、免除体力劳作、免除为生计而奔波的时期。人们常常谈及孩子的权利，却鲜少谈及孩子的责任。童年基本上与无责任画等号。这一现代的童年观念在年轻一代的身上浸淫最深，在他们的观念中，童年时期等于无责任，而成年时期则等于责任。

如前所述，年轻一代承认童年时期的独立性，他们在承认童年生活具有独立价值的同时，也将童年与成年分离开来，成为前后相继的不同人生阶段，这一不同甚至是本质的不同。诸如前面所讨论的年轻一代对于儿童的认识，他们认为孩子没有好坏之分，只有成人才有好坏之别。研究者并非试图对他们的这一观点进行评判，而是可以借此看到他们对于儿童与成人具有高度分离的这一认识。对于年轻一代来说，童年与成年最根本的不同在于对于责任的不同感知。在讨论年轻一代

---

① 文中所列举的名字均出自在N村与S村的访谈。

第四章 个体主义取向的童年观念(20 世纪 80—90 年代出生人群)

对于童年的个人体验边界时,我们提到,成熟体验的核心即由无责任向责任的转变。而访谈过程中,当问及孩子与成人的区别时,年轻一代也纷纷指向"责任"一词。

  M:大人、小孩有什么不同啊?
  1:大人上边有父母,下边有小孩,也要考虑父母,也要考虑小孩。小孩最底下,也受到奶奶爷爷的疼,也受到爸爸妈妈的疼,什么也不用想,没什么责任,就像这个样,妈妈来了,办饭就吃,吃完就睡。到点了上学了就是上学。是吧?
  2(6 岁的孩子):不是,俺还想玩。(VNM1989-7.5)

在三四十年代出生人群的观念中,童年的责任是劳动。事实上,在当下,大部分孩子承担劳动责任既不可能①,也没必要。说它不可能,则是由于社会劳动分工的细致化和专门化,使得劳动技能日趋重要,很显然,必须经过专门教育与培训才能参与成人工作;说它没必要,则是由于随着家庭生活水平的提高,孩子这一未成熟的劳动力已经丧失了经济价值。人们关注孩子的情感价值甚于他的经济价值。

在 50—70 年代出生人群的观念中,童年开始远离体力劳动的责任,成为一段专门用于学习的时期。制度化学校教育对于这一区隔发挥了至关重要的作用。童年生活与成年生活已经发生了断裂,到了 80—90 年代出生人群的眼中,这一断裂继续扩大,他们把责任归于成人,把童年塑造成完全无责任的时期。甚至,学习也在强调让孩子自由成长的年轻一代的眼中降低了地位。在年轻一代看来,如果说童年时期有什么责任的话,那就是无忧无虑地玩耍了。他们把童年看作一段专门用于游戏的时光。

  童年生活就应该是快快乐乐的,该玩的玩。然后有时候

---

① 少部分家庭困难的孩子还是要承担劳动责任。

调皮呢爸妈就打一打。就是那样的,就是很正常的,正常的童年时光嘛。不就是玩吗?别被强迫学一些什么东西,该玩的玩。(VNM1989-7.5)

游戏,在以往人们看来基本上是受到忽视,甚至贬低的。"业精于勤而荒于嬉"的观念无论在三四十年代还是50—70年代出生人群的观念中都根深蒂固。游戏在年轻一代的观念中才真正焕发出光彩,游戏与休闲娱乐一样成为年轻一代生活的一部分,"能玩会玩"不再是懒惰堕落的象征,反而成为一种令人羡慕的本事[①]。在年轻一代的观念中,游戏是孩子的天性,游戏中的孩子才是快乐的孩子,游戏成为孩子的生活。

年轻一代珍视孩子的童年时光,也珍惜孩子的童稚之情,他们期望孩子能够自由成长,并不希望他们过早卷入成人社会。在年轻一代的观念中,童年与成年成为高度分离的两个阶段,前者是无责任的游戏时光,后者则是负有责任的工作人生。无论是童年的责任,还是童年的无责任,实则都是不同社会文化背景下的建构。

[①] 有的人该学的时候学,该玩的时候玩,人家成绩也很好。现在会玩也是一种本事,有的有时间也找不着玩。(VNM1983-7.3)

第五章 童年观念的互动机制与变迁张力

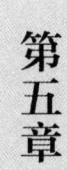

基于反思现代性，呈现哑然无声的底层童年观念的研究诉求，本研究考察了乡村社会三四十年代至八九十年代出生人群童年观念的变迁，借由乡村民众的叙述，我们看到了童年观念充满张力的变迁图景，这一图景与社会变迁的脉络相吻合，也展现了乡村民众本土童年观念的顽强性与生命力。乡村民众底层童年观念的呈现，撕裂了现代性话语下现代童年观念的完美表层，裸露出乡村民众童年观念与现代童年观念混杂交织的斑驳纹理。作为超地方知识的现代童年观念嵌入乡村社会的过程，即与乡村民众传统童年观念的互动过程，在这一互动过程中展现出的乡村民众传统童年观念的独特内涵突破了童年观念的现代主义框架，在一定程度上实现了对于凌驾于传统童年观念之上的现代童年观念的解构与重构。

第一节　互动性再生产：现代童年观念的底层遭遇

作为西方现代性产物的现代童年观念，是在西方现代理性二分的思维方式的影响下产生的。儿童与成人的高度分离是现代童年的典型特征。① 这一以儿童与成人二分为主要特征的现代童年观念在底层乡村社会的遭遇是我们接下来关注的焦点。在前文乡村民众童年观念变迁的讨论中，研究者或隐或显地展现了现代童年观念与乡村民众传统观念的冲突、碰撞与融合。现代童年观念伴随着现代民族国家进程的强势嵌入并非一帆风顺，而是陷入乡村民众繁复的累积性的日常生活经验流以及不断叠加沉淀的观念流之中，被消散、交织、混合，乃至融合成新的观念。

那么，现代童年观念作为主流文化如何实现在乡村社会的再生产？又是如何与乡村民众的传统观念进行互动的？这是一个混合多重的复杂交织过程。乡村民众并非消极地被动接受现代童年观念，而是根据

---

① ［英］Alan Prout.文化与天性的结合：加强童年研究和媒介研究之间的对话［M］//方卫平.中国儿童文化（第5辑）.杭州：浙江少年儿童出版社，2009.

自身的情境脉络与本土观念进行重新解释和重构,从而再生产出某种新的童年观念,这一新的童年观念既不同于外来的现代童年观念,也不同于本土童年观念,而是在两种童年观念的双向互动中再生产出某种带有融合特质的新观念。我们把这一互动机制称为互动性再生产。据研究者所能掌握的资料,互动性再生产的概念由常君睿提出,他受到黄宗智关于表达与实践、结构与主体方法论①的启发,提出霸权式再生产与互动性再生产。所谓霸权式再生产,意指主导文化凭借其支配地位和话语权力而进行的再生产,其结果只能是乡土社会对主导文化的被动而无选择地接受。而互动性再生产意指乡土文化会根据自身的客观现实对于主导文化进行解读和重构,其结果将是复杂的,既可能是被动地接受,也可能是拒绝,还可能是主动接纳乃至内化。至于会出现哪一种结果,则要看主导文化在多大程度上有助于达成它与乡土社会现实之间的一致性。②

在N村与S村的访谈中,研究者发现,关于现代童年观念在乡村社会的互动性再生产主要有两种形式。其一为现代童年观念的嵌入与再造,我们将以青春期这一现代性话语在乡村社会的建构为切入点,来探讨现代童年观念的强势嵌入。其二为现代童年观念与传统观念的相反与相成,我们将以童年边界中日趋理性的社会期望边界与个人体验边界的"未成熟感"的悖论式并存为切入点,来探讨现代与传统这一二元对立的观念如何在乡村民众的观念中消散乃至融合。

一、 嵌入与再造——青春期的诞生

青春期这一概念在现代社会耳熟能详,随意翻开发展心理学、教师培训、家长教育、青少年教育的著作,遍布关于青春期的详细介绍以及应对措施。青春期是个体由儿童向成年人过渡的时期,年龄范围大致为10—18岁,是每个个体成长的必经阶段,这一阶段伴随着特殊的生

---

① 黄宗智.中国乡村研究(第2辑)[M].北京:商务印书馆,2003.
② 常君睿.教育主导的乡土艺术文化变迁[D].重庆:西南大学,2008.

理与心理变化。诸如身体外形的剧变,性生理的发育①,自尊心理、逆反心理、竞争心理、憧憬心理等的出现②。作为疾风骤雨似的发展时期③,青春期充满了活力、激情与萌动,也充满了困惑、迷茫、叛逆、冲突、焦虑、危险与伤痕。青春期不仅成为学术界的研究对象,有关青春期的话语也成为学校教育的理论指导,更成为当代家长的必备知识。在大众舆论中青春期更多地被建构成叛逆期以及危险期,建构成某种"反社会""反秩序"乃至令人恐慌的存在,如果不对个体善加监督与引导,其可能会"误入歧途",对家庭、学校乃至社会造成不良的影响。

当我们以毋庸置疑的确定性来谈论青春期的概念、特征以及应对措施时,我们却从未思考青春期这一现代性话语的发展历程,似乎它本身就拥有某种本质性的确定。事实上,青春期的论述并非从中国本土脉络中产生,而是源自西方的舶来品,青春期与现代童年一样,是西方现代理性的产物,青春期与青少年这一概念基本上是联系在一起的,青春期概念的出现改变了童年的固有边界。我在这里想指出的是,即便是在西方社会,青春期这一表述也只是20世纪的发明,托马斯·波克维茨指出,青春期"是随着心理学的发展而由学者们创造出来的'假说',没有人能够说出到底何为理想的'青少年',但是这个'假说'却真实地指导着学校的实践"④。波克维茨认为,青春期作为学术研究的对象,给予儿童生物学和文化学上本体论的特质,这种学术研究中的编排(fabrication)使得青少年成为心理学的一个属类。他引用Hall的研究结论指出,青春期作为对抗大众教育、工业化以及城市化的方式发生在20世纪的转捩点。当教育的旧传统不再具有效力时,一系列新问题以及道德秩序问题出现了,青少年则成为思考社会问题的新的虚构方

---

① 鲍谥清.班级工作与心理辅导[M].北京:化学工业出版社,2011.
② 祁乃成,王重力,颜悦.青春期教育[M].北京:知识出版社,1999.
③ 张超.10—18岁青春期,好爸爸说给男孩的悄悄话[M].北京:中国纺织出版社,2013.
④ 赵婧."碎片化"思维与教育研究——托马斯·波克维茨教授访谈录[J].全球教育展望,2012(10).

式。① 波克维茨在论述他所主张的"当下史"的过程中,引导人们对于"青少年"这个词进行发生学追问或者说系谱学考察,他坚信,通过考察"你会看到这个词在被创造出来的过程中经历了哪些权力之间的互动与运作,你还可以进一步看到它在不同时代的变迁"②。无疑这是一个充满诱惑力也是充满趣味的提议,在中国的脉络下对于青春期这一现代性话语进行系谱学考察与追问,从中洞察现代性观念在中国本土文化的漂浮、落地、生根乃至变异,从而反思其中所蕴含的"权力的互动与运作"。这是研究者感兴趣的议题,然而,在本研究中,研究者则主要聚焦青春期这一现代性话语如何在底层乡村民众的观念中诞生,从中考察现代童年观念的嵌入与再造。

在乡村民众的传统观念中,青春期这一概念是不存在的,被命名为"青春期"的这一时期在传统观念中仍然属于童年的范畴。如果没有青春期的概念,有没有青春期的体验?因此,研究者聚焦于青春期的概念与青春期的体验这两个问题展开访谈。青春期这一概念何时进入乡村民众的视野?又怎样获得合法性?在与乡村民众传统观念的互动中,又发生了何种再造与重构?

对于三四十年代出生人群来说,青春期是一个全然陌生的词汇,在人们的观念中,个体从幼年平稳地走向成年,是一个再自然不过的事情,这期间并没有某种暴风骤雨似的阶段。没有青春期的概念,那么有没有青春期的体验?有没有某种最初的骚动、不安、紧张乃至叛逆?"叛逆"一词对于三四十年代出生的乡村民众来说同样是陌生的,与之相关的词汇在 N 村叫作"犯犟",在 S 村叫作"拐"。无论是"犯犟"还是"拐",在三四十年代出生人群的记忆中都没有深刻的体验。人们普遍认为未成家之前的自己比较顺从、听话,很少"犯犟"或是"拐"。

M:您听说过青春期这个词吗?

---

① Thomas Popkewitz. The Sociology of Education as the History of the Present: Fabrication, Difference and Abjection [J]. Discourse: Studies in the Cultural Politics of Education, 2013(3).
② 赵婧."碎片化"思维与教育研究——托马斯·波克维茨教授访谈录[J].全球教育展望,2012(10).

1：俺没听过。以前还是这吗？都傻了吧唧的。降龙都说我跟憨子样。(VNF1941-7.3)

M：您十几岁的时候有没有特别叛逆的时候啊？不听老的(父母)话,光犯犟。

1：什么？没有没有,不听老的话不行,那你不听老的话还了得？你跟老的对着干还行吗？不能犯犟。(VNM1944-7.8)

在家族主义传统文化中,父亲拥有无上的权威,孩子大多是俯首顺从的,如果"犯犟"或是"拐",很可能招致父亲的打骂。专制的父权牢牢控制着年轻人。我们已经讨论过在传统时期,儿童的生活与成人的生活具有某种连续性,童年与成年并不是一段泾渭分明的时期,由童年到成年以结婚的方式实现自然的过渡,结婚前与结婚后面临的生活环境并没有本质性的差异,所从事的社会活动也基本上是一致的。因此,在同质的环境中,孩子在成长过程中面临的冲突相对较少。还需要值得一提的是,在传统时期,由于森严的"礼教"与"成人"信息的闭塞,未成年人的性萌动是不被承认的,也是被压制的。说"压制"也许并不妥,就访谈来讲,三四十年代出生人群很少感受到由于性萌动所带来的紧张与冲突。而这一性萌动显然是青春期的生理基础。对于女性来说,月经初潮是青春发育期的标志,就三四十年代乃至五六十年代出生的乡村女性来说,由于物质生活水平的限制,身体发育普遍偏晚,初潮年龄也较晚,同时导致"懂事"较晚。

M：您洗身上(月经)是多大？
1：我到了17才有。
M：那时候知道吧？
1：那时候一年还不知道有一两回吗？这月月那个厉害的,那时也不疼。以前都用破衣裳、草纸。以前那个草纸那么长,都扎人。(VNF1941-7.3)

那时候人我想着我到19都不洗身上,你看这,十一二都

有了。这十五六都长大个子，都长成了，长不高就长不高了，真事。(VNF1962 - 7.1)

由于父权制的传统文化，相对同质的生活环境，落后的物质生活条件导致的身体发育相对较迟，加之并没有接受性启蒙的途径，因此青春期的概念与体验在三四十年代出生人群的观念中几乎没有出现。当然也有特例，N村一位小学教师由于在学校系统内显然知道"青春期"的概念，但依然认为自己以及自己的孩子并没有青春期的叛逆体验。[①] 在三四十年代出生人群的观念中青春期概念与体验的不存在证实了20世纪初美国人类学家玛格丽特·米德在萨摩亚岛所做的人类学考察。米德发现，由于萨摩亚的少女生活在一个相对和谐与同质的文化里，她们在由女孩过渡到妇女的过程中显得轻松而自然，并没有美国青春期女子所承受的紧张与压力，也没有产生逆反情绪和行为。虽然这一发现后来受到各种质疑，但是就研究者在N村与S村的访谈来说支持了米德的结论。青春期的逆反体验并非一定是生理事实，很多时候受到社会文化的塑造。

这一对青春期体验的不敏感与对青春期概念的不明了一直持续到五六十年代出生人群的观念中。这里出现了明显的群体分化，接受过学校教育的乡村民众比起未接受过学校教育的乡村民众要更知晓青春期的概念，然而，无论是接受过学校教育抑或未接受过学校教育的乡村民众，大多汇报自己没有明显的叛逆体验，也没有意识到自己孩子的叛逆表现。由此可以看出学校教育在青春期概念的诞生过程中所起到的重要作用。

M：那时候知道青春期的感觉吗？

1：那时候谁知道什么啊？谁懂啊？到时候肯定思想不

---

① M：那俺那两个叔十几岁的时候，叛逆的时候，您知道吧？什么时候是青春期知道吧？1：他那弟兄俩吧，在我跟里(这儿)得说从来都没表现出来，到现在也没表现出来。(VNM1947 - 7.6)

一样,观念不一样。家长不知道青春期的概念。叛逆,从我这个思想来说,只要是对的,谁说也没用。这个也不是叛逆。

M:时来叛逆吗?

1:肯定叛逆,时来一直都很听话。但因为各方面的原因也造成了这种情况。当时也没想过他长到十几岁了,到了青春期了,就知道他好好学习就行。旁的哪想过这些事。一天忙到黑,两天忙到晚,也就现在思考思考小孩以后走什么路。以前哪有工夫想?(VNM1963-7.1)

不过需要注意的是,青春期体验存在着性别差异,在20世纪80年代,确实有一批出生于60年代的年轻人,尤其是男性,相对以往要离经叛道得多,1983年的"严打"至今留在60年代出生人群的记忆中。诸如S村的现任村支书,其是当年"严打"的对象,由于打架斗殴,一直处于潜逃状态,直到缴清罚款,到计生办收缴生育罚款。

总体来说,五六十年代出生人群普遍没有明显的青春期体验,青春期这一概念虽然在接受系统学校教育,尤其是初中教育时会有所接触,但未深入乡村民众的内心。青春期作为外来的概念真正在乡村民众的观念中得以流行是在80—90年代出生人群处于青春期的时候。伴随着父权的衰落、年轻一代权力的上升,由于物质条件提高,年轻一代身体发育提前,加之大众传媒客观上加速了性启蒙,再加上社会的急剧变化,年轻一代并非生活在以往那样的同质和谐的社区中,面临着更多的压力、冲突与断裂体验,80—90年代出生人群与其父辈之间出现了从未有过的代际紧张、矛盾与冲突。如同在第四章我们提到的像虎子一样的叛逆的孩子似乎突然间多了起来。父母一代也感受到了来自年轻一代的挑战。与此同时,家长会、电视媒体宣传以及邻里的闲聊,都在向乡村民众传递着青春期是叛逆期甚至危险期的信息。正如一位70年代出生的访谈对象所敏锐观察到的那样,"随着这两个字(叛逆)来了,小孩都特别叛逆"。

以前小孩不听话的时候也不知道是叛逆,那时候知道叛逆这两个字吗?那时候哪知道叛逆这两个字的含义啊?大人都不知道,别说小孩了。不像现在,随着这两个字来了,小孩都特别叛逆。有的小孩甚至都没有叛逆期,就像你一样,你就没有,我觉得,你看你姊妹都没有。你姊妹都懂事。我是稀里糊涂地过来了,也是不懂,俺以前没有叛逆期,现在小孩怎么都有了叛逆期,不听话肯定有,但是没有那么强烈。现在动不动就说,这阶段就这样,是叛逆期,我也不知道是怎么回事。很多小孩我觉得也没有叛逆期。也就是个别的小孩有。
(VNF1975-7.4)

在小学毕业的 VNF1975 的眼中,"叛逆"作为外来的词汇并没有获得充分的合法性,她质疑"这阶段就这样,是叛逆期"对于叛逆期本质性确定的说法,原因在于她认为自己没有叛逆体验,也在很多"懂事"的孩子身上没有发现叛逆期,由此得出"就是个别的小孩有"这一结论。VNF1975 否认叛逆期是普遍性的本质现象,认为这只是个别现象。这实际上是乡村民众根据社区文化以及自身的体验对于青春期这一概念的重新解释。与 VNF1975 不同,VNF1963 认为"90 后"的孩子叛逆体验更为明显,她把叛逆期看作时代特征,而非孩子的本质性特征,这实际上也是对于叛逆期或者说青春期的再造。

当然也有一部分群体接受了叛逆期这一概念及其本质性规定,并据以作为管教孩子的指南。例如 VNF1967 意识到孩子到了特殊的"那段时间",与正常孩子不一样,一旦错过这段管教时间,孩子就再也管不了了。VNM1973 认为自己的女儿到了最"容易出错"的时候,必须格外注意。

特别是小女孩,这个年龄阶段是最容易出错的时候,都是这个年龄阶段过来的人,整天在外边懂这些事。说得文艺一点,学上好上不好无所谓,只要能让她学会做人,这是主要的。

第五章 童年观念的互动机制与变迁张力

一出门就跟个笨蛋似的,迷糊了。(VNM1973-7.8)

至于80—90年代出生人群,他们基本上全然接受了青春期这一概念及其本质性规定,他们认为青春期是每个人的必经阶段,必然伴随着叛逆与冲突,也有着深刻的叛逆体验。即便叛逆体验不明显的年轻一代,也认同青春期是普遍性的现象,每个人都有叛逆体验,只是表现程度不同。

> M:你十几岁的时候有没有比较叛逆的时候?
>
> 1:有,怎么没有啊。大人越不兴干的越不让你干。要是放暑假走亲戚啊,越不兴走越走。上付庄三十多里路,大人不知道就去了。以前下边(农村)没有什么玩,就走个亲戚是叛逆的事。不叫你下河,你非下河。这就是叛逆的。大人说可别下河啊,让淹着了。还有多深啊?能淹着我?就这样想。
>
> M:你觉得有青春期吗?
>
> 1:有,谁都有。青春期就是在外边干活什么都行,就是不想家来。家来大人光管。从外边住舒坦,想上哪里玩就上哪里玩。好比要是上三个星期歇大班吧,就骑着车,围着临沂转似的,可得劲了。转够了,家来了。(VNM1983-7.3)
>
> 在心理学上说这是一定的,每个人都要经过,不是有两个反抗期嘛,一个是三岁,一个是青少年,只不过是有人表现得厉害,有的人表现得不厉害。以为没有,其实也有。(VNF1987-7.9)

如果说VNM1983对于青春期的肯定性认识是学校规训与自身切身体验的共同结果,那么对于没有切身体验的VNF1987来说则是学科规训的结果,VNF1987是N村的一位大专生,目前担任幼儿教师,显然她接受过系统的心理学知识的培训,由此认定每个人都会经历青春期,只是表现则因人而异。在访谈中,一位尤其"叛逆"的"90后"孩子,为了上网"把家里属铁的东西全卖了",为了逃避父母的惩罚服药自杀差点丧生,在访谈过程中由于其母亲也在场,与之产生争执,并将自己过去所有的过错归因于"青春期",为自己开脱。

  母亲:你因为什么挨打的?不是因为你干得太过分了?一天拿八百块钱出去,一下就花没了。打你还轻吗?还家庭暴力?!谁学你这样的?给你钱花你要多少?一下拿八百块钱出去?
  1:这就是叛逆,你知道吧?
  母亲:我一个月才赚多少钱啊?
  1:好,别说了,青春期你知道吧?(1/VNM1993,VN双人访谈-7.10)

  三四十年代出生人群没有青春期的概念,没有青春期的叛逆体验;50—70年代出生人群基于80—90年代出生人群与自己年轻时候不同的叛逆表现,有人认可青春期的概念,也有人质疑青春期这一概念,并把它再造成特殊的时代特征或者个别现象,否认其本质性存在;80—90年代出生人群把青春期看作个体的必经阶段,将其作为为自身叛逆行为开脱的理论资源。"青春期"在乡村社会的诞生及其在不同年代出生人群观念中的呈现,实际上折射出现代观念在乡村社会的嵌入过程,这一现代观念经历了乡村民众的再造与重构,如今在全面接受现代教育规训的年轻一代的观念中获得了某种霸权式的存在。

二、相反与相成:长大与未长大

  在前文分析中,我们已经谈到对于个体来说存在两种童年边界,即社会期望边界与个人体验边界。值得关注的是,社会期望边界往往与个人体验边界并不同步,甚至相反。在分析50—70年代出生人群的双重童年边界时,我们发现,随着现代性意识在乡村社会的渗透,童年的社会期望边界由模糊的时间域趋向以理性时间为标度的确定时间节点,而童年的个人体验边界则相反,并未出现精细化与理性化的趋势,而出现了未成熟感,即在社会界定的意义上已经成熟的个体中出现的未成熟体验,"感觉自己还没有长大","还是小孩心"。

社会期望层面的"长大"与个体心理层面的"未长大"并行不悖地存在于乡村民众的观念中。如前所述,对乡村民众来说,现代观念改变了童年的社会期望边界,却未撼动人们内心深处的童年体验。乡村民众的观念体系具有自身的逻辑性与顽固性,在与现代观念的交锋、互动中仍然有着自己的坚守。

那么,乡村民众的"小孩心",作为一种心理状态,为何能够抵挡住时光的流逝?个人体验的"未成熟感"为何能够与日趋理性和精细化的社会期望边界并行不悖?研究者认为最根本的因素在于乡村社会特殊的时间体验,在此特殊的时间体验下,乡村民众缺乏精细的生命跨度感知,缺乏对于日常生活的反思性监控,从而导致其对外在客观时间流逝的淡化,而内在童年体验则不断拉长与延伸。

1. 模糊的内在循环时间体验

在前文中我们已经讨论过乡村民众的时间观念,相对于现代精确、线性、匀质的钟表时间,乡村民众的时间观念则是无序、模糊、持续的内在循环时间。四季更替、循环往复的时间与乡村社会的生产生活节奏是同步的,在闲散悠长的时光里乡村民众过着周而复始的日常生活。与现代匀质向前的线性时间观念不同,乡村民众对于时间的体验是内在循环的。在乡村社会,经济活动的时间和围绕节庆的公共活动的时间构成了公共时间[①],而这一公共时间的划定并非在线性时间上的定位,而是采取循环时间的方式。诸如农村的集市,固定为每周的某一天,人们对于"逢集"的记忆则是以礼拜几为准,而非公历的独一无二的某月某日。在访谈中,谈及自己孩子的生日,有些人仍然以"逢集"作为推断时间的支点。

[①] 方慧容."无事件境"与生活世界中的"真实"——西村农民土地改革时期社会生活的记忆[M]//杨念群.空间·记忆·社会转型:"新社会史"研究论文精选集.上海:上海人民出版社,2001.

  吉登斯指出,单调重复正是社会生活循环往复特征的实质根基①,乡村生活尤其如此,例行化活动日复一日地以相同方式进行。在这样高重复性的日常生活中,时间并不需要精确地量化。相比现代社会的制度时间,乡村社会的时间最大特点在于它的不精确性与分期的极粗略性,这种不精确性与极粗略性又是由乡村社会相互依赖程度较低的生活状况决定的,即只需要在很少的事件发生之间建立可比较的关系,而在现代社会,事件发生的"定点"和"准时"是大规模的社会协调行动的必要条件。②

  钟表进入N村人的日常生活,还是七八十年代的事情,我清晰地记得幼时上幼儿园,家里没有钟表,母亲总是根据太阳照在墙上的影子来估摸时间,在我上幼儿园之前,对于母亲来说大概并没有定点和准时的概念。二十多载过去,母亲也早已由乡村移居城市,定点与准时进入母亲的生活与观念中,然而母亲内心对于时间的体验依然没有变化,模糊的时间感知方式依然占据重要地位。

  2. 缺乏精细的生命跨度感知

  在模糊的内在循环时间体验下,乡村民众对于生命跨度并没有精细的感知。方慧容在对河北省西村农民土地改革时期社会生活的口述史考察中发现,在农民的社会事件记忆中存在着一种"无事件境",即一种特殊的事件记忆心理,其基本含义是重复事件序列中的各种事件,不但由于高重复率导致事件记忆上难免的事件间各种细节的互涵和交叠,并且更重要的是生活在这种状况中的村民,在心理上也"无意"将这些众多的重复事件理解为分立有界的事件,并认为这是传统农村社区中的村民与现代人的最大区别。③ 在分析这一"无事件境"的过程中,方慧容提到农村社区的制度时间导致乡村民众特殊的生命跨度感知。

---

  ① [英]安东尼·吉登斯.社会的构成:结构化理论大纲[M].李康,李猛,译.北京:生活·读书·新知三联书店,1998.
  ② 方慧容."无事件境"与生活世界中的"真实"——西村农民土地改革时期社会生活的记忆[M]//杨念群.空间·记忆·社会转型:"新社会史"研究论文精选集.上海:上海人民出版社,2001.
  ③ 方慧容."无事件境"与生活世界中的"真实"——西村农民土地改革时期社会生活的记忆[M]//杨念群.空间·记忆·社会转型:"新社会史"研究论文精选集.上海:上海人民出版社,2001.

"农村社区的制度时间缺乏对个体生命跨度的任何历时性规定。这时，年龄虽然具有现代人所熟悉的标准时间刻度，却不过是些不能被连接上的片段和混淆的难以'离取'的粘连。"①

方慧容在西村所发现的乡村民众缺乏精细的生命跨度感知在N村得到证实，生理年龄在乡村民众的生活中并非制度性要素，乡村社会的时间并不具有城市生活中时间所有具有的强制力。个体的生命历程没有，也不需要精细地定位，正如方慧容所指出的，现代人对个体生命跨度的敏锐感知是同制度时间对个体生命的精细定位和制度性的阶段划分密不可分的。现代人，从出生之日起，什么时候上幼儿园、小学、中学、大学、工作、升级、退休都有制度性的年龄定点和时间间隔。② 儿童期、青春期、成人期、老龄期这一阶段分明的生命跨度观念是现代社会的产物。对于乡村民众来说，生理年龄与生命跨度之间并非有一一对应的关系，并没有一个确定的社会时间表规制着乡村民众的生命历程。③

在对N村一对母女进行访谈的过程中，"80后"的女儿说自己在工作之后就感觉长大了，其母亲则对于自己什么时候感觉到长大表示困惑，由于没有"工作"这一明显的生命转变节点，因此，"不知道自己什么时候长大了"。

> 俺那时候没挣钱都不知道自己什么时候长大了。俺可能从结了婚就觉得长大了。（VNF1963-7.9）

正如N村一位老人的描述那样，长大是一个"慢慢懂事、慢慢学"

---

① 方慧容."无事件境"与生活世界中的"真实"——西村农民土地改革时期社会生活的记忆[M]//杨念群.空间·记忆·社会转型："新社会史"研究论文精选集.上海：上海人民出版社,2001.
② 方慧容."无事件境"与生活世界中的"真实"——西村农民土地改革时期社会生活的记忆[M]//杨念群.空间·记忆·社会转型："新社会史"研究论文精选集.上海：上海人民出版社,2001.
③ 这里需要格外说明的一点是，与N村相反，S村村民没有上文所提到的未成熟感，研究者认为，主要原因在于S村有童关的概念,15岁即童关，在乡村民众的观念中，具有以生理年龄为标准的生命阶段的划分，类似于现代社会的理性时间观念，因此S村村民有着明确的儿童—成人生命跨度感知，也就不难理解S村村民没有未成熟感，这也从反面论证了模糊的生命跨度感知容易导致乡村民众的未成熟感。

的过程,人生是一个慢慢转变的过程,并没有精细的生命节点,也没有催促个体不断向前的社会时间表,在不断重复的日常生活中,时间并非线性的、不可逆的,反而具有某种凝固与恒常性。如同以下这位七十七岁的老人,在她的观念中,她仍然停留在六十六岁的那年。

> 我七十多了还没觉得长大啊。我想着我六十六了,(不)管什么时候人家问我,我都说我六十六了,今天您老爷爷说我七十七了,哎呀,怎么七十七了?(2/VNF1936,VN 双人访谈-7.3)

3. 缺乏反思性监控

反思性是吉登斯结构化理论与现代性理论的核心,在吉登斯的理论中,反思性事实上分为两个层面,其一为个体对于自身行动的反思,其二为制度性反思。前者指"对所有人类活动特征的界定,人类总是与他们所做事情的基础惯常地'保持着联系',这本身就构成了他们所做事情的一种内在要素"①,此即为吉登斯意义上行动的反思性监控,是人们相关行动过程中始终存在的特征。制度性反思,是现代性的特征,又为现代性的动力机制,"随着现代性的出现,反思性具有了不同的特征。它被引入系统的再生产的每一基础之内,致使思想和行动总是处在连续不断地彼此相互反映的过程之中"。吉登斯认为,现代性是由人们在反思性地运用知识的过程中被建构起来的,现代社会不断依据新知识对人的实践活动及其与自然、社会的关系作出阶段性的修正。

对于乡村民众来说,依靠过去的经验或者传统即可进行各种社会活动,并不需要复杂的知识与理论,在日复一日的社会生活中人们重复着过去的生活。浸淫在高度重复的日常生活中的个体很少把自身作为抽离出来的对象加以审视,也很少与传统保持"反思"所应有的距离。吉登斯指出,传统是一种将对行动的反思监控与社区的时空组织融为

---

① [英]安东尼·吉登斯.现代性的后果[M].田禾,译.南京:译林出版社,2011.

一体的模式,在发明了书写文字之后,时间与空间才得以割裂,时空伸延的范围得以扩展,产生出一种关于过去、现在和将来的思维模式,人们才得以把传统理解为与组织起来的行动和经验模式不同的东西,而在前现代文明中,反思很大程度上仍然被限制为重新解释和阐明传统。① 在相对静态的乡村生活中并不需要高度的反思性,人们依循惯例生活。而在相对困苦忙碌的日常生活中,人们也无暇反思。正如以下访谈者的体验,在繁重的日常生活中,人们并不寻思着长大,也很少对自身的生命历程进行反思。

  M:那长大是什么感觉啊?
  5:长大啊,天天吃着喝着,干着活,那时候还不寻思,光知道干活吃饭,也不寻思着长大啊。(5/VNF1930,VN 六人访谈- 7.4)
  M:那你以前的时候没觉得自己多少岁长大成人了吗?
  1:那就在生产队里一天天的,天明到天黑,也没想过什么长大不长大的。(VNM1953 - 7.5)

乡村民众缺乏对自身行动乃至生命历程的反思性监控,并不是说乡村民众是不反思的群体,而是指乡村民众并不具有现代的反思精神。这一现代的反思精神以理性化为基础,借助各种专家与专家系统产生出来的新知识与新理论来反思一切理所当然的社会秩序、文化与日常生活实践。正如有学者指出,高度发达的现代性塑造了个体的反思性能力。②

乡村民众在个体行动层面缺乏反思性监控的根本原因在于乡村社会缺乏制度性的反思性机制。本研究所说的制度性的反思性机制,是指通过审查、书写、评价等福柯意义上现代权力规训技术建立起来的对于个人生活与生命的审视、干预与监控制度。对于现代社会,尤其是城

---

① [英]安东尼·吉登斯.现代性的后果[M].田禾,译.南京:译林出版社,2011.
② 王亮.反思性、结构性与自我认同——对吉登斯的反思性与自我认同思想的再思考[J].学术论坛理论月刊,2010(2).

市社会的个体来说,终其一生将要书写多少次自己的名字、年龄、性别等基本信息,填写多少张表格,接受过多少次审查与规范化裁决,是无法计量清楚的。每一次书写自己的名字,每一次书写自己的年龄,每一次填写表格,都可以说是把自身从日常生活中剥离出来,把自身当作凝视的对象,从而提供反思自身的可能。而在乡村社会,书写是远离人们日常生活的经验,没有频繁的表格填写,也没有制度性的审查与评价,个体与生活情境融为一体,现代意义上抽象的可算度的个体并不存在。

尽管随着集体化时代、后集体化时代的到来,在现代观念的影响下,特别是国家推动的一系列法律法规下,人们对于童年的社会期望边界日趋理性化与精细化。但是由于乡村社会缺乏制度性的反思性机制,乡村民众缺乏对于自身生命历程的反思性监控,加之模糊的循环时间体验下缺乏对于精细生命跨度的感知,因而即便在童年社会期望边界理性化的背景下,乡村民众始终没有长大、老去的生命体验,成为长不大的彼得潘。童年社会期望边界的理性化与个人体验边界的未成熟感这一悖论式的共存共同成就了乡村民众独特的童年观念与意识。特别是童年的绵延体验在现代社会弥足珍贵,它不仅挑战线性时间观,更是对于现代儿童观的挑战。

无论是青春期这一现代概念在乡村社会的嵌入与再造,童年社会期望边界与个人体验边界的相反与相成,还是文中所贯穿的现代童年观念与传统童年观念的融合与互动,诸如生育观念、诞生仪礼的变迁,都展现了乡村民众并非白纸似的个体,被动地接受现代文化的改造,反而拥有再造与重构的能力。这一再造与重构的能力,不仅依托于乡村民众的个体能动性,也依托于传统文化的力量以及地方性知识的活力。

第二节 在张力中前行——童年观念的变迁

童年观念是社会建构的产物,浸淫在广阔的社会文化脉络中。历史时期不同,文化脉络不同,社会群体不同,人们看待儿童与童年的方

第五章 童年观念的互动机制与变迁张力

式也不同。在本研究的分析中,我们可以看到,乡村民众童年观念变迁的大脉络与社会结构的变迁路径有着惊人的一致性,同时我们也能够看到乡村民众本土童年观念的顽强性与生命力。童年观念的变迁与社会结构的变迁之间充满张力,也有着复杂的关联。

由第二、三、四章的分析,我们可以看到不同年代出生人群童年观念的变迁轨迹。由家族主义取向的童年观念到家族主义与集体主义取向并存的童年观念,再到个体主义取向的童年观念,乡村民众童年观念的变迁暗合着社会结构的变迁。这一暗合,具有丰富的社会学意义。首先,它说明了社会结构变迁所拥有的强制力,社会结构的变迁导致了童年观念的变迁。特别是中国社会近一个世纪以来的结构变迁,其"外发性"的现代化进程具有某种特殊的强制力,它把个体从家族主义文化中抽离出来,嵌入由国家牢牢控制的集体意识形态当中,当国家权力放松时,个体又从国家意识形态中抽离出来,实现新的再嵌入。这一抽离,是国家对于个体控制的放松与个体主体能动性相结合的结果。以儿童观念为例,在传统时期,儿童是属于家族的存在,伴随着现代民族国家建设的进程,特别是国家计划生育、大众义务教育的强制执行,儿童从家族中被强制抽离出来纳入国家的怀抱,进入个体化时期,年轻一代把孩子首先看作独立于家庭与国家的个体存在。其次,它支持了新童年社会学结构论的部分观点,童年内在于社会结构中,成为社会结构的属类,同时是社会的结构性要素,无论是在三四十年代出生人群、50—70年代出生人群,还是80—90年代出生人群的观念中,童年作为社会现象一直都在,只是人们对于童年的理解各异。社会结构的变迁必然导致童年的变迁,透过对童年变迁的考察,亦可以透视社会变迁的图景。在这个意义上,童年成为思考社会变迁新的向度。再次,回到我们对于童年的定义,童年是由成人与儿童共同建构的有结构的社会现象。童年受到社会结构的制约,同时,童年观念又是社会建构的产物,社会结构此时又成为建构童年的力量,童年并非一成不变,而是由具体的文化、政治、历史、阶层等多种社会力量所形塑,同时我们也应该看到儿童在童年观念的建构中具有的能动地位。诸如青春期这一概念之所以在乡村民众的观念中扎根发芽,并等同于叛逆期、危险期,不仅是现代性意识形态的渗透,更根本的在于80—90年轻一代表现出其父辈从未有过的反抗精神与代际冲突。年轻一代对于成人权威的挑战实际上是促使青春期这一观念在乡村社会诞生的主要原因。最后,需要注意的是,乡村民众童年观念的变迁暗合着社会结构的变迁,并非意指乡村民众的观念全由社会结构所主宰。事实上,乡村民众具有自身独特的思维体系与能动作用,即便社会结构发生变迁,乡村民众仍然保有原初的思维方式,并对新的观念进行再造与重构。例如现代童年观念的互动性再生产,又如身处现代社会的乡村民众仍然保有童年的绵延体验。即便社会结构发生变化,即便现代童年观念改变了乡村民众的表层观念,也依然无法穿透乡村民众深层的内心体验。

在这里需要指出的是,乡村民众童年观念变迁的本身也是充满张力的过程。童年观念的变迁,由家族主义取向到家族主义与集体主义取向并存,再到个体主义取向,并非是线性变化的过程,实际上是多层次、多方向的变化。这里受到齐力对于家族主义、集体主义、个人主义三元论格局的启发①,研究者也尝试以三角图形来描述童年观念变迁的过程。

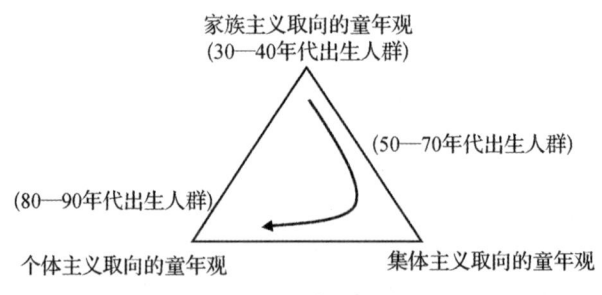

图 5-1 童年观念的代际变迁图

如图5-1所示,三角形的三个端点分别代表童年观念的三种取向的理想型,实际上不同年代出生人群的童年观念往往只是接近这一理

---

① 齐力.个人主义、集体主义与家族主义:三角关系的概念格局[J].市师社教学报,2003(2).

想型，未必是纯粹的某种取向，因此可能在端点之间游走。30—40年代出生人群的童年观念是比较典型的家族主义取向，因此，我们把它置于端点之上。50—70年代出生人群的童年观念中，既蕴含家族主义取向的成分，也蕴含着集体主义取向的成分，因此我们把它置于家族主义与集体主义的两端之间。80—90年代出生人群的童年观念更多接近个体主义取向，同时也有可能受到家族主义取向的影响，受集体主义取向的影响则相对较弱，因此，位于家族主义取向与个体主义取向的两端之间，并趋近个体主义取向。这一三角关系格局展示了不同年代出生人群童年观念的整体情况。如果从童年观念的整体变迁图景来看，则如图5-1所示，类似齐力对于社会价值变迁的描绘，不一定是在三角形的三个端点之间移动，变迁的路径很有可能是在三角形的框内进行，而且可能是弯曲的行进路线。即童年观念社会变迁的整体趋势是从家族主义取向向个体主义取向转变，而转变过程中曾经转向集体主义取向。这样的三角关系格局更具张力与变化的可能性。

在描绘了童年观念的变迁图景之后，我们聚焦于童年观念变迁的微观机制，着重从童年边界的变迁，及其背后区隔机制的变迁展开讨论。我们将会发现，童年边界具有可伸缩性，在不同的社会文化以及不同的情境定义下会发生童年边界的上移或者下移。童年边界的变迁实则是童年的区隔机制在发挥作用。

一、谁是儿童？——可伸缩的童年边界

在人们的观念中，谁是儿童？是那个蹒跚学步的幼儿，是那个背着书包上学的红领巾，是那个持刀抢劫的叛逆少年，是那个十几岁就承担家庭重担的羸弱身影，还是那个二十多岁仍在读书的研究生？这一看似简单的问题，在不同的社会文化与情境脉络中有着不同的答案。而关于谁是儿童的追问则关涉童年的边界问题。由于其社会建构性，童年成为一种暧昧的存在。对于童年边界的追问更成为一种迷思，也成为颇具挑战性的问题。

通过对不同年代出生人群对于童年边界看法的探讨，我们发现了

童年边界变迁的轨迹。从社会期望边界来看,童年的边界从一段混沌模糊的时间域逐渐走向以理性时间为标度的确定时间节点,进而与学业生涯节点相结合。社会期望边界的精细化与理性化,实际上体现了现代意识形态对于童年社会期望边界的渗透。传统观念中对于童年边界的模糊又富有张力的认识被统一与刚性的理性认识所蚕食。从个人体验边界来看,社会期望边界的变迁并未渗透进乡村民众的内心体验,乡村民众一直保有某种朴素的未成熟感,即童年的绵延体验,如前所述,由于乡村社会缺乏制度性的反思性机制,乡村民众缺乏对于自身生命历程的反思性监控,加之模糊的循环时间体验下缺乏对于精细生命跨度的感知,因而任由外在客观时间的流逝,乡村民众始终保有未成熟感。由于社会结构与文化环境的变迁,童年的绵延体验在年轻一代的身上日渐消失,呈现出差异化的个人体验边界。无论是社会期望边界,还是个人体验边界,我们发现,随着社会文化与时代背景的转换,童年的边界一直处于变动之中,童年的边界并非一成不变的铁板一块,反而具有伸缩性与通透性,根据环境、个体境遇的变动而伸缩。

童年边界的可伸缩性既受到宏观社会结构的制约,也受到个体能动性的形塑,是个体与结构合力的结果。此处的童年边界既与社会期望边界有关,也与个人体验边界有关。在这里,研究者着重探讨当下社会童年边界伸缩的两种微观机制:其一为儿童体验的向上延伸,其二为成人体验的向下拓展。前者涉及人们惯常提及的童年的延长,后者则涉及童年的缩短甚至是消逝。

如图5-2所示,儿童与成人之间并没有确定不变的边界,更像是连续的光谱,基于不同的情境定义,则边界随之变化。儿童与成人之间也并非由儿童到成人的单向度的转变,而是出现了双向度的通道,基于不同的情境定义,可能出现儿童体验的向上拓展,在人们的眼中,童年得以延长,也可能出现成人体验的向下延伸,即童年的缩短甚至是消逝。

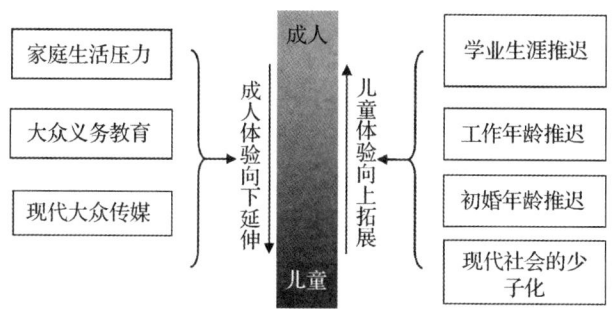

图 5-2 童年边界可伸缩的机制

图 5-2 的左边部分表示的是童年缩短甚至消逝。其一与个体生命历程有关,其二与社会环境变化有关。当然也可能是两个因素同时发挥作用。从个体生命历程来说,家庭生活压力与家庭结构变化都可能导致成人体验的向下延伸。"穷人的孩子早当家"是 N 村人的说法,也是广为人知的观点,由于家庭生活的经济压力,年幼的孩子过早体验到生活的艰辛,过早承担责任,参与成人生活,从而导致童年的缩短。家庭结构的变化对于童年的个人体验边界与社会期望边界都将产生重要影响。在第一章中我们曾经讨论过家庭结构的稳固三角,父、母、子分别占据着三点,子代在童年时期需要依赖亲代的照拂,家庭结构的稳固是子代享有幸福童年生活的基石。因此,三角中的任何一角缺失,特别是父亲角色或者母亲角色的缺失,都将威胁家庭结构的稳固,打破亲子关系的平衡。在完整的家庭结构中,子代更多是处于被照顾、被保护、被控制的角色,一旦家庭结构被打破,亲子关系即将发生变化,为了维持家庭关系与家庭生活的正常运转,子代需要承担起亲代的部分责任,原有的家庭劳动分工也被打破,子代也将承担更多原本属于成人的劳动与责任,从而突破童年的边界,获得更多的成人体验。这即成人体验的向下延伸。

M:那你从家里有什么事不让大伟干的吗?
1:这样都得大伟干,您大爷死了之后都是他干,就是他

童年观念的变迁：基于乡村民众的视角

不会种地，撒化肥都是他撒的，就是当了大人这回。您大爷不死的时候他活还不用干，他以前都没下过胡。那个胡里麦地里有婆婆蒿，我让他打药，过了年早，去浇麦，我去看了，我说你看看这婆婆蒿都跟茶几子一样高了。他说他不认得！我给他老婆说幸亏我没死，我一死这些就得撂了。他老婆说反正不是麦呦。我说不认得看看反正不一样啊，得想想是不是草啊，要拔拔吧。不知道这回事就。有您大爷的时候，还不是大人，没您大爷就当大人了。

M：就是去年的时候开始当大人的？

1：嗯，过年就当大人了。（VNF1962-7.1）

在以上访谈中，N村一位60年代出生的人谈起自己的儿子从去年开始"当大人"了。大伟为80年代出生的人，已经结婚，其父亲在世的时候，其母亲还把他当作孩子看待，不需要他下地干活，大伟的农业知识也非常匮乏。当大伟的父亲去世后，母亲开始把大伟"当大人"，家庭劳动分工发生了变化，大伟需要承担起父亲在世时的劳动与责任。在母亲眼中，大伟的童年结束了，她开始期待大伟表现出成人的独立、劳动能力与责任担当。家庭结构的突变，不仅使得社会期望边界发生变化，也使得个人体验边界发生变化。如第四章所提到的VNM1989在17岁那年不幸丧父，家庭的三角结构失去平衡，使得他不得不承担起本不应该由他承担的责任，诸如照顾妹妹与妈妈。VNM1989的童年结束了。

童年的缩短与消逝不仅与个体的生命历程有关，也受到社会环境变迁的影响。尤其是现代大众传媒的普及打破了童年与成年的固有边界，成人的经验与知识不再是秘密，赤裸地暴露在儿童面前，儿童丧失了其天真的生活，越来越成人化。这即波兹曼所讲的大众传媒导致童年的消逝。"当儿童有机会接触到从前密藏的成人信息的果实的时候，他们已经被逐出儿童这个乐园了。"① 乡村民众也觉察到这一点。② 在人们的观念中，现代大众义务教育的普及也缩短了童年，尤其是越来越重的学业压力以及成人对于儿童日渐增强的控制，使得儿童丧失了自由的生活空间与无忧无虑的玩耍之心。人们相信，相比以前，在学业压力与家长控制之下，现在孩子的童年缩短了。

家庭生活压力、家庭结构的变化、大众义务教育的普及以及现代传媒的影响等诸多因素导致童年边界的缩短。在人们认为童年缩短的同时，人们也认为童年在不断地延长。如图 5-2 所示的右边部分，展示了儿童体验向上拓展的可能因素。童年得以延长，与四个因素有关，学业生涯推迟、工作年龄推迟、初婚年龄推迟以及现代社会的少子化。当然也可能还有其他因素的影响。这里着重讨论这四个主要因素。

由于现代社会孩子数量减少、人们对于孩子投入更多的感情与精力，儿童生活在更具爱心的氛围中。人们开始珍视孩子的童年时光。③ 大众义务教育的推行使得孩子被隔离进远离成人社会的保护性空间，加上社会对于高学历的导向导致个体的学业生涯得以延长。学业生涯的延长，必然导致工作年龄推迟④、初婚年龄推迟⑤，虽然个体的生理年龄已经进入成年期，但由于与成人社会的长期隔离，个体仍然表现出"孩子气"。家庭以及社会也并不期待个体成为完全承担成人责任的独立个人。

现代童年究竟是延长了还是缩短了？这并不是一个能够简单回答的问题。很可能的情况是，童年在一方面被延长，在另一方面又被缩短

---

① ［美］尼尔·波兹曼.娱乐至死 童年的消逝[M].章艳,吴燕莛,译.桂林:广西师范大学出版社,2009.

② 现在小孩成熟早,都那老精稀的,俺那时候小孩都不懂事。(VNF1964-7.1)应该是以前童年的长吧。现在毕竟信息量大了,逐渐人成熟得也早了。肯定是以前的童年长。我觉得上初中一段时间自己什么都不懂,现在小孩基本上什么都明白。信息量大。(VNM1987-7.1)

③ 这个问题怎么说了,我感觉现在童年期应该是要长一点。我自己感觉的话绝对是现在的童年期要长一点,因为你现在父母亲给予小孩的爱要多一点嘛,又不像以前,像以前我们那个年代,哪里管你这啊那啊。(VSM1988-7.21)

④ 这时候时间长啊,这时候都十七八了都不干活。(1/VNM1932,VN双人访谈-7.3)

⑤ 现在小孩当小孩的时间长啊,那时候都18—20岁就考虑结婚,那时候婚姻法松,到后来越来越紧了,18岁就能登记。我21岁结婚。(VNM1944-7.8)

了。从承担责任的角度、享受关爱的角度,现代孩子的童年被延长了,而从对于成人世界禁忌信息了解的角度,从充分享受自由生活的角度,现代孩子的童年又被缩短了。这充分说明了童年边界的可伸缩性,在不同的社会背景下、不同的情境定义中,童年的边界会随之变动。

二、何以区隔?——走向制度化

童年的边界随着社会文化脉络、情境定义的不同而不同,具有可伸缩的特性。童年边界变化的背后是童年区隔机制的变迁。随着社会的变迁,童年的区隔机制由人情网络转变为时间与空间的双重制度化区隔,体现为理性时间节点与制度化学校教育的出现。

在三四十年代乃至部分50—70年代出生人群的观念中,人情网络是区隔童年与成年的机制。个体只有经由结婚成立新的家庭,才能以成人的身份进入乡村社会的人情网络,获得成人的各项权利。如前所述,人情网络是一张细密的柔软的无形之网,把儿童推开出去。这张细密的人情之网是无形的,并没有把儿童与成人在空间上进行分隔,在时间上进行精确的分割。儿童与成人大多时候在共同的空间内活动,诸如家庭空间、劳动场所、游戏院场乃至市井阡陌。儿童的生活融入乡土社会中,可以在不同的空间中自由穿梭。浸淫在儿童生活中的乡土经验与地方性知识为儿童过渡为成人、进入新的人生阶段奠定了基础。这一过渡,并没有明确的时间节点,体现为一段模糊的时间域,根据个体境遇不同而不同。由童年走向成年,是一段自然的旅程,很多时候,乡村民众都意识不到由童年至成年的转变。

随着现代民族国家建构进程的推进,以及大众化义务教育的推行,童年与成年的区隔机制发生了根本变化。那张柔软的无形之网变成刚性的铁笼,童年被禁锢了。这一方面体现为童年边界的精细化与理性化,人们开始以确定的理性时间节点来对儿童与成人进行划分,童年的边界受到更精细的计算与测量。在当下社会中,童年边界的时间卡尺卡在了18岁。儿童与成人的边界不再富于张力。个体的生理年龄成为区隔成人与儿童的至上原则。另一方面则体现为制度化学校教育对于童年的双重定位。特别是在制度化学校教育背景下，童年边界变得可计量并日趋精细化与固化，由童年走向成年的自然旅程也被进行理性地分割、打量与催促。于是，我们看到儿童的童年体验变得匮乏、了无生趣；而在成人急吼吼地将儿童赶向成人世界的时候，童年被"消逝"、被压迫、被毁坏。奉行理性逻辑的制度化学校教育与自然的童年生活之间充斥着矛盾与冲突。这里并非要取消制度化学校教育，而是需要我们重新看待童年的价值，充分挖掘童年本身所内蕴的丰饶资源。把促进童年的自然成长看作制度化学校教育的根基，维持制度化学校教育与拓展儿童的童年体验之间的张力，则是当下童年以及学校教育的可能出路。

如前所述，作为理性逻辑与工业逻辑发展产物的制度化学校教育，关涉着时空规约，在一定的时空中展开，又借由时间与空间的运作来实现对于童年的定位。首先，制度化学校教育从时间上来定位童年。基于个体的生理年龄，制度化的学校教育对于个体生命进行了精细的测量和制度性阶段的划分。当个体进入一个制度化的学业等级之内时，则被根据生理年龄进行分级，随着年龄的增长与相应的知识规训，个体逐渐升级，每一级都有制度性的年龄定点与时间间隔。个体的童年即在这一时序系统之内展开，也被这时序系统所规定。以生理年龄为尺度，儿童被纳入理性的时间发展之轴。从个体进入学校教育系统之内起，即被催生新的时间体验。时间成为外在于儿童生活的规训力量，儿童的每日活动并非由自己的需要决定，而是由确定的时间表决定。刚性的结构时间无视儿童流淌的绵延的时间，在时间表中，时间不再属于自己，成为一种被规定的纪律。其次，制度化学校教育从空间上定位童年。人们相信儿童只有在学校中才能学到特定的知识和行为准则。学校，是儿童通往成人社会的必经之路，也是区隔儿童与成人的重要场所。它把儿童从家庭、田野、村落等日常生活空间中抽离，纳入学校的围墙之内。如前所述，这一学校空间为儿童提供现代普遍性知识，也为儿童提供经由成人精心拣选的知识与经验，使得儿童分离于乡村社会的地方性知识之外，也分离于成人社会之外，制度化的学校成为儿童的保护性空间，儿童受到前所未有的呵护，也受到前所未有的控制，始终游离于成人社会之外。可以预见，当儿童结束学业生涯，进入成人社会时，便将感受到巨大的断裂感与无所适从。

童年的区隔机制由无形的人情网络变为有形的学校围墙与精确的时间节点，趋向双重制度化区隔，这是现代意识形态的产物。在童年区隔机制趋向制度化的过程中，童年的边界也出现了固化和精确化的趋向，然而，童年边界的界定不仅由社会结构所形塑，个体也发挥着不可忽视的能动作用。在具体情境脉络中，童年边界的变迁是一个充满张力与伸缩性的过程。童年观念的变迁亦是如此。

结　语

——有守方有为：另一种童年观念

在现代化的背景中，源自西方的现代童年观念成为不证自明的科学童年观，作为科学童年观的对立面，乡村民众的传统童年观念要么处于哑然无声的状态，要么在现代性的叙述中被建构成需要改造与弃绝的非理性的童年观。在奔向现代化的旅程中，在教育现代化的进程中，我们忘却了对于儿童的传统态度。这一对于儿童、对于童年的传统态度扎根于乡土中国千百年来沉淀的历史深处，也扎根于普通民众循环往复的日常生活之流中，具有长久的生命力与内在根基。"传统—现代""乡村—城市""非理性—理性"的二元对立与线性发展观割裂了传统文化的绵实与多元面向。然而，在追赶现代性的步伐中，"维新与固本、有为与有守应相互依存，彼此成就"①。研究者并非意在反对现代童年观念，而是试图对于现代童年观念的霸权地位进行反思，这一惯常的看待童年的方式是如何历史地生成的？除此之外，是否还有其他看待儿童、看待童年的不同方式？研究者也并非主张回到过去，并非认为底层民众的童年观念更具合理性，而是希望呈现中国传统童年观念的多元面向，呈现另一种看待儿童、看待童年的方式。这一生长于中国乡土社会的传统童年观念，不仅有着独特的丰富内涵，也有着深远的现实土壤，童年观念现代化的过程并非弃绝自身的过程，而是需要一份基于本土根基的坚守与澄明。

---

① 刘云杉.有守方有为：教育改革须正本清源[J].清华大学教育研究，2013(1).

乡村民众传统童年观念的本土内涵，是一个刚刚开启、还远未结束的命题。如前文所述，以家为本位是乡村民众传统童年观念的主要特征。家，是人们看待童年的根本基点。在家族主义文化传统中，孩子不仅在家庭结构中占据重要位置，而且对于乡村民众来说更具有根本的存在论的意义，是个体人生完满的条件。在人们的观念中，童年以是否成家为边界，而产生如此边界的区隔机制即以家为中心扩展开来的人情网络。童年的意义与价值局限于家族的框架内，不具有独立的意义与价值。这也是传统童年观念在现代性叙述中被诟病之处。现代童年观念，把儿童从家族、家庭中抽离出来，纳入国家意识形态主导的制度化的学校教育空间中，在给予儿童独立价值与独立地位的同时，使得儿童丧失了原初的共同体，我们不止一次地谈到制度化学校教育把个体从乡土社会、从家庭中抽离出来，进行标准化塑造，切断了儿童与乡土文化的紧密联系，却尚未形成新的纽带。

作为超地方知识的现代童年观念嵌入乡村社会的过程，即与乡村民众传统童年观念的互动过程。在这一互动过程展现出的乡村民众传统童年观念的独特内涵突破了童年观念的现代主义框架，在一定程度上实现了对于凌驾于传统童年观念之上的现代童年观念的解构与重构。这一解构与重构为我们提供了另外一种看待儿童、看待童年的方式，也为我们提供了反思现代童年观念的可能路径。

传统童年观念中儿童与成人的模糊划分挑战了现代童年观念的进化论取向。在现代理性二分的思维方式下，儿童与成人被看作相互对立的两端，从不成熟到成熟、从非理性到理性，儿童成为被改造、被塑造的对象，儿童与成人是某种对立的关系。而在传统童年观念中，成人的理性并非必然优越于儿童的非理性。诸如人们把儿童的未成熟状态建构成某种超越成人的特殊感知能力，人们承认儿童脆弱性的同时，也把儿童看作超越成人的存在，甚至夹杂着崇拜与敬畏的心理。对于儿童、对于童年的远离，也即意味着这一特殊感知能力的丧失，从这个意义上讲，由儿童至成人，不是进步，反而是退化了。

在儿童与成人模糊划分的脉络下，乡村民众童年的绵延体验消解了由儿童及成人的理性划分,挑战了现代观念中把儿童看作未完成状态,把成人看作完成状态的二元对立观念。在乡村民众的观念中,"长大"是一个永远抵达不了的终点,童年状态是绵延一生的体验。如果我们说,在现代人的观念中,已达致完成状态的成人是在生活,那么,在乡村民众的观念中,永远处于未完成状态的成人则是在生长。这种生长的力量来源于对完成状态的无限逼近,也来源于童年状态的持续绵延,这是一种积极的向上的力量,深置于乡村民众的内心,在日复一日的生活中引导着他们不断向前。

传统童年观念对于童年期承担责任的认可,为我们展现了儿童对于自身、对于家庭乃至社会所具有的积极能动性。而非如现代社会一般,在使儿童远离成人社会、隔离进保护性空间之后,对于儿童的能动者地位进行苍白无力的呐喊。在传统观念中,儿童从事适宜他身体发展的劳动,劳动是儿童的自然生活,劳动也是自然的游戏,在劳动中,儿童亲近滋养他生命的乡土社会,走近温润他成长的风土民情。游戏与劳动妥帖自然地存在于儿童的生活中,儿童在游戏与劳动中发挥着自己的能动性。在现代社会中,劳动成为成人的专属,游戏则是儿童的特权,这种二分对立的观念与现实使得儿童被禁锢于保护性空间内,丧失了其拓展童年体验、展现积极能动性的可能空间。

研究者把目光投注于被遮蔽的乡村民众的传统童年观念,意在突破童年观念的现代主义框架,展现被隐匿的传统童年观念的多元面向。这一对于底层微声的寻觅,对于底层童年观念表述空间的拓展,才刚刚开始。在现代童年观念的高歌猛进中,我们也许需要适当驻足停留,穿透喧腾杂沓的表层理论与现代性叙述,向下观看,乡村民众的传统童年观念蕴含着无尽的生机,需要我们在有守与有为、有弃与有持之间保持必要的张力。

参考文献

一、学术著作

1. [美]G.H.埃尔德.大萧条的孩子们[M].田禾,马春华,译.南京:译林出版社,2002.

2. [英]安东尼·吉登斯.社会的构成:结构化理论大纲[M].李康,李猛,译.北京:生活·读书·新知三联书店,1998.

3. [意]安东尼奥·葛兰西.狱中札记[M].曹雷雨,等译.北京:中国社会科学出版社,2000.

4. [波]彼得·什托姆普卡.社会变迁的社会学[M].林聚任,等译.北京:北京大学出版社,2011.

5. [日]柄谷行人.日本现代文学的起源[M].赵京华,译.北京:生活·读书·新知三联书店,2006.

6. 陈向明.质的研究方法与社会科学研究[M].北京:教育科学出版社,2000.

7. 陈映芳.图像中的孩子[M].济南:山东画报出版社,2003.

8. 程天君."接班人"的诞生:学校中的政治仪式考察[M].南京:南京师范大学出版社,2008.

9. [美]大卫·帕金翰.童年之死:在电子媒体时代成长的儿童[M].张建中,译.北京:华夏出版社,2005.

10. [美]丹妮·L.乔金森.参与观察法[M].龙筱红,张小山,译.重庆:重庆大学出版社,2009.

11. [美]杜赞奇.文化、权力与国家——1900—1942年的华北农村

[M].王福明,译.南京:江苏人民出版社,1996.

12.[法]菲力浦·阿利埃斯.儿童的世纪——旧制度下的儿童和家庭生活[M].沈坚,朱晓罕,译.北京:北京大学出版社,2013.

13.[法]费尔南·布罗代尔.论历史[M].刘北成,周立红,译.北京:北京大学出版社,2008.

14.费孝通.乡土中国 生育制度[M].北京:北京大学出版社,1998.

15.[美]费正清.美国与中国 第四版[M].张理京,译.北京:世界知识出版社,1999.

16.[日]关宽之.儿童学[M].朱孟迁,邵人模,范尧深,译.北京:商务印书馆,1928.

17.郭于华.倾听底层 我们如何讲述苦难[M].桂林:广西师范大学出版社,2011.

18.[美]加里·克罗斯.小玩意:玩具与美国人童年世界的变迁[M].郭圣莉,译.上海:上海译文出版社,2010.

19.金耀基.从传统到现代[M].北京:法律出版社,2010.

20.[英]凯西·卡麦兹.建构扎根理论:质性研究实践指南[M].边国英,译.重庆:重庆大学出版社,2009.

21.[美]柯林·黑伍德.孩子的历史:从中世纪到现代的儿童与童年[M].黄煜文,译.台北:麦田出版社,2003.

22.李书磊.村落中的"国家"——文化变迁中的乡村学校[M].杭州:浙江人民出版社,1999.

23.刘晓东.儿童教育新论 第二版[M].南京:江苏教育出版社,2008.

24.陆学艺.当代中国社会阶层研究报告[M].北京:社会科学文献出版社,2002.

25.[美]迈尔斯(Miles,M.B.),休伯曼(Huberman, M.).质性资料的分析:方法与实践[M].张芬芬,译.重庆:重庆大学出版社,2008.

26.[英]Michael Wyness.童年与社会——儿童社会学导论[M].王瑞贤,张盈堃,王慧兰,译.台北:心理出版社股份有限公司,2009.

27.[德]马克斯·韦伯.社会学的基本概念[M].顾忠华,译.桂林:

广西师范大学出版社,2005.

28.[美]加雷斯·B.马修斯.哲学与幼童[M].陈国容,译.北京:生活·读书·新知三联书店,1989.

29.[美]玛格丽特·米德.萨摩亚人的成年[M].周晓虹,等译.北京:商务印书馆,2010.

30.[美]尼尔·波兹曼.娱乐至死 童年的消逝[M].章艳,吴燕莛,译.桂林:广西师范大学出版社,2009.

31.[德]诺贝特·埃利亚斯,斯蒂芬·门内尔,约翰·古德斯布洛姆.论文明、权力与知识:诺贝特·埃利亚斯文选[M].刘佳林,译.南京:南京大学出版社,2005.

32.[美]诺曼·K.邓津,伊冯娜·S.林肯.定性研究(第1卷):方法论基础[M].风笑天,等译.重庆:重庆大学出版社,2007.

33.[丹麦]斯丹娜·苛费尔,斯文·布林克曼.质性研究访谈[M].范丽恒,译.北京:世界图书出版公司,2013.

34.[法]托克维尔.旧制度与大革命[M].北京:商务印书馆,1992.

35.王铭铭.村落视野中的文化与权力:闽台三村五论[M].北京:生活·读书·新知三联书店,1997.

36.张盈堃.儿童/童年研究的理论与实务[M].台北:学富文化事业有限公司,2009.

37. 王晓波.沉默的大多数[M].上海:上海三联书店,2008.

38. 王跃生.社会变革与婚姻家庭变动:20世纪30—90年代的冀南农村[M].北京:生活·读书·新知三联书店,2006.

39.[美]维维安娜·泽利泽.给无价的孩子定价:变迁中的儿童社会价值[M].王水雄,宋静,林虹,译.上海:上海人民出版社,2008.

40.[德]乌尔里希·贝克,伊丽莎白·贝克·格恩斯海姆.个体化[M].李荣山,范譞,张惠强,译.北京:北京大学出版社,2011.

41. 熊秉真. 安恙:近世中国儿童的疾病与健康[M].台北:联经出版事业公司,1999.

42. 熊秉真. 幼幼:传统中国的襁褓之道[M].台北:联经出版事业

公司,1995.

43. 熊秉真.童年忆往[M].桂林:广西师范大学出版社,2008.

44. 徐兰君,[美]安德鲁·琼斯.儿童的发现:现代中国文学及文化中的儿童问题[M].北京:北京大学出版社,2011.

45. [美]许烺光.宗族·种姓·俱乐部[M].薛刚,译.北京:华夏出版社,1990.

46. 阎云翔.礼物的流动:一个中国村庄中的互惠原则与关系网络[M].李放春,刘瑜,译.上海:上海人民出版社,2000.

47. 阎云翔.中国社会的个体化[M].陆洋,等译.上海:上海译文出版社,2012.

48. 杨知勇.家族主义与中国文化[M].昆明:云南大学出版社,2000.

49. [美]伊万·伊利奇.非学校化社会[M].吴康宁,译.台北:桂冠图书股份有限公司,1992.

50. 于建嵘.底层立场[M].上海:三联书店,2011.

51. [美]詹姆斯·C. 斯科特.国家的视角 那些试图改善人类状况的项目是如何失败的[M].王晓毅,译.北京:社会科学文献出版社,2004.

52. 张乐天.告别理想:人民公社制度研究[M].上海:东方出版社,1998.

53. 张倩仪.另一种童年的告别:消逝的人文世界最后回眸[M].北京:商务印书馆,2001.

54. [英]马克·贝磊.比较教育学:传统、挑战和新范式[M].上海:华东师范大学出版社,2007.

55. 朱自强.中国儿童文学与现代化进程[M].杭州:浙江少年儿童出版社,2000.

56. [日]滋贺秀三.中国家族法原理[M].张建国,李力,译.北京:法律出版社,2003.

57. Allison James, Adrian L James. Constructing Childhood: Theory, Policy and Social Practice [M]. Houndmills: Palgrave

Macmillan, 2004.

58. Allison James, Alan Prout. Constructing and Reconstructing Childhood [M]. London, New York: The Falmer Press, 1997.

59. Allison James, Chris Jenks, Alan Prout. Theorizing Childhood [M]. Cambridge: Polity Press, 1998.

60. Anagnost, Ann: Children and National Transcendence in China [M]// Kenneth G Lieberthal, Shuen-fu Lin, Ernest P Young. Constructing China: The Interaction of Culture and Economics. Ann Arbor, MI (University of Michigan, Center for Chinese Studies), 1997.

61. Anne Behnke Kinney. Chinese View of Childhood [M]. Honolulu: University of Hawaii Press, 1995.

62. Anne Behnke Kinney. Representations of Childhood and Youth in Early China [M]. Stanford CA: Stanford University Press, 2004.

63. Aries Philippe. Centuries of Childhood [M]. Random House USA Inc, 1988.

64. Chris Jenks. Childhood [M]. London: Routledge, 2005.

65. David Archard. Children: Rights and Childhood [M]. London: Routledge, 1993.

66. David F Lancy. The Anthropology of Childhood: Cherubs, Chattel, Changelings [M]. Cambridge University Press, 2008.

67. David Hunt. Parents and Children in History [M]. New York: HarperCollins Publishers, 1972.

68. Dion Sommer, Ingrid Pramling Samuelsson, Karsten Hundeide. In Search of Child Perspectives and Children's Perspectives in Childhood Sociology [M]// International Perspectives on Early Childhood Education and Development, Vol. 2. New York: Springer, 2010.

69. Hewitt Ivy Pinchbeck, Margaret Hewitt. Children in English Society [M]. London: George Routledge, 1969.

70. Hugh Cunningham. Children and Childhood in Western Society since 1500［M］. New York：Longman，1995.

71. Jon L Saari. Legacies of Childhood：Growing Up Chinese in a Time of Crisis，1890—1920［M］. Cambridge Massachusetts and London：Harvard University Press，1990.

72. Jon L Saari. Legacies of Childhood：Growing up Chinese in a Time of Crisis，1890—1920［M］. Cambridge，MA：Harvard University Press，1990.

73. Limin Bai. Shaping the Ideal Child：Children and Their Primers in Late Imperial China［M］. Hong Kong：The Chinese University Press，2005.

74. Mackey R. Conceptions of Children and Models of Socialization［M］// Dreitzel H P. Childhood and Socialization. London：Collier-Macmillam，1973.

75. Mary Jane Kehily. An Introduction to Childhood Studies［M］. New York：Open University Press，2004.

76. Stephens Sharon. Children and the Politics of Culture［M］. New Jersey：Princeton University Press. 1995.

77. Triandis H C. Collectivism and Individualism：A Reconceptualization of a Basic Concept in Cross-cultural Psychology［M］// Verma G K，Bargley C(Eds.). Personality, Cognition and Values：Cross-cultural Perspectives of Childhood and Adolescence. London：MacMillan，1987.

78. William A Corsaro. The Sociology of Childhood［M］. California：Pine Forge Press，2005.

79. William Kessen. Childhood in China［M］. New Haven & London：Yale University Press，1976.

二、学位论文

1. 常君睿.教育主导的乡土艺术文化变迁［D］.重庆：西南大

学,2008.

2. 顾彬彬.教育学视域下的现代童年问题研究[D].上海:华东师范大学,2012.

3. 刘媛.上海儿童日常生活中的历史(1927—1937)[D].上海:华东师范大学,2010.

4. 汤美娟.嵌入与变异:现代教育观念的乡村遭遇[D].南京:南京师范大学,2013.

三、学术期刊

1. [印]查特吉.关注底层[J].读书,2001(8).

2. 翟学伟.中国人际关系的特质:本土的概念及其模式[J].社会学研究,1993(4).

3. 董敏志.理性集体主义:国家意识形态的反思与重构[J].江苏行政学院学报,2011(6).

4. 福柯.无名者的生活[J].李猛,译.社会理论论坛,1999(6).

5. 高振宇.儿童学早期兴衰史分析:以比利时为例[J].现代教育论丛,2009(10).

6. 郭于华.倾听无声者的声音[J].读书,2008(6).

7. 黄进.童年研究:一场观念和方法上的革命[J].教育研究与实验,2009(5).

8. 李晓斐.现代性与民间传统的互动——以河南省路村"院"、"庙"为例[J].开放时代,2010(4).

9. 刘力.中国社会变革过程中的个体主义倾向[J].中国农业大学学报(社会科学版),2007(1).

10. 刘林平.儒家思想中的家族主义[J].中山大学学报论丛,1996(1).

11. 刘云杉.有守方有为:教育改革须正本清源[J].清华大学教育研究,2013(1).

12. 马维强.红与黑——集体化时代的政治身份与乡村日常生活:以平遥双口村为中心的考察[J].开放时代,2011(8).

13. 齐力.个人主义、集体主义与家族主义:三角关系的概念格局

[J].市师社教学报,2003(2).

14. 孙立平.资源重新积聚背景下的底层社会形成[J].战略与管理,2002(1).

15. 王海英.20世纪中国儿童观研究的反思[J].华东师范大学学报(教育科学版),2008(2).

16. 王铭铭.教育空间的现代性与民间观念:闽台三村初等教育的历史轨迹[J].社会学研究,1999(6).

17. 王庆明.底层视角及其知识谱系:印度底层研究的基本进路检讨[J].社会学研究,2011(1).

18. 王友缘.新童年社会学研究兴起的背景及其进展[J].学前教育研究,2011(5).

19. 萧放.岁时——传统中国人的时间体验[J].史学理论研究,2001(2).

20. 熊春文."文字上移":20世纪90年代末以来中国乡村教育的新趋向[J].社会学研究,2009(5).

21. 于米.个人/集体主义倾向与知识分享意愿之间的关系研究:知识活性的调节作用[J].南开管理评论,2011(6).

22. 张鸣.为什么有农民会怀念过去的集体化时代?[J].华中师范大学学报(人文社会科学版),2007(1).

23. 张宪文.论20世纪中国的社会转型[J].史学月刊,2003(11).

24. 张旭鹏."庶民研究":一种激进史学的兴衰[J].博览群书,2009(7).

25. 周晓虹.孝悌传统与长幼尊卑:传统中国社会的代际关系[J].浙江社会科学,2008(5).

26. Patrick J Ryan. How new is the New Social Study of Childhood? The Myth of a Paradigm Shift [J]. Journal of Interdisciplinary History,2008(4).

27. Thomas Popkewitz. The Sociology of Education as the History of the Present:Fabrication, Difference and Abjection [J]. Discourse:Studies in the Cultural Politics of Education,2013(3).

附 录

一、访谈人员信息表

年代	编号	兄弟姐妹数目	工作	性别	文化水平
30年代（共7人）	VNM1930-7.6	10	务农	男	未受过教育
	VNF1933-7.1	7	务农	女	未受过教育
	VNM1933-7.4	3	已退休，曾任生产队队长	男	未受过教育
	VSF1934-7.19	4	务农	女	未受过教育
	VSM1934-7.20	5	务农	男	私塾
	VSM1938-7.20	1	退休教师	男	私塾＋初中毕业
	VNM1939-8.1	5	退休教师	男	初中毕业
40年代（共5人）	VNF1941-7.3	5	务农	女	未受过教育
	VNF1942-7.7	8	务农	女	初中毕业
	VNM1944-7.8	6	已退休,曾任书记	男	小学肄业
	VNM1947-7.6	6	退休教师	男	初中毕业
	VSF1949-7.22	6	务农	女	私塾＋小学毕业
50年代（共8人）	VNM1950-7.4	5	务农	男	初中未毕业
	VNM1953-7.5	5	务农	男	小学肄业
	VNM1953-6.30	4	务农	男	未受过教育
	VNF1954-7.7	4	务农	女	未受过教育
	VSF1954-7.26	7	务农	女	未受过教育
	VNF1956-6.30	4	务农	女	未受过教育
	VSM1957-7.23	6	务农	男	小学毕业
	VNM1958-6.27	4	做生意	男	高中毕业

续表

年代	编号	兄弟姐妹数目	工作	性别	文化水平
60年代 (共13人)	VSM1960-7.26	2	教师	男	高中毕业
	VNF1962-7.1	6	务农	女	未受过教育
	VSF1962-7.15	3	外地打工	女	初中毕业
	VSM1962-7.22	6	务农	男	高中毕业
	VNF1963-7.9	5	务农	女	初中毕业
	VSM1963-7.21	4	外地打工	男	小学肄业
	VSM1963-7.29	8	村支部书记	男	初中毕业
	VNM1963-7.1	4	务农	男	高中毕业
	VNF1964-7.1	4	务农	女	小学肄业
	VSF1964-7.21	5	务农	女	未受过教育
	VNF1967-7.9	5	务农	女	小学肄业
	VNF1967-7.7	4	务农	女	未受过教育
	VNF1968-7.10	5	务农	女	初中毕业
70年代 (共7人)	VSF1970-7.21	7	务农	女	初中毕业
	VSF1972-7.20	5	务农	女	小学肄业
	VNF1972-7.3	4	务农	女	初中毕业
	VNF1973-7.8	3	本地打工	女	初中毕业
	VNM1973-7.8	6	务农	男	初中毕业
	VNM1975-7.11	7	做生意	男	初中毕业
	VNF1975-7.4	4	无工作,带孩子	女	小学毕业
80年代 (共11人)	VSF1982-7.26	3	外地打工	女	小学毕业
	VNM1983-7.3	3	务农	男	初中毕业
	VSF1983-7.26	2	外地打工	女	初中毕业
	VNM1984-6.30	3	本地打工	男	初中毕业
	VNF1985-6.22	2	民办教师	女	大学毕业

续表

年代	编号	兄弟姐妹数目	工作	性别	文化水平
80年代 (共11人)	VNM1987-7.1	2	学生	男	研究生毕业
	VNF1987-7.9	2	教师	女	大学毕业
	VNM1988-7.3	独生	本地打工	男	中专毕业
	VSM1988-7.21	3	外地打工	男	初中毕业
	VNM1989-7.5	2	本地打工	男	初中肄业
	VNM1989-7.4	3	本地打工	男	高中毕业
90年代 (共9人)	VNF1990-6.20	2	待业在家	女	初中肄业
	VNF1991-7.8	2	本地打工	女	中专毕业
	VSF1994-7.25	2	外地打工	女	初中肄业
	VNM1994(2)-7.11	3	学生	男	高中毕业
	VNM1994-7.11	独生	学生	男	高中毕业
	VNM1996-7.3	独生	辍学在家	男	初中毕业
	VNF1998-7.8	2	学生	女	初中毕业
	VSM1998-7.26	2	学生	男	高中在读
	VSM1998-7.30	2	学生	男	高中在读

多人访谈	编号	兄弟姐妹数目	工作	性别	文化水平
VN双人 访谈-7.3	VN双人访谈1/ VNM1932-7.3	6	务农	男	未受过教育
	VN双人访谈2/ VNF1936-7.3	—	务农	女	未受过教育
VS双人 访谈-7.24	VS双人访谈1/ VSM1933-7.24	5	务农	男	读过一年私塾
	VS双人访谈2/ VSM1939-7.24	5	务农	女	未受过教育

续表

多人访谈	编号	兄弟姐妹数目	工作	性别	文化水平
VN两人访谈-7.9	VN两人访谈1/VNM1939-7.9	6	已退休,曾任大队会计与书记	男	初中毕业
	VN两人访谈2/VNF1942-7.9	—	务农	女	小学毕业
VN双人访谈-7.4	VN双人访谈1/VNF1939-7.4	5	务农	女	未受过教育
	VN双人访谈2/VNF1969-7.4	3	务农	女	小学肄业
VS双人访谈—7.22	VS双人访谈1/VSM1952-7.22	3	务农	男	—
	VS双人访谈2/VSM1953-7.22	2	务农	男	高中毕业
VS双人访谈-7.21	VS双人访谈1/VSM1943-7.21	5	务农	男	初中毕业
	VS双人访谈2/VSM1962-7.21	3	务农	男	高中毕业
VS双人访谈-7.21	VS双人访谈1/VSF1986-7.21	2	学生	男	研究生毕业
	VS双人访谈2/VSF1988-7.21	2	外地打工	男	初中毕业
VN双人访谈-7.11	VN双人访谈1/VNM1995-7.11	独生	待业在家	男	高中毕业
	VN双人访谈2/VNM1995-7.11	独生	待业在家	男	高中毕业
VN双人访谈-7.10	VN双人访谈1/VNM1993-7.10	独生	待业在家	男	初中毕业
	VN双人访谈2/VNM1995-7.10	3	待业在家	男	初中毕业

续表

多人访谈	编号	兄弟姐妹数目	工作	性别	文化水平
VN 四人访谈-6.30	VN 四人访谈 1/VNM1984-6.30	3	本地打工	男	初中肄业
	VN 四人访谈 2/VNM1986-6.30	—	本地打工	男	初中肄业
	VN 四人访谈 3/VNM1987-6.30	—	本地打工	男	—
	VN 四人访谈 4/VNM1986-6.30	—	本地打工	男	—
VN 五人访谈-6.29	VN 五人访谈 1/VNF1984-6.29	4	本市打工	女	初中毕业
	VN 五人访谈 2/VNF1974-6.29	—	务农	女	初中毕业
	VN 五人访谈 3/VNF1975-6.29	4	家庭主妇	女	小学毕业
	VN 五人访谈 4/VNM1962-6.29	—	务农	男	未受过教育
	VN 五人访谈 5/VNF1973-6.29	—	务农	女	初中毕业
VN 五人访谈-6.30	VN 五人访谈 1/VNF1969-6.30	4	务农	女	夜校
	VN 五人访谈 2/VNF1930-6.30	—	务农	女	夜校
	VN 五人访谈 3/VNF1971-6.30	5	务农	女	初中毕业
	VN 五人访谈 4/VNM1972-6.30	—	—	男	—
	VN 五人访谈 5/VNF1941-6.30	6	务农	女	未受过教育

续表

多人访谈	编号	兄弟姐妹数目	工作	性别	文化水平
VN六人访谈-7.4	VN六人访谈1/VNF1945-7.4	—	务农	女	夜校
	VN六人访谈2/VNF1953-7.4	—	务农	女	未受过教育
	VN六人访谈3/VNF1941-7.4	6	务农	女	未受过教育
	VN六人访谈4/VNF1960-7.4	5	—	女	夜校
	VN六人访谈5/VNF1930-7.4	—	务农	女	夜校
	VN六人访谈6/VNF1968-7.4	—	—	女	初中毕业

二、访谈提纲

1. 孩子出生有哪些仪式？

2. 小时候过生日吗？怎么过的？

3. 孩子参加葬礼、婚礼的情况。

4. 小孩死了之后怎么埋葬？

5. 小孩有什么特殊的地方吗？

6. 小时候有零用钱吗？您觉得应该给孩子零用钱吗？

7. 您小时候有压岁钱吗？什么时候没有的？

8. 您小时候知道家里有多少钱吗？父母什么时候开始跟您谈经济问题的？您什么时候开始跟孩子谈经济问题的？

9. 您几岁开始有独立的房间？

10. 您小时候都玩些什么？喜欢玩什么游戏？小时候最喜欢在哪

里玩?

11. 您觉得小时候印象最深的事情是什么?
12. 您小时候上过学吗?都学些什么?
13. 您小时候帮家里干活吗?都干些什么活?
14. 您小时候对家长有什么不满的地方吗?
15. 您觉得您什么时候长大了,不是小孩了?
16. 您觉得您的孩子什么时候长大了,成人了?
17. 您的孩子大约什么时间断奶的?您那个年代呢?
18. 您觉得孩子的童年到什么时候结束?
19. 您小时候有没有一段时间比较叛逆,父母管不了? 当时有没有青春期的概念?您的孩子呢?
20. 您觉得现在的童年和您那个时代的童年有什么一样的地方?有什么不一样的地方?
21. 如果有机会,能让您重新过童年,您希望是什么样的?
22. 您觉得小孩子的生活应该是怎样的?
23. 什么样的孩子是好孩子?
24. 您小时候挨过打吗?您打过孩子吗?
25. 您觉得对于您的孩子,什么是最重要的?
26. 在教育孩子的过程中,您最注意什么?
27. 您觉得在您小时候大家对生男生女有什么看法?您希望您的孩子是男孩还是女孩?您认为生几个孩子比较好?
28. 大人与小孩有哪些不一样?

后　记

　　本书是我迈向中国童年研究迢迢旅程的第一步。我不知道旅程的终点是什么，但我知道的是，我想描绘一幅在现代民族国家进程中中国普通民众童年观念变迁的图景。在现代化的背景中，源自西方的现代童年观念经由现代学校的再生产成为不证自明的科学童年观，作为科学童年观的对立面，普通民众的童年观念要么处于哑然无声的状态，要么在现代性的叙述中被建构成需要改造与弃绝的非理性的童年观。在奔向教育现代化的旅程中，我们忘却了对于儿童的传统态度，忽视了千千万万普通人的日常观念与育儿实践。而每一个普普通通的我们，正是在无数普普通通的父母、长辈的教养观念与儿童观念下成长起来的。我想探寻的不是关于童年观念的宏大叙事，而是那个隐而不显、哑然无声而又无时无刻不存在的普通人的童年观念。这一独特的童年观念体系蕴藏着中国的传统智慧与无尽生机，也蕴藏着现代童年的可能出路。

　　当我们思考中国普通民众的童年观念时，由于中国社会的城乡二元结构，势必需要思考中国乡村民众的童年观念与中国城市民众的童年观念。在初涉这个主题时，我曾天真地以为在一项研究中能够囊括这两大群体。而事实证明，从乡村民众的童年观念到城市民众的童年观念，是另一段全新的学术冒险与旅程，这一旅程的收获也将在不远的将来跟大家见面。本书呈现的是乡村民众的童年观念，是基于我的博士论文的研究成果。

　　作为学前教育专业的学生，跨专业拜入吴康宁老师门下，于我而言，是极大的幸运，也是极大的挑战。而这归功于我的硕士导师王海英老师的极力鼓励与支持。硕士期间，追随王海英老师的研究方向——学前教育社会学，我第一次体会到了学术的魅力与理论的力量。两周一本经典社会学专著的高密度阅读让我的理论学习日见明朗。有一天，在组会上我跟王老师说，我好像能够把每本书的观点串起来思考了。王老师对我说"你开窍了"。我对于童年社会学研究的种子即王海英老师为我埋下的。在阅读学前教育社会学相关外文文献的过程中，我偶遇了 William A. Corsaro 的《童年社会学》。至今还记得在教科院昏暗的资料室里查找英文文献的那个午后，我一边翻看资料，一边心怦怦直跳，这就是我的研究兴趣！彼时，国内还没有人公开发表过有关童年社会学的研究，我如饥似渴地查找一切国内可以找到的关于童年社会学的书籍与文章，在王老师的指导下写成《新童年社会学研究兴起的背景及其进展》一文，并在 2010 年南师大青年博士论坛上进行汇报，作为点评专家的刘晓东老师给予了我极大的肯定与中肯的建议，会后我将修改后的文章投稿给《学前教育研究》，当见刊时，我知道这就是我将来的研究方向。

拜入吴康宁老师门下，我一面惴惴不安，一面心里有着暗暗的较劲与不服气。不安的是，相比于教育社会学的师兄师姐，学前教育专业的我理论素养、理论积淀与理论思维远远不足。特别是半个月一次的学术沙龙，是赤裸裸的学术演练场，当时的我没有底气发表自己的见解。直到担任学术沙龙主持人时，我才敢大胆地在会上发言、评论、争辩与讨论。有一次谈话时，吴老师对我颔首，说"最近你的发言进步了"。我才知道吴老师虽然从不催促我们在沙龙上发言，但是他时刻关注我们的成长，尊重我们自己的节奏。而于我而言，暗暗的较劲与不服气，大抵是存着一份证明自己的要强。

我很早就向吴老师吐露了我的研究兴趣。不独对我，对每一位博士生，吴老师都支持我们寻找自己的研究方向，从不将自己的课题或研究兴趣强加给我们。但是在论文选题的确定、思路的讨论、论文撰写与修改的过程中，我们能感受到吴老师对我们自身学术兴趣的呵护、培育与指引。在吴老师面前，我一直是那个笨手笨脚、处事不够成熟的孩子，毕业至今，每次见到吴老师，也总是会收到吴老师或多或少的点醒。

如今，我也成为导师，吴老师对学生的尊重、关爱、保护、宽容与引领也成为我教师之路的底色。

2013年春天，我坐上火车回到我的家乡——山东临沂开展田野调查。在火车上，看着窗外弯腰在田地间辛苦劳作的农人身影渐行渐远，我写下了第一篇田野日记。10岁时即离开乡村的我，如何再回到乡村生活中，与乡亲们一起谈论久远模糊的童年往事。对于乡亲们来说，我是既熟悉又陌生的人。这种熟悉又陌生，使得我在局内人与局外人的身份中进行转换与摸索。而拓展研究地点的田野调查则是在彼时还是男朋友、现在是我先生的王长江博士的家乡——湖北省洪湖市的一个村庄进行的。我的先生是我田野调查的"引路人"，他不仅带我去访谈，还帮我转录了全部的20万字的湖北方言的访谈材料。而当时，正是他博士毕业论文的关键节点，他义无反顾地停下手头实验数据的分析工作，带我来到他的家乡开展调研，他足足延迟了三个月毕业，而这三个月正是他陪伴我、支持我的三个月。我的先生让我感受到永远将另一个人的感受与需要放在自己之前的最无私的爱。这一点，始终没变。

面对庞杂的访谈转录、田野笔记与备忘录，我陷入资料的海洋中无法自拔。特别庆幸的是，收集完资料的那个暑假，我参加了北京大学陈向明教授领衔举办的质性研究研讨班。陈向明老师、林小英老师、王富伟老师、江涛老师以及研讨班的小伙伴们带我更全面、深度、系统地学习了质性资料的分析方法，让我的资料分析之路更加明朗。在博士生涯及论文写作过程中，诸多老师、师兄、师姐给予了我支持与帮助。我的硕导王海英老师仍然不间断地支持我的学习、研究与生活，她不仅引导也见证了我的学术成长之路。我们的"二师父"——南京大学的贺晓星老师无论在沙龙上还是课堂上总是不断给予我思想的冲击；沙龙上程天君、胡金平、高水红、周宗伟、杨跃、周元宽等老师的发言总是给予我思想的启发；宗锦莲、桑志坚、汤美娟、刘晓静、韩月、齐立旺等同门不断给予我生活与学习上的支持与鼓励。

也感谢在不同会议、不同场合下所有听众给予本研究的评论、问题与建议，持续推动我对普通民众童年观念内涵的思考。华东师范大学的周勇老师、浙江师范大学的郑素华老师、杭州师范大学的高振宇老师等都在不同的会议与场合下给予我中肯的建议。还记得第一次在挪威卑尔根的国际会议上汇报相关研究成果,英语不太好的我惴惴不安,是刘晓东老师全程在场支持我的演讲,给予我极大的鼓励与信心。

感谢我普通、平凡但是无比伟大的父亲与母亲,"砸锅卖铁也要供你们读书"的父亲,种过田,做过流动商贩,开过家庭作坊,从农村到城市,从白天到黑夜,为了支持与维持四个子女的生活与学习,他拼尽了全部的智慧与力气。"绝不让你们成为跟我一样的睁眼瞎"的母亲,任劳任怨地支撑着四个子女去看更大的世界。父亲、母亲面对生活的坚韧、勇敢与倔强是我人格的底色。感谢我的女儿——波妞,此书出版时她已经4岁了,她的出生让我重新看待自我与世界的关系,重新看待童年与儿童的意义。

最后感谢我的访谈对象们,在田间、在廊下、在屋内、在院落,向我吐露逝去的童年时光,有欢笑,有泪珠,有悢然,也有无声。不觉老之将至常怀赤子之心的老奶奶,砸锅卖铁也要供子女读书的父辈,"喊打喊杀"有过无悔青春的"80后",奔向城市寻找梦想的"90后",一段段或多彩或黯淡或心酸的童年记忆中蕴含着儿童朴素又倔强的力量。

博士论文完成至今已经多年,迟迟没有付梓,有诸多考虑。最重要的是想完成城市民众童年观念变迁的研究之后再重新思考与看待乡村民众的童年观念。然而,又一段旅程的完成仍需时日,感谢程天君老师组织策划的"教育与社会研究丛书",让我下定决心让乡村民众的童年观念研究早日面世,来到大家的面前。

作为个人学术生涯的第一本专著,作为个人中国童年观念研究旅程的第一步,敬请各位方家批评指正。也期待有更多的研究者与学习者加入童年社会学的研究队伍,共同关注与探讨中国普通民众童年观念的独特内涵,与西方的现代童年观念进行深度的对话与交流。

王友缘

2021年11月